ABHANDLUNGEN DER AKADEMIE DER WISSENSCHAFTEN DER DDR

Veröffentlichungen der Wissenschaftlichen Räte

W 1
1986

Sozialistischer Wettbewerb und umfassende Intensivierung

Akademie-Verlag · Berlin

ABHANDLUNGEN
DER AKADEMIE DER WISSENSCHAFTEN DER DDR
Abteilung Veröffentlichung der Wissenschaftlichen Räte
Jahrgang 1986

Gemeinsame Tagung des Wissenschaftlichen Rates
für die wirtschaftswissenschaftliche Forschung
bei der Akademie der Wissenschaften der DDR
und seines Wissenschaftlichen Rates für Fragen
des sozialistischen Wettbewerbs vom 30. 5. 1985

Sozialistischer Wettbewerb und umfassende Intensivierung

Akademie-Verlag Berlin 1986

Herausgegeben im Auftrage des Präsidenten
der Akademie der Wissenschaften der DDR
von Vizepräsident Prof. Dr. Heinz Stiller

Verantwortlich für dieses Heft:
Akademiemitglied Prof. Dr. sc. oec. Dr. h. c. Helmut Koziolek
Vorsitzender des Wissenschaftlichen Rates
für die wirtschaftswissenschaftliche Forschung
bei der Akademie der Wissenschaften der DDR

Redaktionsschluß: 15. September 1985
ISSN: 0138-421 X
Erschienen im Akademie-Verlag Berlin, DDR-1086 Berlin,
Leipziger Str. 3–4

Lizenznummer: 202 · 100/225/86
Printed in the German Democratic Republic
Gesamtherstellung: TASTOMAT, 1275 Eggersdorf,
Landhausstraße
LSV 0345
Bestellnummer: 754680 1 (2001/86/1/w)
01400

INHALTSVERZEICHNIS

4. SCHLUSSWORT

* schriftlich eingereichte Beiträge

1. THESEN*

* Die Thesen wurden von der Leitung des Wissenschaftlichen Rates für Fragen des sozialistischen Wettbewerbs, Prof. Dr. Horst Schneider, Prof. Dr. sc. Günter Schmunk, Erhard Schulze, Prof. Dr. Willi Land, Dr. sc. Erhard Dörschel, Dr. Horst Ebert, Gerhard Muth, Dr. Erwin Reinl sowie Prof. Dr. sc. Heinz Böttger, Dr. Siegfried Frister, Dr. sc. Klaus Gebauer, Klaus Gregor, Prof. Dr. sc. Lothar Hummel, Dr. Maria Klebert und Dr. Siegfried Lindner erarbeitet.

Sozialistischer Wettbewerb und umfassende Intensivierung

Die lebendige Volksaussprache, die in Vorbereitung des XI. Parteitages über die weiteren Aufgaben und Anforderungen bei der Gestaltung der entwickelten sozialistischen Gesellschaft und bei der Verwirklichung der ökonomischen Strategie der SED geführt wird, kann sich in bedeutendem Maße auf die vielfältigen Erfahrungen stützen, die die Werktätigen im sozialistischen Wettbewerb seit dem X. Parteitag gesammelt haben.

So wie die Verwirklichung der Hauptaufgabe in ihrer Einheit von Wirtschafts- und Sozialpolitik dem gesamten gesellschaftlichen Fortschritt in unserem Lande kräftige Impulse verlieh, erwies sie sich auch als bedeutende Schubkraft für das Wachstum der Initiative und des Schöpfertums der Werktätigen im sozialistischen Wettbewerb.

Besonders deutlich wurde das in der Periode nach dem X. Parteitag der SED, in der die Rolle des sozialistischen Wettbewerbs als machtvolles Mittel zur politischen Führung der Arbeiterklasse und des ganzen Volkes wesentlich zugenommen hat.

Viele neue wegweisende Initiativen, wie „Arbeitszeit ist Leistungszeit" im Bezirk Berlin, „Mit den Besten vergleichen, selbst Spitze erreichen – jetzt erst recht" im Bezirk Cottbus, „Mehr, besser, effektiver – täglich nach den Erfahrungen der Besten" im Bezirk Karl-Marx-Stadt und viele andere, die aus dieser Massenbewegung hervorgingen, dokumentieren sowohl den zunehmenden Einfluß der führenden Rolle der Arbeiterklasse als auch, die Wahrnehmung ihrer wachsenden Verantwortung für die allseitige Stärkung des Sozialismus und die Sicherung des Friedens.

Das Wachstum des politischen und moralischen Einflusses der Arbeiterklasse findet auch seinen Ausdruck in der großen Resonanz und der umfassenden Unterstützung, die diese Wettbewerbsinitiativen in allen Klassen und Schichten unseres Volkes und in allen Bereichen des gesellschaftlichen Lebens fanden.

Diese bisherige Entwicklung und die erreichten Ergebnisse im sozialistischen Wettbewerb, insbesondere sein bedeutender Aufschwung in Vorbereitung des 35. Jahrestages der DDR und des 40. Jahrestages des Sieges über den Hitlerfaschismus und der Befreiung des deutschen Volkes, bestätigen eindrucksvoll die Feststellung im Programm der SED, daß der sozialistische Wettbewerb umfassendster Ausdruck des Schöpfertums der Werktätigen bei der Gestaltung der entwickelten sozialistischen Gesellschaft ist und sich in ihm in hohem Maße die führende Rolle und zunehmende Verantwortung der Arbeiterklasse für die allseitige Stärkung und Festigung des sozialistischen Staates verkörpert.[1]

Zugleich wird Lenins Voraussage erneut bekräftigt: Nur der Sozialismus ist in der Lage, den Wettbewerb „wirklich auf breiter Grundlage, wirklich im Massenumfang anzuwenden, die Mehrheit der Werktätigen wirklich auf ein Tätigkeitsfeld zu führen, auf dem sie sich hervortun, ihre Fähigkeiten entfalten, jene Talente offenbaren können, die das Volk, einem unversiegbaren Quell gleich, hervorbringt und die der Kapitalismus zu Tausenden und Millionen zertreten, niedergehalten und erdrückt hat"[2].

Der von den Gewerkschaften organisierte sozialistische Wettbewerb hat in der Einheit seiner drei grundlegenden Funktionen, der politischen, ökonomischen und sozialen, seinen Einfluß auf alle Seiten der gesellschaftlichen Entwicklung ständig erhöht. Das Streben nach hoher ökonomischer Leistung, die Entwicklung der massenhaften politischen Aktivität und die persönlichkeits- und kollektivbildende Wirkung des sozialistischen Wettbewerbs kennzeichnen sein wachsendes Gewicht für die gesamtgesellschaftliche Entwicklung.

Mit dem Übergang zur umfassenden Intensivierung wachsen die Anforderungen an den sozialistischen Wettbewerb als eine wichtige Triebkraft unserer gesellschaftlichen und ökonomischen Entwicklung. Dabei geht es sowohl um neue Wege und Lösungen bei der konkreten inhaltlichen Orientierung der Initiativen auf die qualitativen Faktoren des Wirtschaftswachstums wie auch um die weitere Erhöhung der sozialen Energie, der leistungsmobilisierenden Kraft des Wettbewerbs, die vor allem aus einem hohen Niveau seiner politischen Führung und Organisation auf der Grundlage der Leninschen Wettbewerbsprinzipien erwachsen.

Die vorliegenden Thesen sollen, gestützt auf Studien, Analysen und die Verallgemeinerung der Erfahrungen, die bei der Leitung und Organisation des sozialistischen Wettbewerbs in der Zeit nach dem X. Parteitag der SED gesammelt wurden, auf künftige Schwerpunkte, neue Tendenzen und Entwicklungsrichtungen des sozialistischen Wettbewerbs hinweisen und in diesem Sinne mit zur Vorbereitung des XI. Parteitag der SED beitragen.

1. Der sozialistische Wettbewerb der Werktätigen zur Steigerung der Leistungskraft der Wirtschaft erweist sich als eine entscheidende Triebkraft für die Gestaltung der entwickelten sozialistischen Gesellschaft

Das seit dem X. Parteitag der SED zunehmende Gewicht des sozialistischen Wettbewerbs für das Wirtschaftswachstum zeigt, daß der sozialistische Wettbewerb eine gesetzmäßige Erscheinung der sozialistischen Produktionsweise ist, die sich aus der sozialistischen

Form der Kooperation in der gesellschaftlichen Arbeit ergibt. Als massenhafte aktive Form der Realisierung der Eigentümerinteressen der Werktätigen im sozialistischen Reproduktionsprozeß und als Ausdruck bewußter Einstellung zur Arbeit wirkt er als eine dem Sozialismus eigene Triebkraft des Wirtschaftswachstums. Zunehmend realisiert sich im sozialistischen Wettbewerb die von Lenin begründete Einheit von ökonomischem Schöpfertum zur Steigerung der Arbeitsproduktivität, massenhafter politischer Aktivität bei der Teilnahme an der Leitung und Planung und Entwicklung der Persönlichkeit sowie des Kollektivs im Arbeitsprozeß.

Die Einheit von Wirtschafts- und Sozialpolitik hat den unmittelbaren Zusammenhang von ständiger Erhöhung der Leistungskraft der Wirtschaft und wachsenden Befriedigung materieller und kultureller Bedürfnisse ins Massenbewußtsein gehoben. Das Interesse der Werktätigen an der Fortsetzung der Politik der Hauptaufgabe und an der ökonomischen Sicherung der Friedenspolitik der SED ist zum immer wirksameren Motiv ihres Wettbewerbs geworden.

Über die gewachsene Aktivität und Autorität der Gewerkschaften, die den sozialistischen Wettbewerb unter der führenden Rolle der Partei der Arbeiterklasse und im immer engeren Zusammenwirken mit der staatlichen Leitung organisieren, hat der sozialistische Wettbewerb seinen Charakter als breite demokratische Aktivität der Werktätigen im Produktions- und Arbeitsprozeß verstärkt. Vielfalt und Konkretheit der Wettbewerbsinitiativen und das Gewicht der Plandiskussion für das Ausschöpfen und Erschließen von Reserven zur Leistungssteigerung sind in den 80er Jahren gewachsen. Eingeordnet in die Entwicklung des demokratischen Zentralismus entfaltet sich der sozialistische Wettbewerb auf der Grundlage des Planes, der seine Inhalte und Ziele bestimmt. Alle Erfahrungen bei der Führung des sozialistischen Wettbewerbs besagen, daß das schöpferische Potential der Arbeitskollektive für die Erfüllung und gezielte Überbietung der Pläne sich nur auf der Grundlage eines hohen Niveaus der Leitung und Planung erschließen läßt. Die Praxis der besten Betriebe und Kombinate zeigt, daß vom Niveau der Leitungstätigkeit und der Teilnahme der Werktätigen an der Leitung und Planung abhängt, mit welcher Klarheit, Sicherheit und Konsequenz der Wettbewerb auf die konkreten Fragen der umfassenden Intensivierung in den Betrieben gerichtet wird.

Die Weiterentwicklung des sozialistischen Wettbewerbs seit dem X. Parteitag der SED, seine immer stärkere Ausprägung als Triebkraft der Gestaltung der entwickelten sozialistischen Gesellschaft ist vor allem mit der fortschreitenden Vergesellschaftung der Produktion und der Arbeit verbunden:

- Zunehmend vereinigt sich im sozialistischen Wettbewerb das Streben nach der Erhöhung der Effektivität der Arbeit an jedem Arbeitsplatz und in jedem Arbeitskollektiv mit dem Streben nach der Erfüllung der volkswirtschaftlichen Effektivitätsanforderungen. Mit wachsender Arbeitsteilung, Kooperation und Kombination der Arbeit nehmen auch Komplexität und Verflechtung der Wettbewerbsziele und -beziehungen zwischen den arbeitsteiligen Gliedern des gesellschaftlichen Gesamtarbeiters zu. Unter dem Einfluß des wissenschaftlich-technischen Fortschritts entwickeln sich vielfältige Formen der Organisation des Wettbewerbs, die auf die effektivste Gestaltung der ökonomischen Prozesse gerichtet sind.
- Mit der Entwicklung und Festigung der Kombinate als moderne Formen sozialistischer Wirtschaftsorganisation sind neue Möglichkeiten zur ökonomisch wirksamen Entfaltung des Wettbewerbs entstanden. Die Wettbewerbsinitiativen können zielstrebig und konzentriert auf die Verwirklichung der ökonomischen Strategie der SED gerichtet werden und einen immer wirkungsvolleren Beitrag zur Überwindung ungerechtfertigter Niveauunterschiede zwischen den Betrieben leisten. Im Zentrum der Vervollkommnung der Leitung des sozialistischen Wettbewerbs steht die Realisierung der Hauptziele des Kombinates als Ganzes und eine darauf bezogene Organisation der innerbetrieblichen Wettbewerbe und Leistungsvergleiche entsprechend den Leninschen Prinzipien der Wettbewerbsführung.
- Eine größere ökonomische Wirksamkeit des sozialistischen Wettbewerbs ergibt sich daraus, daß er – vom Kombinat über den Betrieb bis zum Arbeitskollektiv und zum einzelnen Werktätigen – einheitlich, durchgängig und koordiniert geführt und auf die Hauptlinien des Leistungswachstums orientiert werden kann. Dabei ist das Sichtbarmachen des persönlichen Beitrags, den jeder einzelne im Wettbewerb leistet, ausschlaggebend für die Gesamtwirkung des sozialistischen Wettbewerbs im Betrieb und Kombinat. Diese Abhängigkeit des kollektiven Arbeits- und Wettbewerbsergebnisses vom persönlichen Engagement jedes Werktätigen verstärkt sich mit der wachsenden Kooperation und Kombination der Arbeitsprozesse.
- Die einheitliche Leitung des Kreislaufs der intensiv erweiterten Reproduktion führt immer mehr zu der Konsequenz, den sozialistischen Wettbewerb als erzeugnisbezogene sozialistische Gemeinschaftsarbeit von Wissenschaft, Technik, Technologie, Produktion, Absatz und Kundenservice zu organisieren. Er richtet sich auf das Hervorbringen von Spitzenerzeugnissen in kürzester Frist mit modernen Technologien und Verfahren, die zum richtigen Zeitpunkt auf den Markt gebracht werden. Die Beschleunigung des Zyklus Wissenschaft–Technik–Produktion–Absatz in jeder Phase und insgesamt, die Beherrschung des Kreislaufs der intensiven Reproduktion bestimmt damit immer stärker die Vielfalt der Wettbewerbsinitiativen in den Kombinaten, ihren Betrieben und Arbeitskollektiven.
- Mit der engeren Verbindung von Plan und Wettbewerb treten die Hauptfragen der Leistungsentwicklung der Kombinate und Betriebe stärker in das Zentrum des sozialistischen Wettbewerbs. Das sind vor allem die Erfüllung und gezielte Überbietung der Planziele zur Steigerung der Arbeitsproduktivität, zur Senkung des Produktionsverbrauchs und der Kosten und zur Produktion zusätzlicher Erzeugnisse für die Versorgung der Bevölkerung, für den Export und für die eigene Volkswirtschaft. Darin drückt sich das gewachsene qualitative Gewicht des sozialistischen Wettbewerbs für die Steigerung des Nationaleinkommens aus.

Diese Entwicklung des sozialistischen Wettbewerbs, die es verstärkt fortzusetzen gilt, ist Ausdruck des Wirkens der Triebkräfte sozialistischen Eigentums und sozialistischer Arbeit. Ihre bewußte Entfaltung hat für die Verwirklichung der neuen Etappe der ökonomischen Strategie und für den gesamten Prozeß der Gestaltung der entwickelten sozialistischen Gesellschaft grundlegende Bedeutung.

2. Die umfassende sozialistische Intensivierung rückt in der neuen Etappe der Verwirklichung der ökonomischen Strategie ins Zentrum des sozialistischen Wettbewerbs

Die von der SED gestellte Aufgabe, in jedem Kombinat den Weg der umfassenden Intensivierung mit aller Konsequenz zu beschreiten und dabei den Neuerungsprozeß zum Kern des Kreislaufs der intensiv erweiterten Reproduktion zu machen, erfordert – ausgehend von den guten Ergebnissen und Erfahrungen der besten Kombinate – eine qualitativ neue Stufe des sozialistischen Wettbewerbs durchzusetzen.

Hohe Erneuerungsraten, Spitzenniveau in den Gebrauchswerten der neuen Erzeugnisse, niedrigste Kosten, die einen hohen Nettogewinn ermöglichen und bedarfsdeckende Stückzahlen für die Bevölkerung sowie den Export, stehen in ihrem Zusammenhang im Zentrum der schöpferischen Initiative, des Wetteiferns und der Leistungsvergleiche in und zwischen den Kombinaten, Betrieben und Kollektiven.

Immer mehr verbinden sich in der ökonomischen Wirkung des sozialistischen Wettbewerbs Initiativen zur vollen Ausschöpfung gegenwärtig vorhandener Effektivitätsreserven mit konkret abrechenbaren Leistungen für große Intensivierungsfortschritte in künftigen Zeiträumen. Damit verstärkt sich der für den sozialistischen Wettbewerb lebensnotwendige Zusammenhang von langfristig vorausschauender Leitung und Planung des Reproduktionsprozesses und zielgerichteter Orientierung der schöpferischen Initiativen auf die Schwerpunkte der Planerfüllung und -überbietung.

In das Zentrum der Weiterentwicklung des sozialistischen Wettbewerbs, seiner Führung und Organisation rücken damit:
- der eigene Beitrag der Arbeitskollektive (von Forschung und Entwicklung bis zum Absatz) zur Erneuerung der Erzeugnisse, Technologien und Verfahren und zu ihrer schnellen Einführung in die Produktion;
- aufeinander abgestimmte Wettbewerbsvorhaben mit der eindeutigen Zielstellung von Effektivitäts- und Qualitätsgewinn in jedem Glied der Kette des Reproduktionsprozesses und durchgängig bis zum Endresultat;
- die Verbesserung des Verhältnisses von Aufwand und Ergebnis, besonders durch die Senkung aller Arten des Produktionsverbrauchs und der Kosten;
- die Entfaltung des sozialistischen Wettbewerbs im Rationalisierungsmittelbau und seine Koordinierung mit den Wettbewerbsinitiativen der produktionsvorbereitenden und der Produktionskollektive;
- das rationelle Wirtschaften mit den vorhandenen Fonds, insbesondere die Initiativen der Produktionskollektive zur optimalen Nutzung und qualifizierten Beherrschung der Grundfonds, zur Qualitätssicherung und zur höheren Nutzung des gesellschaftlichen Arbeitsvermögens;
- die weitere Qualifizierung der Plandiskussion und der Planaufschlüsselung zur Sicherung des engen Zusammenhangs von Plan und Wettbewerb, wobei der Wettbewerb auf die wachsende Dynamik und Flexibilität des Reproduktionsprozesses auszurichten ist;
- die verstärkte Organisation planmäßiger und kollektiver Neuerertätigkeit, der beim heutigen und künftigen Ausmaß der Rationalisierung wachsendes Gewicht im Wettbewerb der Kollektive zukommt.

Die Realisierung dieser Schwerpunkte ist mit einer weiteren Verstärkung der mobilisierenden Wirkung des sozialistischen Wettbewerbs in den produktionsvorbereitenden Bereichen, mit einer weiteren Erhöhung seiner Komplexität, mit der planmäßigen und organischen Einordnung aller Wettbewerbsinitiativen in den Kreislauf der intensiven Reproduktion verbunden.

Die konsequente Orientierung des sozialistischen Wettbewerbs auf die umfassende Intensivierung verlangt die Herausbildung einer qualitativ neuen Stufe des ökonomischen Schöpfertums der Werktätigen. Die Beeinflussung der qualitativen Faktoren des Wirtschaftswachstums durch den sozialistischen Wettbewerb führt dazu, daß den Arbeitskollektiven ein immer größeres Gewicht bei der Bestimmung jener konkreten Inhalte und Formen des Wettbewerbs zukommt, mit denen sie die Effektivität und Produktivität ihrer Arbeit und des gesamten Reproduktionsprozesses erhöhen wollen. Das ist mit einer Verstärkung der demokratischen Aktivität der Werktätigen und ihrer Kollektive, mit intensiveren und qualifizierteren Plandiskussionen, mit aktiverer und breiterer Teilnahme an der Vorbereitung von Entscheidungen verbunden.

3. Der sozialistische Wettbewerb in den produktionsvorbereitenden Bereichen, besonders in Forschung, Entwicklung und Technologie gewinnt immer mehr an Gewicht, um Wissenschaft und Technik zum ausschlaggebenden qualitativen Faktor für ein hohes Wachstum des Nationaleinkommens zu machen

Den Wettbewerb vor allem in den leistungs- und effektivitätsbestimmenden Bereichen der Kombinate und Betriebe auf noch höherem Niveau zu organisieren, dabei neue Wege zu beschreiten, ihn wirksamer mit der Durchsetzung des Leistungsprinzips zu verbinden, ist wichtiger Bestandteil der Aufgabenstellung, die Vorzüge des Sozialismus noch enger mit den Errungenschaften der wissenschaftlich-technischen Revolution zu verbinden. Davon zeugen vielfältige Initiativen, die in Vorbereitung des XI. Parteitages der SED zur spürbaren Erhöhung der Zahl erfinderischer Leistungen, zur Verkürzung der Überleitungszeiten sowie zur Überbietung geplanter Parameter vieler neuer Erzeugnisse und Verfahren führten. Hierzu zählen Initiativen, wie
- „Ideen – Lösungen – Patente" aus dem VEB Halbleiterwerk Frankfurt (Oder), die eine durch die Bezirks-

leitung der SED einheitlich geführte Initiative des ganzen Bezirkes ist:

- „Forscherdrang und Risikobereitschaft bei der Entwicklung von Spitzenleistungen aus einheimischen Rohstoffen";
- „Vereintes Wissen – sozialistisch leiten – Spitzenleistungen in kürzeren Zeiten" zur vorfristigen Inbetriebnahme einer Anlage für die zusätzliche Produktion neuer Erzeugnisse;
- „Beschleunigung des Zyklus Forschung–Entwicklung–Produktion–Absatz" zur Verkürzung der Zeit von der Ideenfindung bis zur Serienproduktion durch parallele Erzeugnisentwicklung und entsprechende Technologieentwicklung sowie Einbeziehung des Rationalisierungsmittelbaus;
- „Schnelle Überleitung von Forschungsergebnissen in die Produktion";
- „Jeder Ingenieur löst eine zusätzliche wissenschaftlich-technische Aufgabe";
- „Persönliches Planangebot des Technologen".

Eine besondere Verantwortung tragen die Leiter von Forschungs- und Überleitungskollektiven. Erfahrungen besagen, daß im Wettbewerb dann hervorragende Ergebnisse erreicht werden, wenn die Mitarbeiter politisch motiviert werden, wenn sowohl die Zielstellungen als auch die Resultate des Wettbewerbs an den internationalen Bestwerten gemessen, die Initiativen auf Spitzenleistungen gelenkt und gegen Mittelmaß gerichtet werden sowie das Leistungsprinzip wirkungsvoll angewandt wird. Als Grundlage für die Führung eines auf Spitzenleistungen orientierten Wettbewerbs haben sich die Pflichtenhefte bewährt. Die im Pflichtenheftnachweis festgelegten Mindestziele werden von immer mehr qualifizierten und politisch erfahrenen Themenleitern zum Ausgangspunkt genommen, um die Initiative ihrer Kollektive auf die Übernahme persönlicher und kollektiver Wettbewerbsverpflichtungen zur Überbietung der Vorgaben im Prozeß der Realisierung der Pflichtenheftaufgaben zu lenken.

Praktische Erfahrungen zeigen, daß der sozialistische Wettbewerb in den produktionsvorbereitenden Bereichen dann zu hohen ökonomischen Ergebnissen führt, wenn solche spezifischen Bedingungen dieser Bereiche, wie relativ lange Zeiträume zwischen Beginn und Abschluß einer Aufgabe, die Kompliziertheit bei der Bewertung der Resultate geistig-schöpferischer Arbeit, hoher Grad der Spezialisierung der Arbeit mit Auswirkungen auf die Vergleichbarkeit, relativ geringer Grad exakter Plan- und Normierbarkeit der F/E-Aufgaben und Arbeitsschritte innerhalb kürzerer Zeiträume usw. bei der Wettbewerbsführung berücksichtigt werden. Aufgabenbezogene Wettbewerbsführung innerhalb der Themenkollektive auf der Basis der Pflichtenhefte und daraus abgeleiteter persönlicher Arbeitspläne im Zusammenhang mit regelmäßigen öffentlichen Leistungseinschätzungen durch die Themenleiter, aber auch Ideenwettbewerbe und Ausschreibungen erweisen sich vielfach als Wege, um den Wettbewerb in Forschung und Entwicklung mit solcher Breite und mobilisierender Wirkung zu führen, wie das in den Produktionsbereichen bereits durchgeführt wird.

Aus der Schlüsselrolle von Wissenschaft und Technik für das Leistungs- und Effektivitätswachstum ergeben sich folgende neue Ansprüche an die Entfaltung von Initiativen und an den sozialistischen Wettbewerb, um das vorhandene geistige und materielle Potential noch umfassender zu nutzen:

- Für die Erhöhung der Erneuerungsrate der Produktion gilt es, die Gedanken, Ideen und Initiativen der Werktätigen zur Sicherung des wissenschaftlich-technischen Vorlaufs auf hohem Niveau bereits in der Phase der Aufgabenfindung für das Pflichtenheft, für die Erarbeitung anspruchsvoller Pflichtenheftzielstellungen, konsequent zu nutzen. Das ist notwendig, weil es sich um eine Etappe der Forschungs- und Entwicklungsarbeit handelt, die für die ökonomische und soziale Wirksamkeit der wissenschaftlich-technischen Arbeit, insbesondere für die Konzipierung von Spitzenleistungen, aber auch für die Identifizierung der Kader mit hohen Anforderungen bei der Lösung der Pflichtenheftaufgaben, von entscheidender Bedeutung ist.
- Neuerungsprozesse von volkswirtschaftlicher Bedeutung auf der Grundlage von Staatsaufträgen und Staatsplanthemen bedingen die weitere Vertiefung der sozialistischen Gemeinschaftsarbeit zwischen Kombinaten, Betrieben, Akademieinstituten, Universitäten und Hochschulen.
  Grundlage der abgestimmten Wettbewerbsführung der Kollektive aus Wissenschaft und Produktion bilden langfristige staatliche Vereinbarungen, wie Programme der wissenschaftlich-technischen Zusammenarbeit, Komplexverträge und Koordinierungsvereinbarungen. Sie enthalten Aufgaben der Grundlagen- und angewandten Forschung einschließlich der Patentstrategien, der Überführung, der Entwicklung und kooperativen Nutzung modernster Anlagen und wissenschaftlichen Geräte sowie des Kaderaustausches. Diese Vereinbarungen geben den Rahmen für erzeugnis- bzw. objektbezogene Komplexwettbewerbe und andere Formen der Gemeinschaftsarbeit.
  Zunehmend bewähren sich Vereinbarungen zwischen den Gewerkschaftsleitungen der kooperierenden Partner, in denen die gewerkschaftliche Mitwirkung bei der Realisierung der staatlichen Verträge fixiert sind.
- Pflichtenheftbezogene Leistungsvergleiche ermöglichen eine lebendige Wettbewerbsführung zwischen Forschungs- und Entwicklungskollektiven. Sie fördern auf der Grundlage weniger, beeinfluß- und meßbarer themenbezogener Kennziffern, die in Abhängigkeit vom Grad der Realisierung der Aufgabe zu spezifizieren sind, hohe ökonomische Ergebnisse und erlauben, die ihnen zugrundeliegenden bewährten Formen und Methoden der Arbeit der Themenkollektive bei der Meisterung von Spitzenleistungen zum Allgemeingut zu machen.
  Pflichtenheftbezogene Leistungsvergleiche können organisiert werden zwischen: Themenkollektiven, die in feststehenden Struktureinheiten organisiert sind, Themenkollektiven, die als innerbetriebliche Kollektive zeitweiligen Charakter tragen und aus Mitarbeitern mehrerer Struktureinheiten gebildet wurden, ausgewählten Gruppen von Mitarbeitern der Themenkollektive (Forschern, Konstrukteuren, technischen Zeichnern u. a.).

- Um der wachsenden Bedeutung des Zeitfaktors für die ökonomischen Resultate aus Wissenschaft und Technik Rechnung zu tragen, gilt es, geeignete Wettbewerbsformen zur Verkürzung der Überleitungszeiten neuer Erzeugnisse und Verfahren verstärkt zu nutzen. Eine wachsende Rolle spielen dabei themenbezogene Komplexwettbewerbe in Verbindung mit dem Einsatz von Objekt- und Zielprämien, in die die für die Verkürzung des Prozesses notwendigen Bereiche einschließlich des Rationalisierungsmittelbaus einbezogen werden. Schwerpunkte sind die Erhöhung des technologischen Niveaus und eine reibungslose Verzahnung von Forschung, Entwicklung, Technologie und Produktion, vor allem unter verstärkter Nutzung der automatisierten Produktionsvorbereitung und -steuerung.

Mit den 1983 gefaßten Beschlüssen zur weiteren Qualifizierung der Leitung, Planung und wirtschaftlichen Rechnungsführung, die auf eine höhere ökonomische Wirksamkeit des wissenschaftlich-technischen Fortschritts gerichtet sind, ergeben sich günstigere Bedingungen für die Wettbewerbsführung in den produktionsvorbereitenden Bereichen. Jetzt geht es darum, auf dieser Grundlage,

- bei der Qualifizierung der Vorgaben und ihrer Aufschlüsselung in beeinfluß- und meßbare Aufgaben und qualitative Kennziffern sowie ihrer kurzfristigen Abrechnung für eine planbezogene Wettbewerbsführung voranzukommen,
- das sozialistische Leistungsprinzip über die vielfältigen Möglichkeiten materieller und moralischer Stimulierung zur Übernahme hoher Verpflichtungen zu Spitzenleistungen und zu ihrer raschen Produktions- und Absatzwirksamkeit noch wirksamer durchzusetzen und
- den Leistungsvergleich in Verbindung mit dem Erfahrungsaustausch zu vervollkommnen, um die besten Wege und Methoden zum Erreichen von Spitzenleistungen im Massenumfang anzuwenden.

4. Der sozialistische Wettbewerb zur bedarfsdeckenden Produktion neuer hochwertiger Konsumgüter für die Bevölkerung und den Export ist eine Aufgabe von hohem politischem Rang

Den XI. Parteitag der SED mit einem attraktiven Sortiment neuer Konsumgüter würdig vorzubereiten, ist eine wirtschaftspolitische Aufgabe großer politischer Dimension, die unsere Partei allen produzierenden Bereichen der Volkswirtschaft stellt. Ihrer Lösung kommt bei der Durchsetzung der Einheit von Wirtschafts- und Sozialpolitik eine ebenso große Bedeutung zu, wie bei der Erhöhung der Wirksamkeit des Leistungsprinzips. Deshalb hat die Erhöhung der Konsumgüterproduktion strategische Bedeutung auch für die Orientierung des sozialistischen Wettbewerbs.

Im Jahre 1984 wurden in Verwirklichung der Politik der SED und als Ergebnis der Initiativen der Werktätigen sichtbare Fortschritte bei der Produktion und versorgungswirksamen Bereitstellung von Konsumgütern erreicht. Weitere, wesentlich größere Anstrengungen sind noch erforderlich, um neue hochwertige industrielle Konsumgüter zu entwickeln. Das Schwergewicht der Initiativen liegt bei der Erschließung von Reserven für die Produktion solcher Erzeugnisse, die einen hohen Grad der Veredlung und den wissenschaftlich-technischen Höchststand verkörpern. Hier geht es um bedarfsdeckende Stückzahlen. Die Wettbewerbsinitiativen sind darauf gerichtet:

- den Beitrag der produktionsmittelherstellenden Kombinate und Betriebe zur Entwicklung und Produktion attraktiver Konsumgüter wesentlich zu erhöhen. Das ist eine Aufgabe langfristigen Wirtschaftswachstums mit profilbestimmenden Einflüssen auf die Wirtschaft. Fortschritte gibt es besonders in den Kombinaten, die durch eine wirksame Wettbewerbsführung insgesamt auf einen hohen Leistungszuwachs verweisen können und konsequent dazu übergingen, ganze Abteilungen bzw. Betriebe auf die Konsumgüterproduktion zu spezialisieren;
- mit größerem Nachdruck und unter Nutzung aller schöpferischen Potenzen die Erzeugnisentwicklung eng mit der Einführung neuer Technologien zu verbinden und die Produktion auf der Basis der in der DDR verfügbaren Materialien zu organisieren. Das gilt für alle Konsumgüter herstellenden Betriebe;
- daß technische Konsumgüter internationales Spitzenniveau verkörpern und rentabel produziert und verkauft werden können. Dazu sind durch konzentrierten Einsatz von Hoch- und Fachschulkadern in produktionsmittelherstellenden Betrieben Forschungs- und Entwicklungskapazitäten zu formieren, die höchstveredelte Produkte hervorbringen, die zugleich wartungsarm und reparaturfreundlich sind;
- in sozialistischer Gemeinschaftsarbeit und durch territoriale Rationalisierung die bezirksgeleitete Industrie bei der Entwicklung neuer Konsumgüter und hocheffektiver Technik und Technologien zu ihrer Herstellung zu unterstützen.

Zur Sicherung der Konsumgüterproduktion und der Versorgung der Bevölkerung entwickeln sich vielfältige Formen der Zusammenarbeit zwischen Produktion und Handel, um im engen Kontakt mit Verbrauchern, Anwendern und potentiellen Käufern, durch Bedürfnis- und Marktforschung neue originelle Produktideen hervorzubringen.

Hohe Wettbewerbsergebnisse der Arbeitskollektive sowie Neuererleistungen in der Rationalisierung erbringen die Mittel und Kräfte, die für den weiteren Ausbau der Konsumgüterindustrie, für die Spezialisierung ganzer Betriebe zur Konsumgüterproduktion und zur Dekkung des dazu erforderlichen Arbeitskräftebedarfs nötig sind. Dazu bewährt es sich, alle territorialen Ressourcen und Potenzen zu nutzen, um vorhandene, vor allem kleinere Betriebe der Konsumgüterproduktion zu modernisieren. Zugleich geht es darum, Wettbewerb und Neuerertätigkeit verstärkt auf die bessere Auslastung und Erweiterung der Service- und Reparaturkapazitäten auszurichten.

Das Ziel des sozialistischen Wettbewerbs zur Produktion von hochwertigen Konsumgütern besteht darin, ein höheres volkswirtschaftliches Ergebnis durch den Zuwachs von Neuentwicklungen bei höchster Qualität zu erreichen und damit eine hohe Versorgungswirksamkeit und Bedarfsdeckung für die Bevölkerung und den Export zu sichern.

5. *Initiativen zur Senkung des Produktionsverbrauchs und der Kosten sowie zur höchstmöglichen Nutzung der Grundfonds und der Arbeitszeit erlangen im sozialistischen Wettbewerb wachsendes Gewicht*

In Vorbereitung des XI. Parteitages der SED wird in jedem Kollektiv und an jedem Arbeitsplatz darum gekämpft, alle Effektivitätsreserven zu erschließen. Dazu wird die ganze Vielfalt der Möglichkeiten des sozialistischen Wettbewerbs genutzt.

So gibt es im Wettbewerb der Arbeitskollektive eine große Anzahl von Verpflichtungen zur Steigerung der Produktion mit einem absolut und spezifisch sinkenden Material-, Rohstoff- und Energieverbrauch, zur Organisierung eines neuen Rationalisierungsschubs, um das gesellschaftliche Arbeitsvermögen besser zu nutzen und die Arbeitsproduktivität zu steigern, zur höchstmöglichen Ausnutzung der Grundfonds und der Arbeitszeit, zur Verbesserung der Qualität der Erzeugnisse und der Senkung der Selbstkosten sowie für eine hohe Ordnung, Sicherheit und Disziplin an jedem Arbeitsplatz. Die eindrucksvollen Resultate im sozialistischen Wettbewerb bei der Verminderung des volkswirtschaftlichen Aufwandes sind Anlaß, die besten Erfahrungen der Produktionskollektive rasch zu verallgemeinern. Dazu gehören solche Initiativen, wie

- die schöpferische Anwendung der Erfahrungen der Schwedter Initiative „Weniger produzieren mehr" zum effektiven Einsatz des gesellschaftlichen Arbeitsvermögens,
- die „Null-Fehler-Produktion", „Jeder liefert jedem Qualität", „Meine Hand für mein Produkt",
- die Initiative nach dem Grundsatz „Arbeitszeit ist Leistungszeit",
- die Initiative „15 + 2" zur Erhöhung der kalendertäglichen Auslastung der Grundmittel,
- die „Fondsrückgabe an den Staat – Beitrag zum Nationaleinkommen".

Neben diesen Wettbewerbsinitiativen, die sich auf bestimmte inhaltliche Schwerpunkte konzentrieren, haben sich in den letzten Jahren verschiedene Formen der Verpflichtungen im Wettbewerb der Arbeitskollektive bewährt. So dienen persönliche oder kollektiv-schöpferische Pläne dem Erschließen von Reserven zur Steigerung der Arbeitsproduktivität. Die enge Verbindung von Plan und Wettbewerb wird unter anderem auch über das „Persönliche Planangebot" oder das „Kollektive Planangebot" realisiert.

Erfolge gibt es vor allem in solchen Betrieben, wo beeinflußbare Ziele zur Senkung des Verbrauchs an Energie und Material und verstärkt zur zusätzlichen Kosteneinsparung auf die Kollektive aufgeschlüsselt werden und die verantwortlichen staatlichen Leiter die notwendigen Bedingungen umfassender Initiativentwicklung schaffen, wo eine hohe Kontinuität im Produktionsablauf gesichert wird, wo der Wettbewerb einfach und überschaubar geführt wird. Für eine qualifizierte, planbezogene Führung, Organisierung und Abrechnung des sozialistischen Wettbewerbs hat sich seit über 20 Jahren das Haushaltsbuch bewährt. Mit der neuen Richtlinie des Ministerrates der DDR und des Bundesvorstandes des FDGB für die Arbeit mit dem Haushaltsbuch wurde ein wichtiger Schritt getan, um die schöpferische Initiative der Arbeitskollektive im sozialistischen Wettbewerb auf die Schwerpunkte für effektives Wirtschaften, auf die Verbesserung des Verhältnisses von Aufwand und Ergebnis und die Senkung der Kosten zu lenken.

Die Haushaltsbücher haben nach wie vor grundlegende Bedeutung für die Entwicklung des Kosten-Nutzen-Denkens der Werktätigen und die Durchsetzung der innerbetrieblichen wirtschaftlichen Rechnungsführung. Zu ihrer Vervollkommnung bewährt es sich, folgende Wege zu beschreiten:

- Ableitung der Kennziffern aus den Hauptkennziffern der Leistungsbewertung der Kombinate und Betriebe sowie aus anderen Kennziffern der Leistungs- und Effektivitätsentwicklung und ihre Umsetzung in für die Kollektive beeinfluß- und meßbare Kennziffern;
- Verstärkung des Drucks auf die Senkung der Kosten durch möglichst komplexe Berücksichtigung aller Aufwandsarten auf der Grundlage von Bestwerten sowie bestätigter Normen und Limite bei der Vorgabe der Kennziffern;
- verstärkte Anwendung von Effektivitätskennziffern, die saldiert abzurechnen sind.

Im Ergebnis der Führung, Organisierung und Abrechnung des sozialistischen Wettbewerbs werden von den Leitern und Gewerkschaftsleitungen stärker Fondsrückgaben mittels Scheck der Staatsbank der DDR als Beitrag der Betriebskollektive zum Nationaleinkommen gefördert. Das schließt ein, die Initiativen der Werktätigen noch zielgerichteter darauf zu lenken, in allen Bereichen die vorhandenen materiellen und finanziellen Fonds rationell zu nutzen, auf jeder Stufe des Reproduktionsprozesses energisch um die Senkung des Produktionsverbrauchs und der Kosten zu kämpfen, keine Verluste zuzulassen und die im Ergebnis der Arbeiten nicht benötigten Fonds an den Staat zurückzugeben.

6. *Die mit der Automatisierung verbundenen Veränderungen des Arbeitsprozesses werfen neue Fragen der Führung des sozialistischen Wettbewerbs auf*

Die 9. Tagung des ZK der SED orientierte darauf, automatisierte Fertigungsabschnitte zu schaffen. Damit sind auch hohe Anforderungen an die Initiativentwicklung der Werktätigen gestellt, um das Tempo der Inbetriebnahme von Automatisierungsvorhaben zu beschleunigen und möglichst rasch die geplante Produktivität zu erreichen.

Mit fortschreitender Automatisierung verändern sich die Reproduktionsbedingungen im Betrieb, darin eingeschlossen wesentliche Bedingungen der Arbeit der Werktätigen. Damit sind neue Probleme der Gestaltung der Arbeitsinhalte, der Schichtarbeit, der Kollektiventwicklung, des Arbeitsschutzes und der Entlohnung aufgeworfen, zu deren Lösung die Werktätigen rechtzeitig einzubeziehen sind. Neue Anforderungen ergeben sich auch für die Verbindung von Aus- und Weiterbildung der Werktätigen, für die Entwicklung ihrer planmäßigen Disponibilität und für die vorausschauende Klärung damit zusammenhängender sozialer Belange.

Mit der weiteren Automatisierung verändern sich zugleich die Wirkungsbedingungen des sozialistischen Wettbewerbs. Unter Beachtung der verschiedenen Stufen der Automatisierung und der starken Differenzierung im Automatisierungsniveau zwischen und innerhalb der Betriebe gilt es, die Möglichkeiten des sozialistischen Wettbewerbs zur Erreichung höchster ökonomischer Wirksamkeit der schöpferischen Initiative der Werktätigen voll auszuschöpfen.

Die konkrete inhaltliche Gestaltung des sozialistischen Wettbewerbs, seine Formen und Methoden sind unter diesen Bedingungen vor allem von folgenden Prämissen abhängig:

- Mit der Automatisierung verändern sich die Arbeitsaufgaben und Einflußmöglichkeiten der Werktätigen wesentlich. In der Tendenz werden immer mehr arbeitsausführende Funktionen des Menschen auf die Maschinerie übertragen. Es entfällt die direkte Bearbeitung des Arbeitsgegenstandes und es verändern sich die Möglichkeiten des unmittelbaren Eingreifens in den Fertigungsprozeß. Dafür erhöht sich in hohem Maße die Verantwortung für die Zuverlässigkeit und Stabilität des Gesamtprozesses. Der Einfluß auf die Erzeugnisqualität erfolgt über die Sicherung des einwandfreien und kontinuierlichen Ablaufs der automatisierten Prozesse sowie durch die strikte Einhaltung der technisch-technologischen Parameter. Diesen veränderten Einflußmöglichkeiten muß eine sorgfältige Auswahl von Leistungskriterien für den sozialistischen Wettbewerb entsprechen, die auf hohe persönliche Verantwortung und Leistung für das kollektive Arbeitsergebnis orientiert.
- Im Zusammenhang mit der Automatisierung verändern sich die Beziehungen der Menschen zueinander im räumlichen und zeitlichen Zusammenwirken. Es verändern sich die kooperativen Beziehungen als wichtige materielle Grundlage des sozialistischen Wettbewerbs. So verstärkt sich der Zwang zur direkten Kooperation der Hauptprozesse mit produktionsvorbereitenden sowie produktionssichernden Prozessen. Inhalt und Formen des sozialistischen Wettbewerbs müssen diesen Kooperationserfordernissen bei Beachtung neuer Strukturen Rechnung tragen.

In durchgängig automatisierten Betrieben bzw. in sich geschlossenen größeren Produktionsabschnitten zeichnet sich der Trend ab, periphere Prozesse (Produktionsvorbereitung und Produktionssicherung) in den Produktionsprozeß zu integrieren. Bei hohem Integrationsgrad bilden sich heterogene Arbeitskollektive (unterschiedliche Berufe und unterschiedliche Qualifikation) und neue kollektive Formen der Arbeit.

- Für geraume Zeit ist oftmals jedoch noch ein Nebeneinander von konventioneller und automatisierter Technik sowie die Beibehaltung traditioneller Strukturen der innerbetrieblichen Arbeitsteilung und Kooperation bei weitgehend homogenen Arbeitskollektiven zu erwarten. Damit verzahnt sich in der Wettbewerbsorganisation Bewährtes mit neuen, weitergehenden Überlegungen.

Erste Untersuchungen weisen darauf hin, daß in automatisierten bedienarmen Bereichen besonders auf zwei inhaltliche Schwerpunkte im Wettbewerb orientiert wird (wobei in den meisten Betrieben das Stadium des Suchens und Experimentierens noch nicht abgeschlossen ist):

- Die Sicherung einer maximalen Verfügbarkeit der neuen Technik und Technologie sowie ihre optimale Auslastung.
- Die kontinuierliche Rationalisierung und Vorbereitung weiterführender Schritte der Automatisierung.

Ausgehend vom jeweils erreichten Niveau der Automatisierung, vom Entwicklungsstand der Arbeitsteilung und Kooperation innerhalb der Arbeitskollektive des automatisierten Fertigungsabschnittes sowie zwischen den Kollektiven der Haupt-, Hilfs- und Nebenprozesse und der Produktionsvorbereitung wird auch die Frage nach der zweckmäßigen Form des Wettbewerbs aufgeworfen. So resultiert aus einer kollektiven Organisation der Arbeit auch eine Verstärkung kollektiver Formen des Wettbewerbes der Arbeitskollektive. Erste Erfahrungen verdeutlichen, daß bei niedrigem Integrationsgrad peripherer Prozesse in den Hauptprozeß der Wettbewerb der Arbeitskollektive sich stärker mit dem Kooperationswettbewerb zwischen all jenen Arbeitskollektiven verbindet, die maßgeblich den Prozeßverlauf und die Qualität der Erzeugnisse beeinflussen. So ist beispielsweise ein wirkungsvoller Wettbewerb zur Erhöhung der produktiven Laufzeit der Maschinen unter automatisierten Bedingungen nur noch unter direkter Einbeziehung von Technologen und Instandhaltern möglich.

Mit fortschreitender Automatisierung sind in der Wettbewerbsführung verstärkt Probleme der den automatisierten Bereichen vor- und nachgelagerten Prozesse innerhalb der Produktionskette zu berücksichtigen. Die Sicherung einer hohen Kontinuität des Produktionsablaufs wird in zunehmendem Maße zur Voraussetzung schöpferischer Initiative im sozialistischen Wettbewerb.

7. Die mit der wissenschaftlich-technischen Revolution verbundenen qualitativen Wandlungen im Produktionsprozeß prägen entscheidend die Neuererbewegung, indem neue Betätigungsfelder entstehen und die Anforderungen an das Niveau von Neuererlösungen wachsen

Der Neuererbewegung kommt im sozialistischen Wettbewerb unter den Bedingungen intensiven Wirtschaftswachstums eine qualitativ neue Rolle zu. Hauptfeld der Neuerertätigkeit bleibt auch unter den Bedingungen der umfassenden Intensivierung die Rationalisierung aller Produktions- und Arbeitsprozesse. Die Erschließung der schöpferischen Potenzen der Neuerertätigkeit wird zu einer maßgeblichen Voraussetzung eines hohen Intensivierungstempos.[3]

Um das erreichte hohe Niveau in der Neuererbewegung weiter auszubauen, wird es unumgänglich, ungerechtfertigte Niveauunterschiede hinsichtlich der Benutzungsfähigkeit der eingereichten Neuerungen, des Nutzens je Berufstätigen, der Zahl der in Benutzung genommenen Neuerungen, der Nachnutzung sowie der Beteiligung ganz gezielt und konsequent abzubauen.

Wie die Erfahrungen der besten Arbeitskollektive, Betriebe und Kombinate verdeutlichen, schließt dies ein, noch gründlicher zu analysieren, Erfahrungsaustausche und Leistungsvergleiche zu nutzen, um verbindliche Festlegungen zur Überwindung von ungerechtfertigten Niveauunterschieden zu treffen.

Zugleich ist es notwendig, nach neuen Wegen zu suchen, um das geistige Potential der Neuerer auf neue Anforderungen der umfassenden Intensivierung auszurichten. Dabei ist vor allem von folgenden Veränderungen in den Gegenständen der Neuererbewegung auszugehen:

Erstens ergeben sich weite Betätigungsfelder für die Neuererbewegung aus der grundsätzlichen Orientierung, den wissenschaftlich-technischen Fortschritt vor allem in die vorhandene Produktionstechnik zu integrieren und alle qualitativen Wachstumsfaktoren umfassend zu nutzen. Diesem Grundanliegen dient der Einsatz von Neuererkollektiven für einen aktiven Beitrag zur Umrüstung von Fließreihen und ganzen Fertigungsstraßen ebenso wie ihre weit effektivere Mitwirkung an jeder Art von Rationalisierungsmaßnahmen größeren und kleineren Umfangs. Die Mitwirkung von Neuerern an der Wiederherstellung und Erhöhung der Leistungsparameter der Grundfonds durch Modernisierung und an der konsequenten Rationalisierung aller Arbeitsprozesse ist das traditionelle Hauptbetätigungsfeld der Neuererbewegung, welches in noch stärkerem Maße planmäßig zu erschließen und zugleich für alle Neuerervorschläge offen ist.

Zweitens erhöht sich das Gewicht der Einbeziehung von Neuerern in wissenschaftlich-technische Untersuchungen zur Einsatzvorbereitung modernster Technik. Dies betrifft u. a. Arbeitsplatzanalysen, Ermittlung von Einsatzmöglichkeiten und -varianten für Industrieroboter, Berechnungen des Aufwand-Nutzen-Verhältnisses des Robotereinsatzes und die Herausarbeitung der zu erwartenden Konsequenzen aus veränderten Arbeitsbedingungen.

Drittens bietet sich ein breites Betätigungsfeld für Neuerer bei der Herstellung der Übereinstimmung von Robotereinsatz bzw. Automatisierungslösungen und den konkreten Fertigungsbedingungen. Hier handelt es sich vor allem darum, Roboter in den jeweiligen Fertigungsprozeß hocheffektiv zu integrieren und die Fertigungsbedingungen im Umfeld den Erfordernissen des Robotereinsatzes anzupassen. Die Erfahrungen der Produktionsarbeiter sind eine wesentliche Quelle für Neufestlegungen der Arbeitsschritte bis hin zu peripheren, vor- und nachgelagerten Veränderungen, die insgesamt einen hohen Wirkungsgrad modernster Technik sichern helfen.

Viertens zeigt sich in automatisierten Fertigungsbereichen, daß die Veränderungen in den Wirkungsbedingungen und -möglichkeiten der Menschen im Arbeitsprozeß auch Einfluß auf die schöpferische Tätigkeit der Werktätigen in der Neuerertätigkeit in diesen Bereichen haben. Das bezieht sich auf die Veränderung bzw. Entwicklung der Betätigungsfelder und damit des Inhalts der Neuerertätigkeit sowie auf die Gestaltung der kooperativen Beziehungen in der planmäßigen kollektiven Neuerertätigkeit. So ist es erforderlich, die Neuerertätigkeit in automatisierten Bereichen auf den störungsfreien Lauf der Anlagen, auf die weitere Qualifizierung produktionsvorbereitender Tätigkeiten wie Programmierung, Einrichten und Voreinstellen, die Entwicklung bzw. weitere Verbesserung der Vorrichtungen, Werkzeuge und Prüfmittel sowie die weitere Vervollkommnung der Arbeitsbedingungen zu richten.

Aus der komplexen Fassung sozialistischer Rationalisierung als Prozeß, der modernste wissenschaftlich-technische Entwicklungen ebenso einschließt wie die Verwirklichung aller effektivitätsfördernden partiellen Veränderungen, ergibt sich die untrennbare Verbindung aller vier genannten Hauptfelder der Neuerertätigkeit. Die neuen Betätigungsfelder sind von prägendem Einfluß auf die Gesamtkonzeption sowie die Leitung und Planung der gesamten Neuerertätigkeit. Sie haben darüber hinaus entscheidende Konsequenzen für die Anforderungen, die an das Niveau von Neuererlösungen zu stellen sind.

Die Einordnung der Neuerertätigkeit in den Neuerungsprozeß sollte folgenden Anforderungen gerecht werden:

- Die kontinuierliche Erschließung tieferliegender Reserven zur Beschleunigung des Zyklus Wissenschaft–Technik–Produktion–Absatz erfordert eine langfristige Planung der Neuerertätigkeit, einschließlich der Ziel- und Aufgabenbestimmung entsprechend den Schwerpunkten der Veredlungskonzeption, der Pflichtenhefte und des Planes Wissenschaft und Technik. Das bildet eine Einheit mit der konkreten Analyse des vorhandenen und zu schaffenden geistigen und materiell-technischen Potentials sowie der Realisierungsbedingungen.
  Im Zusammenhang mit der langfristigen konzeptionellen Arbeit hat sich bewährt, thematische Aufgaben für die Neuerer mit einem Vorlauf von mindestens zwei Jahren zu erarbeiten und jährlich zu ergänzen bzw. zu präzisieren. Wirkungsvoll erwiesen sich hierbei Themenkataloge.
- Neuererlösungen bedürfen der festen Einordnung in die Effektivitätsanforderungen der Kooperationskette.
  Mit der Leitung und Planung der Neuerertätigkeit auf der Ebene der Kombinate werden Möglichkeiten entstehen, den ökonomischen Nutzen einer Neuererlösung an ihrem Beitrag zur Gesamteffektivität zu messen. Darüber hinaus verlangen die volkswirtschaftlichen Effektivitätsanforderungen, daß auch den Belangen des Anwenders beziehungsweise Verbrauchers hoher Rang in der Nutzungsbetrachtung eingeräumt wird.
- Es ist unerläßlich, daß der Anteil geplanter kollektiver Neuerertätigkeit weiter zunimmt und der planmäßige Ablauf wachsendes Gewicht für den ökonomischen Nutzen erhält, um Neuererlösungen zeit- und qualitätsgerecht für geplante Neuerungsprozesse bereitzustellen. Dazu sind Neuereraufgaben gründlich vorzubereiten, damit sie in hohem Grade lösbar erscheinen und von den Werktätigen angenommen werden.
  Zunahme geplanter Neuerertätigkeit bedeutet aber nicht, andere Neuerervorschläge in ihrem ökonomischem Gewicht, in ihrer Bedeutung als schöpferische Auseinandersetzung des Werktätigen mit den Bedin-

gungen und Umständen seiner Arbeitsumwelt und insgesamt als Merkmal der Persönlichkeitsentwicklung zu unterschätzen.

- Mit der Ableitung von Neuereraufgaben aus Veredlungs-, Intensivierungs- und Rationalsierungskonzeptionen, ihrer Vergabe mit Neuerervereinbarungen und ihrer Einordnung vor allem als Teilaufgaben der komplexen sozialistischen Rationalisierung im Plan Wissenschaft und Technik verstärkt sich das Erfordernis, sie auf anspruchsvollem qualitativen Niveau zu einem ganz bestimmten Zeitpunkt bereitzustellen. Neuererkollektive sind dadurch auf neue Weise auch mit dem Risikofaktor konfrontiert. Die staatlichen Leiter und gewerkschaftlichen Leitungen müssen sich mit diesem Moment, einschließlich seiner ideologischen und bildungsmäßigen Konsequenzen, intensiver beschäftigen.
  Das schließt ein, eine betriebliche planmäßige Weiterbildung unter Nutzung der territorialen Möglichkeiten für die Neuerer zu organisieren, um die erforderlichen Denkhaltungen und die Befähigung zur Lösung anspruchsvoller Aufgaben zu entwickeln.
- Analysen zeigen, daß es zwingend notwendig ist, dem Problem der Nachnutzung von Neuerungen eine erhöhte Aufmerksamkeit zu schenken, weil die bisherigen Ergebnisse sehr differenziert sind und z. T. unter den objektiven Möglichkeiten liegen. Gute Erfahrungen zeigen, daß bereits bei der Aufgabenstellung für das Neuererwesen Möglichkeiten der Nachnutzung zu beachten, verstärkt rationelle Methoden des Erfassens nachnutzungsfähiger Neuerungen anzuwenden sind und eine gezielte Information an die potentiellen Nachnutzerbetriebe erfolgen sollte.

8. Die Jugend setzt ihre ganze Kraft für die Verwirklichung der Wirtschaftsstrategie der SED ein und kämpft um hohe Leistungen im sozialistischen Wettbewerb

Als Helfer und Kampfreserve der Partei der Arbeiterklasse hat die Freie Deutsche Jugend im Ernst-Thälmann-Aufgebot einen großen Anteil daran, daß sich über 43400 Jugendbrigaden und über 3100 Jugendforscherkollektive an wichtigen Schwerpunkten der Verwirklichung der ökonomischen Strategie bewähren. Von ihnen gehen vielfach entscheidende Impulse für die Durchsetzung des wissenschaftlich-technischen Fortschritts aus. Im Berufswettbewerb übernehmen viele Lehrlingskollektive anspruchsvolle Aufgaben, um höhere Leistungen in der theoretischen und berufspraktischen Ausbildung zu erreichen.

Mit der von der Freien Deutschen Jugend entwickelten Initiative „Jeder jeden Tag mit guter Bilanz" wird der Kampf um einen hohen persönlichen Anteil jedes jungen Werktätigen zur Verwirklichung der Wirtschaftsstrategie der SED und zur Arbeit nach Bestwerten durch Leistungsvergleiche geführt.

Als Beitrag zur umfassenden sozialistischen Intensivierung richtet die FDJ die ökonomischen Initiativen der Jugend insbesondere

- auf wissenschaftlich-technische Höchstleistungen und deren umfassende ökonomische Nutzung;
- auf höchste Material- und Energieökonomie an jedem Arbeitsplatz, um so den Produktionsverbrauch und die Kosten zu senken;
- auf die Realisierung des Wohnungsbauprogramms, besonders über die Aktion „umgebaut und ausgebaut";
- auf die Entwicklung und Produktion bedarfsgerechter und hochwertiger Konsumgüter, die Steigerung der Erträge auf den Feldern und die Erhöhung der Leistungen in den Ställen.

Volkswirtschaftliche Aufgaben von hohem Rang sind immer auch Gegenstand zentraler Jugendobjekte:

- Die weitere Gestaltung unserer Hauptstadt Berlin als politisches und geistig-kulturelles Zentrum der DDR,
- der Bau der Erdgastrasse in der UdSSR,
- die Entwicklung und Anwendung der Mikroelektronik,
- die Produktion hochveredelter Chemiefaserstoffe,
- die Erweiterung der Pkw-Produktion,
- die Leistungserhöhung der Tierproduktion und
- die Elektrifizierung der Eisenbahn.

Die Teilnahme der Jugend am sozialistischen Massenwettbewerb kann noch wirksamer gestaltet werden, wenn es gelingt, vorhandene ungerechtfertigte Niveauunterschiede zielstrebig zu überwinden. Das betrifft unter anderem die Einbeziehung junger Werktätiger in die MMM-Bewegung, die verstärkte Nachnutzung der von Jugendkollektiven angebotenen wissenschaftlich-technischen Lösungen und die Teilnahme junger Hoch- und Fachschulkader aller Industriezweige sowie der Bauwirtschaft, des Verkehrswesens, der Land- und Nahrungsgüterwirtschaft und des Handels am Erfinderwettbewerb der FDJ.

Jugendforscherkollektive erreichen dann höchste schöpferische Leistungen, wenn ihre Arbeit verbindlich auf der Basis von Pflichtenheften organisiert wird.

Gute Ergebnisse bei der Förderung von Initiativen der Jugend werden überall dort erzielt, wo Leiter und Gewerkschaftsorganisationen in enger Zusammenarbeit mit den FDJ-Leitungen die bewährten jugendgemäßen Formen der Organisierung des Wettbewerbs und Leistungsvergleichs wirkungsvoll fördern. Das gilt auch für den Einsatz junger Kader bei der Entwicklung und Anwendung moderner Technologien, der Mikroelektronik, z. B. in der rechnergesteuerten Konstruktion und Produktionsorganisation, der Kommunikationstechnik, der Robotertechnik und der flexiblen Automatisierung.

Eine wichtige Leitungsaufgabe besteht darin, Schöpferkraft und Leistungsbereitschaft der Jugendbrigaden und Jugendforscherkollektive weiter auszuprägen, um den Platz der Jugend an der Spitze des sozialistischen Wettbewerbs zu festigen und die erfolgreiche Gemeinschaftsarbeit von jungen Arbeitern und Angehörigen der jungen Intelligenz zu stärken.

Zur Erschließung weiterer Leistungsreserven gilt es, immer breitere Kreise der Jugend in diese Organisationsformen einzubeziehen. Bei der Förderung der talentiertesten jungen Hoch- und Fachschulabsolventen und jungen Neuerer bewähren sich Förderungsverträge und die Aufnahme in die Kadernomenklatur „Junge wissenschaftlich-technische Nachwuchskader" der Ministerien und Kombinate, was ihr persönliches Engagement motiviert und das Erreichen von Spitzenleistungen im sozialistischen Wettbewerb stimuliert.

9. Der sozialistische Wettbewerb in der Landwirtschaft fördert die Initiativen der Genossenschaftsbauern und Arbeiter, um Spitzenleistungen im Ertrags- und Effektivitätsniveau zu erreichen

Das Ziel der Wettbewerbsbewegung in diesem Bereich der Volkswirtschaft besteht darin, auf dem Wege der umfassenden Intensivierung das Wachstumstempo und die Effektivität der Produktion durch die breite Anwendung des wissenschaftlich-technischen Fortschritts und die Nutzung der Erfahrungen der Genossenschaftsbauern und Arbeiter zu erhöhen.

Dabei steht die stabile Versorgung der Bevölkerung mit qualitativ hochwertigen Nahrungsgütern und der Industrie mit Rohstoffen ebenso im Mittelpunkt wie die kurzfristige Ablösung von Futtergetreideimporten. Dazu sind die erreichten hohen Ergebnisse und Leistungen des vergangenen Jahres zu sichern und auszubauen. Maßstäbe setzten hierzu insbesondere die Mitglieder der fünf Genossenschaften der Kooperation Marxwalde, die ihre Erträge auf den Feldern 1985 gegenüber 1984 um 1,5 Dezitonnen Getreideeinheiten je Hektar steigern und 3,8 % mehr Schlachtvieh sowie 1,3 % mehr Milch bereitstellen wollen sowie die Werktätigen der Agrar-Industrie-Vereinigung (AIV) Querfurt, die basierend auf einem Produktionsexperiment darum kämpfen, überall hohe und stabile Zuckerrübenerträge zu erreichen. Verallgemeinerungswürdig ist die Konzentration auf stabile Arbeitskollektive mit fest zugeordneten Flächen oder Tierbeständen und anderen materiellen und finanziellen Fonds sowie die konsequente Nutzung der Höchstertragskonzeptionen in der Feldwirtschaft und der Höchstleistungskonzeptionen in der Tierhaltung.

Die enge Verbindung des Kampfes um die Entwicklung der Produktion mit der weiteren Verbesserung der Arbeits- und Lebensbedingungen, einschließlich der Verschönerung der Dörfer, wirkt dabei mobilisierend im sozialistischen Wettbewerb.

Die Entwicklungsaspekte, die sich aus den historisch gewachsenen Bedingungen der Landwirtschaft der DDR und der Notwendigkeit zur umfassenden Intensivierung des Reproduktionsprozesses ergeben, bestimmen Inhalt, Form und Ziel des Wettbewerbs.

Seine Entwicklung, die durch die Brigaden und Abteilungen in der Feld- und Viehwirtschaft getragen wird, ist durch folgende Grundrichtungen geprägt:

Erstens sind auf der Grundlage einer leistungsfähigen materiell-technischen Basis dieses Bereiches, wie der Volkswirtschaft überhaupt, sowie durch den Qualifikationsstand der Werktätigen und der Leitungskader Bedingungen herangereift, die es gestatten, auf dem Wege der Kooperation den einheitlichen Reproduktionsprozeß der Pflanzen- und Tierproduktion nach einem einheitlichen Plan für die Kooperation der LPG und VEG effektiver zu gestalten. Damit bilden sich Voraussetzungen heraus, die Wettbewerbserfahrungen der Arbeiter der VEG, als Stützpunkte der Arbeiterklasse auf dem Lande, in einer direkteren Weise und in größerem Umfang für die Genossenschaftsbauern und Arbeiter in den LPG wirksam werden zu lassen. Im kooperativen Wettbewerb auf der Basis eines einheitlichen Planes und gemeinsamer Ziele nimmt das Wetteifern, die kameradschaftliche Zusammenarbeit und die gegenseitige Hilfe neue Züge an. Die Ressourcen und Potenzen der Genossenschaften und Betriebe werden durch gegenseitige Hilfe mit Arbeitskräften, Leitungskadern, Technik sowie materiellen und finanziellen Fonds wirkungsvoller ausgeschöpft. Leistungsvergleiche und Erfahrungsaustausche werden dabei in zunehmendem Maße zu Mitteln der Leitung, Planung und wirtschaftlichen Rechnungsführung und zum Bestandteil des Wettbewerbs.

Sozialistische Gemeinschaftsarbeit und Komplexwettbewerb helfen, unter Nutzung der territorialen materiell-technischen und Arbeitskräfteressourcen den Wettbewerb auf die Realisierung schlagbezogener Höchstertrags- und stallbezogener Höchstleistungskonzeptionen sowie der Programme der langfristigen Bodennutzung auszurichten.

Der Wettbewerb in der Kooperation fördert zugleich die sozial-ökonomische Annäherung der Arbeiter, Genossenschaftsbauern und der Angehörigen der Intelligenz, indem die Phasen des landwirtschaftlichen Reproduktionsprozesses von der Anwendung wissenschaftlicher Erkenntnisse bis zur Erzeugung eines erforderlichen Endproduktes im Wetteifer enger zusammengebracht werden, was durch abgestimmte Ziele und zielgerichtete Stimulierung erreicht wird.

Unter der Führung der Parteiorganisation, den Räten der Parteisekretäre, organisieren die Gewerkschaften mit den Kooperationsräten den Wettbewerb in und zwischen den landwirtschaftlichen Betrieben.

Zweitens zeichnet sich das Erfordernis ab, in den Agrar-Industrie-Vereinigungen (AIV) sowie in allen anderen Bereichen der Landwirtschaft einen Wettbewerb zu organisieren, der von den Reproduktionszusammenhängen der in der Vereinigung zusammengeschlossenen Genossenschaften, Betrieben und Einrichtungen ausgeht und darauf gerichtet ist, den Reproduktionsprozeß der Landwirtschaft als Ganzes im Interesse eines höheren Endproduktes besser zu beherrschen.

Auf der Grundlage komplexer Führungskonzeptionen und ökonomischer Aufgaben- und Zielstellungen durch die von den Genossenschaften, Betrieben und Einrichtungen gewählte Leitung der AIV wird unter Wahrung des Prinzips des demokratischen Zentralismus der Wettbewerb in den einzelnen Betrieben so organisiert und geführt, daß im komplexen zeitlich und inhaltlich abgestimmten Vorgehen insgesamt die AIV Spitzenleistung bei hoher Effektivität erreicht.

Dazu sind die bisherigen Erfahrungen der Wettbewerbsorganisation gründlich zu analysieren und mit der Weiterentwicklung der AIV auch Fragen der Wettbewerbsführung inhaltlich und organisatorisch zu behandeln. Schließlich geht es im überbetrieblichen Wettbewerb innerhalb einer AIV darum, auch hier die Produktion mit der Wissenschaft in schöpferischer Initiative unter Nutzung der bäuerlichen Erfahrungen enger zu verbinden.

Drittens gewinnt der Wettbewerb in der Landwirtschaft und in den mit ihr verbundenen Industriebetrieben des materiell-technischen Vorleistungsbereichs sowie der nachgelagerten Verarbeitung landwirtschaftlicher Erzeugnisse an Gewicht. Gefördert wird dies durch die objektiven Entwicklungsbedingungen unserer hochindustrialisierten Volkswirtschaft mit einem auf Intensivierung ausgerichteten modernen und hochleistungsfähigen Agrarsektor.

Dadurch bedingt, verstärken sich die engen vertikalen Kooperationsbeziehungen zwischen Industrie und Landwirtschaft im Interesse eines raschen Wachstums des volkswirtschaftlich nutzbaren Endprodukts und des Nationaleinkommens bei sinkendem Ressourceneinsatz und sinkenden Kosten.

10. Die Aufgaben der neuen Etappe der ökonomischen Strategie setzen neue Maßstäbe für die Verbindung der Leitung der Prozesse der Intensivierung und Rationalisierung mit der umfassenden Entwicklung der Wettbewerbsinitiative der Werktätigen

Von welcher Seite man die Aufgaben zur Verwirklichung der neuen Etappe der ökonomischen Strategie auch sieht, immer geht es in erster Linie darum, im Massenumfange eine höhere Qualität bewußten ökonomischen Denkens und Handelns zu fördern, das Schöpfertum der Arbeiterklasse und aller anderen Werktätigen auf das Niveau der neuen Aufgaben zu heben. Die Erfahrungen der letzten Jahre machen deutlich, daß die immer bessere Verbindung der Leitung der Prozesse der umfassenden Intensivierung mit der Entwicklung der schöpferischen Masseninitiative im sozialistischen Wettbewerb qualitativ neue Anforderungen an das Zusammenwirken der Gewerkschaftsleitungen mit den Leitern in Staat und Wirtschaft stellen. Verbunden damit sind neue Maßstäbe für die politische Führung dieser Prozesse durch die Parteiorganisationen.

Die weitere Erhöhung der politischen, ökonomischen und sozialen Wirksamkeit des sozialistischen Wettbewerbs zwingt dazu, die Initiativentwicklung auf das engste mit der langfristigen Leitung der Prozesse der wissenschaftlich-technischen Entwicklung, der Intensivierung und Rationalisierung zu verbinden.

Mit der Orientierung des sozialistischen Wettbewerbs auf die Aufgaben der umfassenden Intensivierung, die Aufgaben von Wissenschaft und Technik sowie die Erfüllung und gezielte Überbietung der qualitativen Kennziffern werden höhere Ansprüche an die Arbeit der Leiter zur Schaffung der erforderlichen Voraussetzungen für hohe Wettbewerbsleistungen gestellt. Zugleich geht es darum, jedem Kollektiv zu helfen, das politische Gewicht und die historische Größe unseres Kampfes zur umfassenden Intensivierung der Produktion voll zu erfassen.

Die Erfahrungen der besten Betriebe und Kombinate zeigen, daß vom Niveau der konzeptionellen Arbeit und der Teilnahme der Werktätigen abhängt, mit welcher Klarheit, Sicherheit und Konsequenz der Wettbewerb auf die umfassende Intensivierung der Produktion gerichtet wird. Zwingender denn je sind verständliche, auf die Bedürfnisse der Werktätigen zugeschnittene Informationen über ihre volkswirtschaftliche Verantwortung und über ihre konkreten Aufgaben zur weiteren Verwirklichung der Aufgaben der ökonomischen Strategie erforderlich.

Neue Überlegungen und größere Anstrengungen werden notwendig, um die Kennziffern der Leistungsbewertung in überschaubare und abrechenbare Kennziffern für die Bewertung der Wettbewerbskollektive in Produktion und Produktionsvorbereitung umzusetzen. Besondere Aufmerksamkeit gilt solchen Vorgaben und Kennziffern, die die Rationalisierung der Produktion, die schnellere Einführung neuer Erzeugnisse und die Erhöhung der Effektivität der Produktion insgesamt (die Leistung pro Produktionsarbeiter und Arbeitskollektiv, die Arbeitszeiteinsparung und Selbstkostensenkung durch Maßnahmen Wissenschaft und Technik, die beeinflußbaren Kosten pro Stück und Stunde u. a.) fördern.

Die zunehmende wissenschaftliche Durchdringung der Produktion, die Automatisierung ganzer Bereiche und Abteilungen, die wachsende Verflechtung, Spezialisierung, Kooperation und Kombination zwingen zur stärkeren Suche nach neuen Möglichkeiten der Wettbewerbsführung zwischen vergleichbaren Partnern, zur wirkungsvollen Anwendung des Leistungsvergleichs und zur Verallgemeinerung der Erfahrungen der Besten.

Eine hohe Verantwortung für die weitere Erhöhung der politischen, ökonomischen und sozialen Wirksamkeit des sozialistischen Wettbewerbs tragen die Kollektive der sozialistischen Arbeit. Ihre wirksame Unterstützung bei der Übernahme hoher Wettbewerbsziele, bei der Arbeit nach den Erfahrungen der Besten und bei der praktischen Hilfe gegenüber zurückbleibenden Kollektiven ist ein grundlegendes Anliegen staatlicher und gewerkschaftlicher Leitungstätigkeit.

Öffentliche Verteidigungen der Wettbewerbsverpflichtungen und Vorhaben der Kultur- und Bildungspläne erweisen sich dabei als wirkungsvolle demokratische Aktion, als schöpferischer Meinungsstreit und Erfahrungsaustausch.

Es erhöht sich die Verantwortung der Gewerkschaften als Schulen des Sozialismus, als Motor des sozialistischen Wettbewerbs und Interessenvertreter der Arbeiter und Angestellten bei der Leitung und Organisation des sozialistischen Wettbewerbs. Die Einflüsse, die vom Wettbewerb auf das weitere Wachstum der Produktivität, auf die weitere Qualifizierung der Leitung und Planung und auf die Herausbildung sozialistischer Denk- und Verhaltensweisen ausgehen, sind um so größer, je stärker der Wettbewerb von den Werktätigen als sozialistische Demokratie in Aktion geführt und erlebt wird.

Die Erfahrungen bestätigen, daß die Mitarbeit der Werktätigen bei der Rationalisierung, die Übernahme hoher Wettbewerbsverpflichtungen am stärksten durch eine Atmosphäre stimuliert wird, in der die Werktätigen spüren, daß ihre Fragen, Vorschläge und Anregungen herausgefordert und gewissenhaft behandelt werden. Von großem Gewicht ist die umfassende Entwicklung solcher Wettbewerbserfahrungen, die die persönliche Beziehung des einzelnen und des Kollektivs zu seinen Planaufgaben, die entsprechenden persönlichen Positionen und Verpflichtungen zum Inhalt haben. Dazu gehören vor allem die persönlichen und kollektiven Planangebote, die Initiativpläne der Meister, die Forscherkonten u.a. Entscheidende Prämisse für die Führung des sozialistischen Wettbewerbs bleibt, daß er stets konkret und überschaubar geführt wird, daß die Leistungen der Wettbewerbsteilnehmer wirklich miteinander verglichen und die besten Leistungen auch anerkannt werden.

Dem Einfluß der Vertrauensleutevollversammlung und der gewerkschaftlichen Mitgliederversammlungen als wichtige Foren der sozialistischen Demokratie kommt große Bedeutung zu. Auf ihnen sind die Beschlüsse zur Wettbewerbsführung gründlich zu beraten und die Ergebnisse des Wettbewerbs einzuschätzen.

Wichtig sind dabei regelmäßige, ehrliche und vertrauensvolle Informationen über die Plandurchführung und die weitere Perspektive sowie über die Realisierung aller Vorschläge und Hinweise der Werkätigen.

Die Gewerkschaftsleitungen und das große Aktiv ihrer ehrenamtlichen Funktionäre sind berufen, mit ihrer Autorität und ihrem ganzen Einfluß eine Atmosphäre zu fördern, in der sich jedes Arbeitskollektiv und jeder einzelne seiner großen Verantwortung für die weitere Stärkung des Sozialismus und die Sicherung des Friedens mit hohen Wettbewerbsleistungen stellt.

Anmerkungen

1 Vgl. Programm der Sozialistischen Einheitspartei Deutschlands, Berlin 1983, S. 35/36.

2 W. I. Lenin, Wie soll man den Wettbewerb organisieren?, in: Werke, Bd. 26, Berlin 1974, S. 402.

3 Vgl. Sozialistische Rationalisierung – Hauptfeld schöpferischer Tätigkeit der Neuerer, Zum Beschluß des Sekretariats des ZK der SED vom 19. 10. 1983, in: Neuer Weg, 22/1983, S. 857 ff.

2. REFERAT

Horst Schneider

Sozialistischer Wettbewerb und umfassende Intensivierung

Vielfältig sind die Initiativen der Werktätigen zur Erfüllung und Überbietung des Planes im sozialistischen Wettbewerb in Vorbereitung auf den XI. Parteitag der SED. Täglich sammeln sie neue Erfahrungen bei der Meisterung des wissenschaftlich-technischen Fortschritts, der umfassenden Intensivierung – Erfahrungen, die aus der konsequenten Erfüllung des von der SED beschlossenen Programms zur weiteren Gestaltung der entwickelten sozialistischen Gesellschaft, insbesondere der ökonomischen Politik erwachsen.

In seiner Rede vor den 1. Kreissekretären der SED würdigte Erich Honecker die bedeutenden Initiativen der Werktätigen, die sie im sozialistischen Wettbewerb unter der Losung „Alles für das Wohl des Volkes und den Frieden – Vorwärts zum XI. Parteitag der SED!" und im „Ernst Thälmann-Aufgebot der FDJ" entfalten.[1] Durch ihre Ideen und Taten schaffen sie selbst die Ausgangsbasis für jene gesellschaftliche Entwicklung, die der XI. Parteitag der SED beraten und beschließen wird.

Allen Teilnehmern der heutigen gemeinsamen Beratung liegen Thesen zum Thema zur Diskussion vor. Wir wollen damit einen Beitrag für praktisch-politische Lösungen und für die weitere notwendige theoretische Diskussion leisten, einen Beitrag, der sich einordnet in die breite Volksaussprache zum XI. Parteitag.

Mit der 10. Tagung des ZK der SED wurde die intensivste Phase der Vorbereitung des XI. Parteitages der SED eingeleitet. Die 11. Tagung des Bundesvorstandes des FDGB hat den eigenständigen Beitrag der Gewerkschaften formuliert und begründet. In der Einheit ihres politischen, ökonomischen und sozialen Wirkens tragen sie durch die Organisierung des sozialistischen Wettbewerbs dazu bei, hohe Leistungen zum Wohle des Volkes und für den Frieden zu erbringen.

Inspiriert durch die kluge Arbeiterpolitik unserer Partei, organisiert durch die Gewerkschaften als Motor des sozialistischen Wettbewerbs und motiviert durch das tägliche Erleben der positiven Wirkungen der Einheit von Wirtschafts- und Sozialpolitik nehmen die Werktätigen in Zeiten wichtiger politischer Ereignisse aktiv an der breiten Volksbewegung zur Vorbereitung des XI. Parteitages teil. Die vielfältigen Initiativen zielen darauf ab, „die Vorbereitung des XI. Parteitages auf allen Gebieten des gesellschaftlichen Lebens durch eine breite Massenbewegung für die Stärkung des Sozialismus und für die Sicherung des Friedens zu einer Sache des ganzen Volkes zu machen"[2]. Durch diese Taten wird die Dimension des sozialistischen Wettbewerbs als politische Aktion der Arbeiterklasse und aller anderen Werktätigen deutlich.

Im Programm unserer Partei wird auf den engen Zusammenhang zwischen den Produktionsverhältnissen im Sozialismus und der Entwicklung der Initiativen der Werktätigen nachdrücklich hingewiesen. Es heißt dort: „Im Sozialismus sind die Produktionsverhältnisse, alle gesellschaftlichen Beziehungen durch bewußtes Zusammenwirken, kameradschaftliche Zusammenarbeit und gegenseitige Hilfe charakterisiert. Dadurch sind die Grundlagen geschaffen für die politisch-moralische Einheit des Volkes, für die breite Entwicklung der Initiative und Aktivität aller Werktätigen."[3]

Die Festigung und Entwicklung unserer Republik bestätigen die im Programm und in den Dokumenten der SED und des FDGB verallgemeinerte Erfahrung, daß die weitere Gestaltung der entwickelten sozialistischen Gesellschaft objektiv mit der Ausprägung des sozialistischen Charakters der Arbeit und der Entfaltung der schöpferischen Kraft der Volksmassen verbunden ist.

Der sozialistische Wettbewerb ist eine unter der Führung der Arbeiterklasse und ihrer Partei auf der Grundlage des sozialistischen Eigentums hervorgebrachte Triebkraft des ökonomischen, wissenschaftlich-technischen und sozialen Fortschritts. Er ist Resultat und Wesensmerkmal sozialistischer Produktionsverhältnisse, ja man kann sagen, daß sich im sozialistischen Wettbewerb, im gegenseitigen Wetteifern, in der kameradschaftlichen Zusammenarbeit und in der gegenseitigen Hilfe ein neues gesellschaftliches Verhältnis, ein sozialistisches Produktionsverhältnis entwickelt hat. Es hat nichts mehr mit der kapitalistischen Konkurrenz zu tun und entspricht voll dem gesellschaftlichen Charakter der Arbeit und des sozialistischen Eigentums an den Produktionsmitteln.

Die spezifische Qualität dieser Triebkraft der sozialistischen Produktionsweise und ihre Überlegenheit über die Triebkräfte des Kapitals besteht darin, daß sich im sozialistischen Wettbewerb die Entwicklung der Produktivität, der Persönlichkeit und der Gesellschaft zu einer Einheit verbinden. Im Zusammenwirken mit der sozialistischen Planung, dem sozialistischen Leistungsprinzip und der sozialistischen Demokratie im Produktions- und Arbeitsprozeß gehört er zu den entscheidenden Quellen der Herausbildung der historisch überlegenen Produktivkraft der gesellschaftlichen Arbeit im Sozialismus.

W. I. Lenin sah in der Entfaltung des sozialistischen Wettbewerbs auf der Grundlage sozialistischer Produktionsverhältnisse die tatsächliche Inbesitznahme der Produktionsmittel durch die neuen Eigentümer als Wesenszug und Triebkraft der Entwicklung sozialistischer Produktionsverhältnisse, die schließlich die höhere Produktivkraft der gesellschaftlichen Arbeit hervorbringen.

Das Ringen um ein höheres Niveau der Arbeitsproduktivität ist in Vorbereitung des XI. Parteitages der SED in eine neue Phase getreten. Der Vorsitzende des Bundesvorstandes des FDGB, Harry Tisch, hob deshalb auf der 10. Tagung des Bundesvorstandes hervor:

„Diese Aufgabe durchdringt unsere gesamte ökonomische Strategie, sie steht im Zentrum des sozialistischen Wettbewerbs. Und ich möchte formulieren: Der Wettbewerb verdient diesen Namen nur, wo er hilft und darauf hinwirkt, daß ein hohes Tempo in der Entwicklung der Arbeitsproduktivität erreicht wird."[4]

Der sozialistische Wettbewerb als eine Triebkraft des Sozialismus ist den Triebkräften des Kapitals in bezug auf das Niveau der Arbeitsproduktivität und in bezug auf die sozialen Wirkungen des wissenschaftlich-technischen Fortschritts aktuell überlegen. Das zeigt die Praxis. Rationalisierung und wachsende Arbeitsproduktivität durch Entwicklung und Anwendung von Wissenschaft und Technik verschärfen die vom Kapital erzwungene Konkurrenz im kapitalistischen Arbeitsprozeß. Diese den Arbeiter knechtende Form des Wettbewerbs hat verheerende soziale Wirkungen auf Millionen von Menschen. Profit und Konkurrenz als Triebkraft der wissenschaftlich-technischen Entwicklung degradieren und dequalifizieren die große Masse der Lohnarbeiter. Sie vernichten massenhaft Arbeit und machen Menschen in wachsender Zahl zu überflüssigen Mitgliedern eines kranken sozialen Organismus. Dem setzt der Sozialismus die Entwicklung des Menschen durch masssenhaftes Schöpfertum bei der Beschleunigung des wissenschaftlich-technischen Fortschritts und durch die Anwendung seiner ökonomischen Ergebnisse für die wachsende Befriedigung der materiellen und kulturellen Bedürfnisse der Werktätigen entgegen.

Mit dem Übergang zur umfassenden Intensivierung vollziehen wir einen weiteren qualitativen Schritt in der Verbindung von Produktivitäts- und Persönlichkeitsentwicklung, weil die Intensivierung die Entwicklung der kreativen und kooperativen Momente der Arbeit und ihre Entfaltung im Wettbewerb zu einem Grundpfeiler des Wirtschaftswachstums macht. Deshalb hat die Entfaltung des sozialistischen Wettbewerbs als Triebkraft des wissenschaftlich-technischen Fortschritts eine grundsätzliche Bedeutung nicht nur für das ökonomische Wachstum, sondern für die Gestaltung der ökonomischen, sozialen und politischen Verhältnisse des Sozialismus überhaupt. „Die Hauptproduktivkraft ist der Mensch mit seinen Fähigkeiten, und danach heißt es zu handeln."[5]

Sozialistische Intensivierung fordert wie nie zuvor den schöpferischen Menschen, und dieser entwickelt sich im kollektiven Wetteifer, im Leistungsvergleich und in der Verallgemeinerung wirksamster Formen und Methoden der Arbeit bei der Durchsetzung der umfassenden sozialistischen Intensivierung.

Mit der Aufgabe, in jedem Kombinat den Weg der Intensivierung mit aller Konsequenz zu beschreiten, stehen wir auch in der Entfaltung des sozialistischen Wettbewerbs in den Kombinatsbetrieben vor qualitativ neuen Schritten. Sie ergeben sich aus der Dialektik von fortschreitender Intensivierung und wachsender Vergesellschaftung der Produktion und der Arbeit. Mit der ausschlaggebenden Rolle von Neuerungsprozessen für das Wirtschaftswachstum und mit dem komplexen Charakter, den sie im Kreislauf der intensiven Reproduktion der Kombinate annehmen, gestaltet sich das Verhältnis von Arbeit und Wettbewerb immer enger. Es erweist sich, daß die Triebkraftwirkung des sozialistischen Wettbewerbs immer mehr das tiefere Verständnis und die Verwirklichung des Leninschen Prinzips der Organisation der Arbeit als Wettbewerb erfordert. Die hohe Erneuerungsrate, das Spitzenniveau der Erzeugnisse, die Minimierung der Kosten und das Erzielen bedarfsdeckender Stückzahlen lassen sich nur erreichen und stabil erweitert reproduzieren, wenn die gesamte Arbeit von der Ideenfindung bis zur Serienproduktion und dem Absatz als Wettbewerb und Leistungsvergleich organisiert wird. Diese sozialistische Form der Arbeit und ihre Organisation gewährleistet die Erfüllung und gezielte Übererfüllung der Pläne als generelles Wettbewerbsziel.

Mit der umfassenden Intensivierung, die die ganze Volkswirtschaft durchdringen muß und von der der volkswirtschaftliche Kreislauf immer mehr geprägt wird[6], sind neue Ansprüche an die Entfaltung des sozialistischen Wettbewerbs gestellt.

Auf der Grundlage der vorliegenden Thesen möchte ich drei Fragenkomplexe hervorheben.

Erster Komplex: In seiner Rede auf der 10. Tagung des ZK der SED unterstrich Erich Honecker die große Bedeutung der Beherrschung des wissenschaftich-technischen Fortschritts, der modernen Schlüsseltechnologien und der ihnen zugrunde liegenden modernen Wissenschaftsdisziplinen. Ihnen muß entsprochen werden, um die Intensivierung der Produktion auf lange Sicht zu gewährleisten.

Das ist auch ein hoher Anspruch an die schöpferische Initiative im sozialistischen Wettbewerb der produktionsvorbereitenden Bereiche. Erfahrungen weisen auf das Erfordernis hin, in enger Zusammenarbeit von Gewerkschaftsleitungen und staatlichen Leitern den sozialistischen Wettbewerb in Forschung und Entwicklung genauso zu einer ökonomisch wirksamen Triebkraft zu entwickeln, wie das in den Produktionskollektiven bereits heute der Fall ist.

Vielfältige positive Erfahrungen besagen, daß in den produktionsvorbereitenden Bereichen hervorragende Leistungen und Ergebnisse im schöpferischen Wetteifern erreicht werden, wenn die Mitarbeiter auf der Grundlage eines hohen Niveaus der Leitung und Planung politisch motiviert, ihre Wettbewerbsverpflichtungen und die erreichten Ergebnisse an den internationalen Bestwerten messen. Das schließt das Ringen um Spitzenleistungen und den Kampf gegen Erscheinungen von Mittelmäßigkeit ebenso ein, wie die materielle und moralische Anerkennung hoher Leistungen.

Seit Einführung der Pflichtenhefte vollzog und vollzieht sich eine positive Entwicklung des sozialistischen Wettbewerbs in den Forschungs- und Entwicklungskollektiven. Das war und ist zum Teil mit der Klärung der Frage verbunden, daß die Pflichtenhefte noch nicht die Wettbewerbsverpflichtungen sind. Aus ihnen erwächst die Aufgabenstellung für den sozialistischen Wettbewerb in Forschung und Entwicklung. Pflichtenheftaufgaben sind staatliche Mindestanforderungen. Sie verkörpern für Forschung und Entwicklung den Plan, den es durch entsprechende planbezogene Verpflichtungen der Wettbewerbsteilnehmer zu überbieten bzw. zu unterbieten gilt.

Gegenstand des Wetteiferns sind vor allem die Verkürzung der in den Pflichtenheften festgelegten Entwicklungs- und Überleitungszeiten und das Erreichen und Überbieten der festgelegten ökonomischen und technischen Parameter.

Ein zum Fragenkomplex wissenschaftlich-technischer Fortschritt und sozialistischer Wettbewerb gehörendes Problem beinhaltet die Gestaltung des sozialistischen Wettbewerbs in automatisierten Bereichen.

Dieses wichtige Merkmal unserer wissenschaftlich-technischen, ökonomischen und sozialen Entwicklung erhält eine hohe Bedeutung im Zusammenhang mit der Orientierung der 9. Tagung des ZK der SED, „automatisierte Fertigungsabschnitte zu schaffen, die den technologischen Fortschritt künftig immer mehr beeinflussen“[7].

Es ist bereits heute erkennbar, daß sich in automatisierten Fertigungsbereichen neue Inhalte der Arbeit des individuellen Arbeiters, neue Formen der Arbeitsteilung und Kooperation entwickeln. Sie beeinflussen die Wirkungsbedingungen des sozialistischen Wettbewerbs, seine inhaltliche Gestaltung und damit seine Formen und Methoden. In den vorgelegten Thesen haben wir darauf hingewiesen.

In den Mittelpunkt der Wettbewerbsführung rücken, das zeigen die praktischen Erfahrungen, die Verantwortung für die Sicherung einer höchstmöglichen Zuverlässigkeit und Stabilität der ablaufenden Prozesse, die Beherrschung der modernen Technologie, die Einhaltung der Meß- und Kontrolltechnologie, die Beurteilung der Funktionstüchtigkeit der Anlage, der Maßhaltigkeit von Werkzeugen und Werkstücken und das Aussortieren schadhafter Teile.

Mit der Erhöhung des Automatisierungsgrades der Produktion zeichnet sich die Notwendigkeit eines engeren kooperativen Zusammenwirkens von Berufs- und Tätigkeitsgruppen ab. Die sich daraus ergebende Konsequenz für die Organisierung und Führung des sozialistischen Wettbewerbs besteht darin, entsprechend dem objektiv zunehmenden Zwang zur Kooperation auch die Formen und Methoden des schöpferischen Wetteiferns, der kameradschaftlichen Zusammenarbeit und der gegenseitigen sozialistischen Hilfe entsprechend zu gestalten, d.h., die sozialistische Gemeinschaftsarbeit weiter zu entfalten.

Mit den Veränderungen in den Wirkungsbedingungen und -möglichkeiten des Arbeitsprozesses sind auch neue Anforderungen an die Neuererbewegung, ihren Inhalt und ihre Formen gestellt.

Wichtig scheint die Erkenntnis, daß mit dem wissenschaftlich-technischen Fortschritt, insbesondere mit der Automatisierung, eine Veränderung und Entwicklung der Gegenstände der Neuerertätigkeit einhergeht und zugleich weitere und veränderte Betätigungsfelder für die Neuerer entstehen. Es geht also nicht um einen Rückgang der Möglichkeiten für die Neuerertätigkeit im automatisierten Bereich, sondern um eine qualitative Veränderung der Betätigungsfelder. Jüngste Erfahrungen weisen darauf hin, daß es bereits im Prozeß der Einführung von Automatisierungsvorhaben erforderlich ist, auf die neuen Betätigungsfelder in automatisierten Bereichen zu orientieren. Das ist dort am wirkungsvollsten, wo Werktätige, die später in diesen Bereichen arbeiten, bereits an der Einführung der Automatisierungsvorhaben mitwirken.

In den Thesen sind wesentliche Betätigungsfelder für die Neuerertätigkeit unter automatisierten Produktionsbedingungen aufgezeigt. Besonders hingewiesen werden soll auf die weitere Verbesserung der Arbeitsbedingungen unter Nutzung der automatisierten Technik und Technologie zur Befreiung des Menschen von schwerer körperlicher, gesundheitsbeeinträchtigender und monotoner Arbeit. Die neuen Möglichkeiten und Betätigungsfelder für die Neuerertätigkeit zu erkennen und den Werktätigen nahezubringen, sie darauf einzustellen und sie rechtzeitig dafür zu qualifizieren, gehört zur gewerkschaftlichen Interessenvertretung.

Die Bedingungen für die Entwicklung der schöpferischen Initiative der Werktätigen in automatisierten Bereichen erweitern sich. Sie durch die gewerkschaftlichen Leitungen und staatlichen Leiter richtig zu nutzen, verstärkt den Einfluß des sozialistischen Wettbewerbs und der ihm wesenseigenen Neuererbewegung auf die Meisterung der neuen Etappe der Verwirklichung der ökonomischen Strategie. Das erfordert, wirkungsvolle Formen der Entfaltung der sozialistischen Gemeinschaftsarbeit im sozialistischen Wettbewerb zu entwickeln.

In zunehmendem Maße bilden sich zur Lösung von Schwerpunktaufgaben des Planes Wissenschaft und Technik überbetriebliche Formen der sozialistischen Gemeinschaftsarbeit heraus. Sie sind effektive Formen der konkreten Verbindung von Wissenschaft und Produktion und bewähren sich bei der Einführung der Mikroelektronik und der Robotertechnik, der Einführung neuer Erzeugnisse und Technologien, der höheren Veredlung der Produktion, der Verbesserung der Material- und Energieökonomie. Gute Erfahrungen wurden bei der Entwicklung der Hochschul-Industrie-Komplexe, der überbetrieblichen Arbeits- und Forschungsgemeinschaften, von Themen- und Neuererkollektiven gesammelt.[8]

Eine effektive Form ist der themenbezogene Komplexwettbewerb zur Lösung von Schwerpunktaufgaben. Er erfordert vielfältige Kooperationsbeziehungen und trägt der wachsenden Komplexität und Kompliziertheit der wissenschaftlich-technischen Aufgaben, der Vertiefung des Vergesellschaftungsprozesses der Produktion in besonderem Maße Rechnung. Grundlage für seine Organisation sind die überbetrieblichen vertraglichen Vereinbarungen und Pflichtenhefte zwischen Kombinaten, wissenschaftlichen Einrichtungen der Akademie der Wissenschaften der DDR, Forschungseinrichtungen, Hoch- und Fachschulen.

Mit dem Komplexwettbewerb ist es möglich, bei der Lösung komplexer Forschungsaufgaben und Überführungsleistungen die schöpferischen Kräfte und Fähigkeiten aller an der Forschung, Entwicklung und Überleitung Beteiligten zu koordinieren und auf Spitzenleistungen zu konzentrieren.

Zu den wertvollen Erfahrungen der IG Metall und der Gewerkschaft Wissenschaft bei der Organisierung von überbetrieblichen Komplexwettbewerben gehören z. B.,

- daß die gemeinsamen Anstrengungen der Wettbewerbsteilnehmer inhaltlich auf strategische, volkswirtschaftlich bedeutsame Ziele zur Steigerung der Arbeitsproduktivität, zur Herstellung von Erzeugnissen mit hohen Gebrauchswerteigenschaften, zur Entwicklung hocheffektiver Technologien sowie auf die Entwicklung hochwertiger Konsumgüter gerichtet sind;
- daß seine erfolgreiche Organisation und Führung eine enge verständnisvolle und vertrauensvolle Zusammenarbeit der Gewerkschaftsleitungen der beteiligten Kombinate, Betriebe und wissenschaftlichen Einrichtungen mit dem Ziel einschließt, die schöpferische Initiative der beteiligten Werktätigen zielgerichtet zusammenzuführen;
- daß die in ihn einbezogenen und abgestimmten Teilleistungen sinnvoll in den innerbetrieblichen Wettbewerb eingeordnet werden und dazu die vorhandenen Führungsdokumente, wie die Wettbewerbsbeschlüsse und -programme sowie den BKV für die zielgerichtete und konkrete Führung des gesamten Komplexwettbewerbs genutzt werden.

Damit verbunden ist die Organisierung themenbezogener bzw. erzeugnisbezogener Komplexwettbewerbe zwischen produktionsvorbereitenden und produzierenden Bereichen in den Kombinaten und Betrieben zur Lösung von Schwerpunktaufgaben. Bei ihrer Entwicklung über das Kombinat hinaus sind sie ebenfalls eine wichtige Grundlage.

Von Bedeutung für die erfolgreiche Gestaltung des Komplexwettbewerbs im Kombinat und Betrieb ist die planbezogene abgestimmte Initiativentwicklung von Forschung und Entwicklung, Technologie und Produktion bis hin zum Absatz unter Einbeziehung des Rationalisierungsmittelbaus. Die Erfahrungen weisen darauf hin, daß dabei die Bilanzierung der Wettbewerbsverpflichtungen zwischen den kooperierenden Arbeitskollektiven und Werktätigen eine zunehmende Bedeutung erhält.

Zweiter Komplex: Der Aufruf zum Wettbewerb in Vorbereitung des XI. Parteitages der SED orientiert darauf, den Kampf um höchstes Leistungswachstum mit der weiteren Verbesserung der Arbeits- und Lebensbedingungen zu verbinden. Zu den wichtigen Kennzeichen des sozialistischen Wettbewerbs gehört dementsprechend die enge Verbindung des Kampfes um hohe ökonomische Ergebnisse mit der Verbesserung der Arbeits- und Lebensbedingungen, mit höherer Ordnung, Sicherheit und Disziplin.[9] Die Wahrung dieses Zusammenhangs erweist sich als wichtige Quelle für die Entfaltung des sozialistischen Wettbewerbs als Triebkraft des Sozialismus. Aus diesem Verhältnis entspringen Motivationen für soziale Aktivitäten der Werktätigen und die persönliche Identifikation mit der Politik der SED.

Mit der umfassenden Intensivierung, der längerfristigen und prozeßorientierten Rationalisierung im Betrieb stellt sich dieser Zusammenhang auf neue Weise. Die sozialistische Rationalisierung – ihrem Wesen nach für und mit den Menschen – erlangt neue Dimensionen, die sich vor allem aus den Ansprüchen der wissenschaftlich-technischen Revolution ergeben. Wie erste Untersuchungen zum Wettbewerb unter den Bedingungen der Automatisierung ganzer Produktionsabschnitte sowie der Technisierung der geistigen Arbeit in der Produktionsvorbereitung zeigen, wird die Entwicklung des Menschen in der Arbeit, seine Persönlichkeit und seine Lebensweise stärker als je zuvor berührt. Offensichtlich gibt es dafür zwei miteinander korrespondierende Ursachen.

Erstens: Mit der wissenschaftlich-technischen Revolution werden die objektiven Grundlagen der sozialistischen Lebensweise, aber vor allem die Bedingungen und der Inhalt der Arbeit, dem Kernstück der sozialistischen Lebensweise, verändert. Damit sind eine Vielzahl sozialer Fragen verbunden, die nur zum Teil selbst Gegenstand des Wettbewerbs sind, für ihn aber Wirkungsbedingungen darstellen. Das gilt besonders für die Veränderung der Arbeitsanforderungen, die Erhöhung des Niveaus der Arbeitsaufgaben und die damit verbundene fachliche und politische Qualifizierung der Werktätigen. Das gilt für die leistungsfördernde Gestaltung von Lohn und Prämie, die Entwicklung neuer Formen der sozialistischen Gemeinschaftsarbeit, die Schichtarbeit sowie den Arbeits- und Gesundheitsschutz. Von der Gestaltung dieser Wirkungsbedingungen wird künftig die Entfaltung der Initiative im Wettbewerb wesentlich beeinflußt.

Zweitens: Die subjektiven Faktoren erlangen in der Arbeit wachsende Bedeutung. Anforderungen an das Wissen, an die Fähigkeiten, an Verhaltensweisen und Charaktereigenschaften rücken ebenso wie die politischen Motivationen der Werktätigen zur Beherrschung des wissenschaftlich-technischen Fortschritts in den Mittelpunkt.

Daraus ergibt sich für den sozialistischen Wettbewerb das Erfordernis, „soziale Energien" nicht nur freizusetzen, sondern sie vor allem in gesellschaftlich wirksames Handeln umzusetzen.

Neben der zielgerichteten Entwicklung der Leistungsbereitschaft und Leistungsfähigkeit der Werktätigen besteht deshalb eine zentrale Aufgabe des sozialistischen Wettbewerbs eben auch darin, die entsprechenden persönlichkeits- und leistungsfördernden Arbeitsbedingungen als Wettbewerbsaufgabe für die Entfaltung der subjektiven Faktoren zu berücksichtigen.

Künftig kann es nicht mehr nur darum gehen, neben dem ökonomischen Leistungszuwachs auch die Arbeitsbedingungen zu verbessern, sondern es geht vielmehr darum, den Wettbewerb zielgerichtet auf die Einheit ökonomischer Effektivität und sozialer Wirksamkeit zu konzentrieren und so die leistungsmobilisierende Kraft des Wettbewerbs zu erhöhen.

Drei Schwerpunkte zeichnen sich dabei vor allem ab:

1. Im Vorfeld der Rationalisierung sind die wichtigsten sozialen Prozesse zu erfassen und in der Rationalisierungskonzeption zu berücksichtigen. So sind bereits in der Forschungs- und Entwicklungsarbeit Fragen der Gestaltung der Arbeitsinhalte und der Strukturen der Arbeitskollektive für die künftige Initiativentwicklung zu beantworten sowie Schwerpunkte, auf die sich der Wettbewerb konzentrieren muß, zu verdeutlichen.
2. Um eine projektierende (und nicht eine kostspielige korrigierende) Gestaltung von leistungs- und persönlichkeitsfördernden Arbeitsaufgaben und Arbeitsbedingungen zu sichern, ist es notwendig, nach dem

Beispiel des VEB PCK Schwedt, dem VEB EAW „Friedrich Ebert" Berlin und dem VEB Robotron Elektronik Zella-Mehlis bereits in der Produktionsvorbereitung entsprechende Wettbewerbsverpflichtungen aufzunehmen.

3. Ausgehend von den bewährten Formen des sozialistischen Wettbewerbs – der Mitwirkung in WAO-Kollektiven und in der kollektiven Neuerertätigkeit – ist die aktive Mitgestaltung der Werktätigen an ihren eigenen Arbeitsaufgaben und Arbeitsbedingungen im sozialistischen Wettbewerb zu organisieren.

Dritter Komplex:

Die Entwicklung des Wettbewerbs als Vorzug und Wesensmerkmal der sozialistischen Produktionsweise bedarf der Organisation der Arbeit als Wettbewerb auf der Grundlage eines Gesamtwillens, eines Gesamtplanes. Im Programm der SED wird deshalb hervorgehoben, daß sich der sozialistische Wettbewerb auf die Erfüllung und gezielte Überbietung der Volkswirtschaftspläne richtet.[10]

Wichtigste Basis dafür sind die Arbeitskollektive in den sozialistischen Betrieben.

Für die gezielte Überbietung der Planaufgaben in den Betrieben, entsprechend den Anforderungen der umfassenden Intensivierung, leitet sich daraus die Notwendigkeit ab, die Führung des sozialistischen Wettbewerbs enger mit der weiteren Qualifizierung der Leitung und Planung des Reproduktionsprozesses der Kombinate und ihrer Betriebe zu verbinden, um eine höhere Effektivität der Arbeit jedes einzelnen, jedes Arbeitskollektivs, enger mit der Erhöhung der Effektivität des gesellschaftlichen Gesamtarbeiters zu verbinden. Mit den Kombinaten sind wesentliche Voraussetzungen geschaffen für eine engere Verbindung von sozialistischem Wettbewerb und Plan sowie seiner gezielten Überbietung in den Kombinatsbetrieben. Die höhere, an den qualitativen Kennziffern des Leistungswachstums unserer Volkswirtschaft orientierte Leitung und Planung in den Kombinaten bietet weitgehende Möglichkeiten für die abgestimmte Wettbewerbsführung vom Kombinat über den Kombinatsbetrieb, die Abteilung, das Arbeitskollektiv bis hin zum Werktätigen, mit dem Anspruch auf die gezielte Überbietung des Planes.

Die Überbietung des Planes als Ziel des sozialistischen Wettbewerbs durch die bewußte Organisation überplanmäßiger Leistungen muß dabei zunehmend solche Fragen berücksichtigen und beantworten, wie

- das Verhältnis von Kontinuität und Flexibilität im sozialistischen Wettbewerb, wie es sich aus der Dynamik des wissenschaftlich-technischen Fortschritts und der Veränderungen der Marktsituation ergibt, oder
- die enge Verbindung von produktionsvorbereitenden, produzierenden Bereichen und Absatz in der Wettbewerbsführung, um den Zyklus Wissenschaft – Technik – Produktion – Absatz immer besser zu beherrschen.

Mit der umfassenden Intensivierung kommt dem engen Zusammenwirken von staatlichen Leitern und Gewerkschaftsleitungen bei der Organisierung des Wettbewerbs eine wachsende Bedeutung zu. Das resultiert sowohl aus dem zunehmenden Tempo, Umfang und Breite der Prozesse des wissenschaftlich-technischen Fortschritts als auch aus dem höheren Vergesellschaftungsgrad der Produktion und der Arbeit.

Um diesen Anforderungen zu entsprechen, wurden im Auftrag des X. Parteitages der SED eine Reihe von Maßnahmen zur Vervollkommnung der Leitung, Planung und wirtschaftlichen Rechnungsführung beschlossen, die durch die Leitungstätigkeit auf allen Ebenen in schöpferische Initiativen der Werktätigen umzusetzen sind. Die 11. und 10. Tagung des Bundesvorstandes des FDGB haben die Ansprüche an das Zusammenwirken von Gewerkschaften und staatlichen Leitern deutlich gemacht. Dazu gehören vor allem:

- anspruchsvolle Ziele für die allseitige Erfüllung und gezielte Überbietung des Planes zu bestimmen. Das schließt die Vorgabe konkreter Leistungsziele, wie sie auf dem Seminar des ZK der SED mit den Generaldirektoren und Parteiorganisatoren des ZK genannt wurden, ein – Leistungsziele, die mobilisierend auf die Entfaltung der schöpferischen Initiative der Werktätigen und Arbeitskollektive im sozialistischen Wettbewerb wirken;
- sachliche Voraussetzungen und Bedingungen für den Wettbewerb, einschließlich der Gestaltung der Arbeits- und Lebensbedingungen zu schaffen. Dabei ist die wachsende Komplexität der Leitung und Koordinierung in sich geschlossener technischer Neuerungsprozesse zu berücksichtigen.
  Der Leistungsbeitrag der Kombinate für das Erreichen der hohen Ziele bringt eine neue Dynamik in den sozialistischen Wettbewerb. Die zu erreichenden Ergebnisse sind miteinander verflochten und bilanziert. Für den Erfolg ist entscheidend, daß dieser Zusammenhang in der Kette, in der volkswirtschaftlichen Kooperation, gewahrt und durchgehalten wird[11];
- die Arbeit mit Hilfe langfristiger und mittelfristiger Konzeptionen für eine hohe Wirksamkeit des sozialistischen Wettbewerbs zu verstärken. Die Verbindung von langfristig vorzubereitenden Entscheidungen und operativen Momenten der Leitungstätigkeit gewinnt für die Dynamik des sozialistischen Wettbewerbs ebenfalls an Bedeutung;
- den Leistungsvergleich als wirksame Methode zur Führung des sozialistischen Wettbewerbs zwischen den Arbeitskollektiven weiter zu qualifizieren. Das verlangt, wie in der Gemeinsamen Direktive des Zentralkomitees, des Ministerrates der DDR und des Bundesvorstandes des FDGB für die Ausarbeitung des Volkswirtschaftsplanes und des Staatshaushaltsplanes 1986 betont wird, die besten Erfahrungen umfassend und schöpferisch zu verallgemeinern und anzuwenden. Dieses schöpferische Moment gilt es u. a. bei der Ermittlung und Verallgemeinerung der Erfahrungen der Besten in produktionsvorbereitenden Bereichen und Bereichen mit automatisierter Produktion zu berücksichtigen und neue Lösungsvarianten zu entwickeln.

Die Initiative und Schöpferkraft der Werktätigen überall so zu entfalten, daß sie den neuen Zielen und Anforderungen der umfassenden Intensivierung der Produktion gerecht werden, bedarf der weiteren Entwicklung und Festigung des sozialistischen Bewußtseins unserer Werktätigen. Von den Motivationen, den Einsichten und Überzeugungen werden die Zielstellung und Wirksamkeit des sozialistischen Wettbewerbs wesentlich beeinflußt. Vor allem geht es darum: Die Entwicklung hoher Leistungsbereitschaft der Arbeitskollektive unter den Bedingungen umfassender Intensivierung als ein Erfordernis der sich aus den sozialistischen Produktionsverhältnissen ergebenden Möglichkeiten für die rasche Weiterentwicklung der Produktivkräfte voll zu nutzen.

Dafür sollen nur drei Problemkomplexe angesprochen werden:

1. Im Ringen um die Lösung der Wettbewerbsaufgaben in Vorbereitung des XI. Parteitages der SED wächst das Bewußtsein unserer Werktätigen. Das reiche Arsenal praktischer politischer Erfahrungen, über das sie verfügen, gilt es in umfassender Weise zu nutzen.

2. Das tiefe Erfassen und Begreifen der Wettbewerbszielstellung als eine politische Aufgabe trägt mit dazu bei, sich mit den höheren Anforderungen an die eigene Arbeit zu identifizieren und so den gesellschaftlichen Leistungsanspruch als eigenen Leistungsanspruch zu übernehmen. Hohe Leistungen im Wettbewerb auch unter komplizierten Arbeitsbedingungen zu erbringen, verlangt in besonderer Weise beharrliche und konkrete politisch-ideologische Arbeit, rechtzeitige Information und Einbeziehung der Werktätigen in die Erörterung und Entscheidung betrieblicher Probleme.

Mit zunehmender Geschwindigkeit und wachsendem Umfang der Erneuerungsprozesse wird es immer dringlicher, entsprechende Formen der politisch-ideologischen Arbeit zu entwickeln. Die Einsicht in die gesellschaftlichen Zusammenhänge, das Wissen über Gesetzmäßigkeiten und Erfordernisse intensiver Reproduktion in engem Bezug zu den gestellten Arbeitsaufgaben zu vertiefen und die Überzeugung zu festigen, daß der wissenschaftlich-technische Fortschritt in unserem Lande nicht zu Lasten der Werktätigen geht, gewinnt an Bedeutung.

3. Die Führung des sozialistischen Wettbewerbs muß den Entwicklungsprozessen der Produktivkräfte Rechnung tragen. Das erfordert, die umfassende demokratische Teilnahme aller Werktätigen an der Konzipierung und Realisierung von Veränderungen im Arbeitsprozeß zu ermöglichen. Ein wichtiges Anliegen der Gewerkschaftsleitungen besteht deshalb darin, die Mitarbeit der Werktätigen umfassend von der Vorbereitung bis hin zum Dauerbetrieb neuer technischer und technologischer Lösungen auch durch die Übernahme konkreter Wettbewerbsverpflichtungen zu gewährleisten.

Abschließend zu einigen Aufgaben der Forschung. Von der Arbeit der Gesellschaftswissenschaftler unserer Republik und ihrem engen Zusammenwirken mit der Paxis, den Arbeitskollektiven, den Parteileitungen, den Leitungen und Vorständen der Gewerkschaften sowie den staatlichen Leitern hängt es in hohem Maße ab, daß sie ihren theoretischen Beitrag leisten für die Führung des sozialistischen Wettbewerbs unter den neuen Bedingungen der umfassenden Intensivierung.

Das Thema der Hauptforschungsrichtung für unseren Wissenschaftlichen Rat für Fragen des sozialistischen Wettbewerbs lautet: „Der sozialistische Wettbewerb der Arbeitskollektive, Betriebe und Kombinate zur umfassenden Intensivierung durch weitere Beschleunigung des wissenschaftlich-technischen Fortschritts."

Mit diesem Thema ist die Forschungsarbeit langfristig konzipiert.

Die drei vorgeschlagenen und bis Ende 1989 abzurechnenden Projekte lauten:

1. Der sozialistische Wettbewerb der Arbeitskollektive – Triebkraft zur Beschleunigung des wissenschaftlich-technischen Fortschritts;
2. Leitungserfahrungen und Konsequenzen bei der wirksamen Gestaltung der Verbindung von Plan und sozialistischem Wettbewerb in der neuen Etappe der Verwirklichung der ökonomischen Strategie;
3. Ausgewählte ideologische, soziale und geistig-kulturelle Probleme der Entwicklung von schöpferischer Initiative und dem Leistungsverhalten der Werktätigen im sozialistischen Wettbewerb.

Dem Hauptgebietsrat des Wissenschaftlichen Rates für die wirtschaftswissenschaftliche Forschung bei der Akademie der Wissenschaften der DDR sind damit Schwerpunkte innerhalb einer notwendigen komplexen und interdisziplinären Forschung gesetzt.

Die Forschung auf dem Gebiet des sozialistischen Wettbewerbs ordnet sich ein in die theoretische Arbeit zur weiteren Ausgestaltung der sozialistischen Produktionsverhältnisse. Sie geht von der bedeutenden Rolle des sozialistischen Wettbewerbs für eine den Erfordernissen der umfassenden Intensivierung entsprechende weitere Ausprägung des sozialistischen Charakters der Arbeit aus.

Sie konzentriert sich dabei auf die Entwicklung des sozialistischen Wettbewerbs als Triebkraft des wissenschaftlich-technischen Fortschritts. Grundlegender Gesichtspunkt ist die tiefere theoretische Durchdringung des sozialistischen Wettbewerbs als politische Aktion der Arbeiterklasse und aller Werktätigen.

Das schließt eine umfassende Erforschung jener Zusammenhänge ein, die zwischen der Wirksamkeit des sozialistischen Wettbewerbs als ein Produktionsverhältnis und seiner organischen Verbindung mit anderen Seiten der Produktionsverhältnisse, insbesondere mit der Leitung und Planung sowie mit dem sozialistischen Leistungsprinzip bestehen. Dazu gehört auch die Untersuchung, wie sich im sozialistischen Wettbewerb alle Seiten der sozialistischen Produktionsverhältnisse widerspiegeln. Aufbauend darauf wird untersucht, wie sich unter den Bedingungen umfassender Intersivierung die Weiterentwicklung des sozialistischen Wettbewerbs als Prozeß der weiteren Ausprägung der sozialistischen Demokratie im Betrieb und Kombinat vollzieht. Wir lassen uns von der marxistisch-leninistischen Maxime leiten, daß das Grundlegende in der sozialistischen Ökonomie die schöpferische Arbeit des Menschen ist. In engem Zusammenwirken mit den anderen Hauptgebietsräten im Wissenschaftlichen Rat für die wirtschaftswissenschaftliche Forschung bei der Akademie der Wissenschaften der DDR erwachsen für unsere Forschungsarbeit eine Vielfalt von Möglichkeiten, die es voll zu nutzen gilt.

Die vorgeschlagenen Projekte der Hauptforschungsrichtung wurden vom Wettbewerbsrat diskutiert und gebilligt. Gegebene Ergänzungen prüfte die Leitung des Rates. Der fertiggestellte Vorschlag der Forschungsvorhaben wurde vom Präsidium des Bundesvorstandes des FDGB bestätigt.

Von den vorgesehenen Kooperationspartnern erfolgten viele Zusagen bzw. thematische Angebote für die Mitarbeit an unseren Forschungsthemen, so daß die Erfüllung des Themas der Hauptforschungsrichtung die notwendige Basis hat.

Die Beschlüsse unserer Partei weisen uns den Weg für unsere künftige Arbeit. In den Aufgabenstellungen widerspiegeln sich die objektiven Anforderungen, denen wir in der wissenschaftlichen Arbeit Rechnung zu tragen haben. In voller Übereinstimmung mit den von Erich Honecker in seiner Rede vor den 1. Kreissekretären der SED erhobenen Forderungen haben wir unseren Beitrag zur breiten Volksbewegung in Vorbereitung des XI. Parteitages der SED zu leisten. Das stellt hohe Ansprüche an unsere Arbeit. Eng mit unserer Partei verbunden, mit höherem wissenschaftlichem Niveau und Objektivität haben wir die in uns gesetzten Erwartungen zu erfüllen.

Mit den vorgelegten Thesen und der heutigen Tagung, so hoffen wir, werden wir in diesem Sinne einen Beitrag leisten. Allen, die an der Vorbereitung der Tagung beteiligt waren, möchte ich herzlich danken.

Anmerkungen

[1] Vgl. Erich Honecker, Beratung des Sekretariats des Zentralkomitees der SED mit den 1. Sekretären der Kreisleitungen, Referat über die Aufgaben der Partei bei der Vorbereitung des XI. Parteitages, in: Neues Deutschland vom 2./3.2.1985, S.2.

[2] Erich Honecker, Zur Vorbereitung des XI. Parteitages der SED, in: 10. Tagung des ZK der SED, 20./21.6.1985, Berlin 1985, S.8.

[3] Programm der Sozialistischen Einheitspartei Deutschlands, in: Protokoll der Verhandlungen des IX. Parteitages der SED, Bd. 2, Berlin 1976, S.211.

[4] Harry Tisch, Gewichtiger Beitrag der Gewerkschafter zur Vorbereitung des XI. Parteitages, Aus dem Schlußwort auf der 10. Tagung des Bundesvorstandes des FDGB, in: Tribüne vom 28.3.1985 S.3.

[5] Erich Honecker, Zur Vorbereitung ..., a.a.O., S.35.

[6] Vgl. ebenda, S.35, 38.

[7] Aus dem Bericht des Politbüros an die 9. Tagung des ZK der SED, Berichterstatter: Gen. Erich Honecker, in: 9. Tagung des ZK der SED, 22./23. Nov. 1984, Berlin 1984, S.40.

[8] Vgl. Erich Honecker, Zur Vorbereitung ..., a.a.O., S.34.

[9] Vgl. Harry Tisch, Die Aufgabe der Gewerkschaften in Vorbereitung des XI. Parteitages der SED, Aus der Rede auf der 11. Tagung des Bundesvorstandes des FDGB, in: Tribüne vom 28.6.1985, S.3.

[10] Vgl. Programm der Sozialistischen Einheitspartei Deutschlands, a.a.O., S.233.

[11] Vgl. Harry Tisch, Gewichtiger Beitrag ..., a.a.O., S.3.

3. DISKUSSION

Horst Heintze

Zur Entwicklung des sozialistischen Wettbewerbs in Vorbereitung des XI. Parteitages der SED

Mit hoher Verantwortung, großer Einsatzbereitschaft und neuen Initiativen zur Stärkung des Sozialismus, zum Wohle des Volkes und für die Sicherung des Friedens haben die Arbeiterklasse, die Frauen und Jugendlichen, die Werktätigen aller gesellschaftlichen Bereiche die erste Etappe der Volksinitiative zum XI. Parteitag der SED erfolgreich zurückgelegt, wie die 9. und 10. Tagung des ZK der SED einschätzten.

Durch das Leben bestätigt können wir heute feststellen, daß sich in dem von den Gewerkschaften unter der Losung „Hohe Leistungen zum Wohle des Volkes und für den Frieden – Vorwärts zum XI. Parteitag der SED!" organisierten sozialistischen Wettbewerb eine große Initiative der Werktätigen entfaltet hat.

Dieser, alle Bereiche der Volkswirtschaft und des gesellschaftlichen Lebens durchdringende, sozialistische Wettbewerb hat eine hohe Qualität und große Breite erlangt und sich zu einer entscheidenden politischen Aktion der Arbeiterklasse und aller anderen Werktätigen entwickelt.

Er ist das Hauptfeld unseres gewerkschaftlichen Engagements für die Erhöhung der Leistungskraft der Volkswirtschaft zur allseitigen Stärkung der DDR.

Dieser Rolle wird der Wettbewerb gegenwärtig vor allem dadurch gerecht, daß er dazu beiträgt, die Schöpferkraft der Werktätigen im Kampf um die Erfüllung und gezielte Überbietung der Planaufgaben so zu entwickeln, daß entsprechend der grundlegenden Orientierung der 10. Tagung des ZK der SED und der Rede Erich Honeckers „Zur Vorbereitung der XI. Parteitages der SED" überall den neuen Zielen und Anforderungen der umfassenden Intensivierung immer wirksamer entsprochen wird.

Das bestätigen auch die bisherigen Wettbewerbsergebnisse sowie die in den Briefen von Gewerkschaftsorganisationen an den Generalsekretär des ZK der SED, Erich Honecker, und die anläßlich der Zwischenbilanz des Wettbewerbs zum 40. Jahrestag des Sieges über den Faschismus und der Befreiung des deutschen Volkes durch die Sowjetarmee übernommenen höheren Verpflichtungen vieler Kollektive.

Sie sind ein erneuter und überzeugender Ausdruck des festen Vertrauens der über 9 Millionen Gewerkschafter zur Politik unserer Partei und ihres festen Willens, durch eigene hohe Arbeitsleistungen aktiv und schöpferisch mitzuwirken an der Schaffung einer guten Ausgangsbasis für die künftige gesellschaftliche Entwicklung, die der XI. Parteitag der SED beraten und beschließen wird.

Von den Wettbewerbsergebnissen ausgehend vermittelt uns die Wettbewerbsführung wertvolle Erfahrungen, die es unter Berücksichtigung der in den hier vorliegenden Thesen dargelegten Entwicklungstendenzen für die weitere Erhöhung des volkswirtschaftlichen Nutzeffektes sowie der politischen und sozialen Wirksamkeit des sozialistischen Wettbewerbs noch umfassender zu nutzen gilt.

Das betrifft solche Fragen, wie

Erstens: Die Organisierung und Führung des sozialistischen Wettbewerbs ist in erster Linie Arbeit mit den Menschen.

Wenn wir sagen, der sozialistische Wettbewerb ist eine politische Aktion der Arbeiterklasse für die weitere allseitige Stärkung der DDR, so deshalb, weil die schöpferische Initiative der Werktätigen für hohe ökonomische Ergebnisse getragen wird von politischen Einsichten und Überzeugungen, von der Verantwortung für das volkswirtschaftliche Ganze.

Deshalb ist und bleibt die politisch-ideologische Arbeit das Kernstück der gewerkschaftspolitischen Arbeit bei der Organisierung und Führung des sozialistischen Wettbewerbs.

Dabei erweist sich die weitere Durchführung der Hauptaufgabe in ihrer Einheit von Wirtschafts- und Sozialpolitik als eine entscheidende Triebkraft für das politische Engagment, hohe Leistungsbereitschaft und volkswirtschaftlich nutzbringende Initiativen und Leistungen der Werktätigen. Daraus entstehen – wie der sozialistische Wettbewerb zur Vorbereitung der XI. Parteitages der SED beweist – Kampfpositionen und Haltungen, wie z. B. die des Kollegen Dr. Grüngreif aus der Hauptabteilung Forschung und Entwicklung des VEB Schwermaschinenbau „Ernst Thälmann" Magdeburg, der erklärte: „Für die Stärkung des Sozialismus nutzt uns kein hausgemachter Weltstandsvergleich, der sich auf dem Weltmarkt nicht bestätigt, sondern nur ein objektiver, der mit unseren neuentwickelten Erzeugnis zu überbieten ist, um auf dem Weltmarkt die besten Verwertungsbedingungen für die Stärkung des Sozialismus und die Sicherung des Friedens zu erreichen."

Bekenntnisse dieser Art, festes Vertrauen zur Politik unsere Partei und die Bereitschaft, selbst hohe Leistungen zur Durchführung des Kurses der Hauptaufgabe und für die Sicherung des Friedens zu vollbringen, sind charakteristisch für die Haltung hervorragender Arbeiterpersönlichkeiten, wie der Kollegen der Brigade „Fritz Schmenkel" aus dem Berliner Metallhütten und Halbzeugwerk, der Kollegin Christa Allstädt aus dem VEB Thüringer Strumpfwerke Diedorf und vieler neuer Wettbewerbsinitiatoren. Sie geben mit ihren neuen und bewährten den Erfordernissen der neuen Etappe der ökonomischen Strategie der SED entsprechenden Initiativen dem Wetteifern um höchste Leistungen starke Impulse und leisten einen wesentlichen Beitrag zur umfassenden Vertiefung der Intensivierung.

Im Interesse unserer Aufgabe, Neues und Bewährtes zu verbreiten, halten wir es für erforderlich, noch deutlicher und praxisbezogener herauszuarbeiten, wie unter den gegenwärtigen Bedingungen der Hinweis W. I. Lenins, daß im Sozialismus die Kraft des Beispiels Massenwirksamkeit erlangt, für eine effektive Verbreitung der neuen und bewährten Initiativen zu nutzen und unseren gewerkschaftlichen Einfluß auf die Förderung der Wettbewerbsinitiatoren weiter zu erhöhen. Dabei sind den Jugendforscherkollektiven und Jugendbrigaden konkrete Aufgaben vorzugeben, um überall den Auftrag des XII. Parlaments der FDJ zu verwirklichen – Jugend an die Spitze des sozialistischen Wettbewerbs!

Eine gute Grundlage für die Aufgabenstellung der Jugendforscherkollektive ist die gemeinsam erarbeitete Broschüre des Zentralrates der FDJ und des Zentralinstituts für sozialistische Wirtschaftsführung beim ZK der SED.

Zweitens: Die neue Etappe der ökonomischen Strategie, die sich im Kampf um eine hohe und dynamische Leistungsentwicklung der Volkswirtschaft im Leben bewährt hat, ist der Ausgangspunkt für den sozialistischen Wettbewerb und setzt die Maßstäbe für seinen Inhalt. Deshalb stehen all jene Fragen im Mittelpunkt der schöpferischen Initiative, die zur Beschleunigung des Wachstums des Nationaleinkommens und der raschen Steigerung der Arbeitsproduktivität sowie des weiteren dynamischen Zuwachses der Produktion mit sinkendem Energie- und Materialverbrauch und geringsten Kosten beitragen.

Mit seiner Orientierung auf die umfassende Intensivierung bietet der sozialistische Wettbewerb allen Werktätigen das Bewährungsfeld, durch volle Nutzung ihrer Fähigkeiten, ihrer Qualifikation und Erfahrungen einen eigenen Beitrag zur Erhöhung der Produktivität, Effektivität und Qualität der Arbeit zu leisten. Die neuen Herausforderungen verlangen, überall eine überplanmäßige Steigerung der Arbeitsproduktivität zu erreichen.

Dabei geht es nicht nur um die Erhöhung des Tempos, sondern um die Erhöhung des Niveaus. Dazu gibt es in den Kombinaten und Betrieben, wie im VEB Carl Zeiss JENA, VEB Elektroapparatewerke „Friedrich Ebert" Berlin u. a., neue und nachahmenswerte Initiativen. Sie zeigen, wie mit der Erfüllung anspruchsvoller Verpflichtungen Zeitgewinn zu erreichen und Wissenschaft und Technik für ein hohes Wachstum der Arbeitsproduktivität, der Nettoproduktion und des Nationaleinkommens zu nutzen ist.

Drittens bilden, wie in der Gewerkschaftsarbeit überhaupt, der Kampf um hohe ökonomische Ergebnisse mit der weiteren Verbesserung der Arbeits- und Lebensbedingungen im sozialistischen Wettbewerb eine feste Einheit.

Diesen Zusammenhang für jeden Werktätigen bis hin zum Arbeitskollektiv erlebbar zu machen, ist eine wichtige politische Aufgabe. Sie gehört untrennbar zur weiteren Durchführung des Kurses der Hauptaufgabe in seiner Einheit von Wirtschafts- und Sozialpolitik.

Daß ein solches Herangehen nicht nur notwendig, sondern auch möglich ist, zeigt die Tatsache, daß bereits im ersten Quartal dieses Jahres im sozialistischen Wettbewerb zum XI. Parteitag der SED entwickelte Initiativen und Aktivitäten dazu beigetragen haben, im Bereich der Industrieministerien und der Ministerien für Bau- und Verkehrswesen Arbeitsplätze neu- bzw. umzugestalten und die Arbeitsbedingungen weiter zu verbessern.

Noch größere Aufmerksamkeit in den Bemühungen um hohen Leistungszuwachs und der Verbesserung der Arbeits- und Lebensbedingungen ist der weiteren Entfaltung des Kampfes um hohe Ordnung, Sicherheit und Disziplin zuzuwenden. Das ist sowohl ein vorrangiges Anliegen unseres Eintretens für die Gesundheit der Werktätigen, für höchste Arbeitssicherheit als auch für die effektivste Nutzung des gesellschaftlichen Arbeitsvermögens und der Auslastung der wertvollen Produktionsausrüstungen, Maschinen und Anlagen.

Unsere besondere Fürsorge und Aufmerksamkeit haben wir dabei den Arbeitsbedingungen der Schichtarbeiter zu widmen.

Wie eine hohe Auslastung der Grundfonds, die weitere Ausdehnung der Schichtarbeit durch sozialistische Rationalisierung bei gleichzeitiger Verbesserung der Arbeits- und Lebensbedingungen zu schaffen sind, zeigt die Initiative des Kollektivs der Mathias-Thesen-Werft in Wismar.

Mit komplexer Rationalisierung und Modernisierung ganzer Produktionsabschnitte, hohen Zuwachsraten im Rationalisierungsmittelbau konnten dort mit Hilfe der WAO-Kollektive mit dem Einsatz moderner Schweiß- und Verformungsanlagen für viele Werktätige Arbeitserschwernisse abgebaut und Arbeitskräfte für die dreischichtige Auslastung der Anlagen gewonnen werden. Auf diesem Weg werden weitere 470 Arbeitsplätze umgestaltet und Erschwernisse beseitigt.

Viertens ist der sozialistische Wettbewerb das Hauptfeld der Tätigkeit der Gewerkschaften auf dem Gebiet der Wirtschaft und die umfassendste Form der Teilnahme an der Leitung und Planung. Er kann, wie die Erfahrungen der Wettbewerbsführung zur Vorbereitung der XI. Parteitages der SED erneut zeigen, Leitungsentscheidungen herausfordern, aber nicht die Verantwortung der staatlichen Leitung ersetzen.

Für einen auf höchsten volkswirtschaftlichen Nutzeffekt orientierten sozialistischen Wettbewerb kommt – wie wir bereits auf der 10. Tagung des Bundesvorstandes erklärten – der ständigen Erhöhung der Qualität der Leitungstätigkeit der staatlichen Leiter noch mehr Bedeutung zu.

In der Praxis der gegenwärtigen Wettbewerbsführung bestätigt sich wiederum: „Je höher die Leistungsziele, je stärker die Leistungsbereitschaft dafür, desto wichtiger für den Erfolg ist eine feste Verbindung von Initiative und staatliche Leitung." Sie ist eine entscheidende Voraussetzung, daß überall die notwendige Einheit von Plan, sozialistischem Wettbewerb und BKV gewährleistet wird.

Ein neues Bewährungsfeld ist die Plandiskussion über den Volkswirtschaftsplan 1986. Auf der Grundlage der Gemeinsamen Direktive des Zentralkomitees der SED, des Ministerrates der DDR und des Bundesvorstandes des FDGB ist mit allen Werktätigen darüber zu beraten, wie durch höchste Leistungen im sozialistischen Wettbewerb zur Erfüllung und gezielten Überbietung des Volkswirtschaftsplanes 1985 die Grundlage für hohe Ziele 1986 geschaffen werden kann.

In der ersten Wettbewerbsetappe wurden dafür die besten Voraussetzungen geschaffen. Die Planaufgaben wurden in entscheidenden Positionen überboten und die Arbeits- und Lebensbedingungen weiter verbessert. Als Triebkraft erwies sich dabei die Hauptaufgabe in ihrer Einheit von Wirtschafts- und Sozialpolitik, mit der die Werktätigen immer wieder die Erfahrung machen, daß all das, wofür sie ihr Schöpfertum und ihren Fleiß einsetzen, ihnen selbst zugute kommt.

Die Plandiskussion ist eine wichtige Etappe jedes Wettbewerbs, in der Bilanz über Ergebnisse gezogen und neue anspruchsvolle Ziele beraten werden.

Dabei ist es eine wesentliche Voraussetzung für die Diskussion und Erarbeitung anspruchsvoller Planziele des Jahres 1986 und des kommenden Planjahrfünfts, im Jahre 1985 höchste Leistungen zu vollbringen und alle übernommenen Wettbewerbsverpflichtungen vollständig zu erfüllen. Entsprechend der dem sozialistischen Wettbewerb eigenen Dynamik seiner Entwicklung gehört dazu, auf volkswirtschaftliche Erfordernisse und daraus resultierende staatliche Entscheidungen in der Wettbewerbsführung rasch und flexibel zu reagieren.

Und *Fünftens* können wir einschätzen, daß sich die Leninschen Prinzipien des sozialistischen Wettbewerbs, eine enge Verbindung des demokratischen Zentralismus mit der schöpferischen Initiative der Werktätigen herzustellen, ständig aufs neue bewähren.

Ihre, den konkreten Aufgaben und Bedingungen der Betriebs- und Arbeitskollektive entsprechende qualifizierte Durchsetzung macht den sozialistischen Wettbewerb lebendig und für die Werktätigen überschaubar. Damit wird gewährleistet, daß jeder seine Aufgabe kennt und anspruchsvolle Verpflichtungen zu ihrer Überbietung übernehmen, erfüllen, seine Leistungen mit dem Wettbewerbspartner vergleichen, gute Erfahrungen für die Wiederholbarkeit der besten Leistungen im Massenumfang nutzen kann und daß eine dem sozialistischen Leistungsprinzip entsprechende materielle und moralische Anerkennung der Leistungen erfolgt.

Dazu Leistungsvergleiche als bewährte zum Wesen des sozialistischen Wettbewerbs gehörende Methode der politischen Führung ökonomischer Prozesse noch effektiver zu nutzen, ist ein in der Praxis erprobter Weg, noch vorhandene Niveauunterschiede abzubauen bzw. zu beseitigen und größere Leistungsfortschritte als unabdingbares Ziel jedes Leistungsvergleichs zu erreichen.

Die nunmehr 40jährigen Erfahrungen des FDGB bestätigen die Richtigkeit der gewerkschaftlichen Aufgaben zur weiteren Erhöhung der Leistungskraft unserer Volkswirtschaft. Unter der Führung der Parteiorganisationen kommt es darauf an, eine wirksame politisch-ideologische Arbeit zu leisten, politisches Verständnis für die hohen Anforderungen zu entwickeln und klare Positionen zu den neuen Aufgaben der Leistungsentwicklung, besonders ihrer qualitativen Seiten, auszuprägen. Eine wichtige Aufgabe ist dabei, die Vorschläge und Hinweise der Werktätigen schnell planwirksam zu machen und wenn möglich, bereits für die Überbietung dieses Jahres zu nutzen. Auf diese Weise werden mit höchstem Leistungszuwachs in diesem Jahr der XI. Parteitag der SED würdig vorbereitet und gute Grundlagen für eine hohe Dynamik im Jahre 1986 geschaffen.

Fritz Brock

Konsequent den sozialistischen Wettbewerb auf die umfassende Intensivierung einstellen

Die gemeinsame Beratung des Wissenschaftlichen Rates für die wirtschaftswissenschaftliche Forschung der DDR und des Hauptgebietsrates für Fragen des sozialistischen Wettbewerbs hat zum Ziel, wie Prof. Dr. Dr. Helmut Koziolek bei der Eröffnung dieser Beratung und Prof. Dr. Horst Schneider in seinem einleitenden Referat ausführten, auf der Grundlage der vorliegenden Thesen zum Thema „Sozialistischer Wettbewerb und umfassende Intensivierung" einen Meinungsaustausch sowohl aus der Sicht bereits gesammelter Erfahrungen als auch herangereifter neuer Problem- und Fragestellung zu führen.

Ich fasse diese Beratung als eine Arbeitsberatung auf, deren Sinn und Zweck darin besteht, die in den Thesen vorgelegten neuen Sachverhalte zu diskutieren und Probleme sichtbar zu machen und zu beraten, die für die weitere Arbeit auf diesem wichtigen Gebiet richtungsweisend sind.

Thesen und Referat sowie einigen anderen Materialien zum sozialistischen Wettbewerb der letzten Zeit, ist inhaltlich grundsätzlich zuzustimmen. Mit Genugtuung und Lob kann gesagt werden, es sind wesentliche Fortschritte auf diesem Gebiet erzielt worden. Die enge Bindung des Rates für Fragen des sozialistsichen Wettbewerbs an die wirtschaftswissenschaftliche Forschung beginnt sich zu bewähren.

Mit den Thesen verfügt der Rat für Fragen des sozialistischen Wettbewerbs über eine gute Marschroute für die weitere Arbeit, um die Forschungsarbeit auf dem Gebiet des sozialistischen Wettbewerbs auf die Erfordernisse der neuen Etappe der Verwirklichung der ökonomischen Strategie einzustellen. Thesen und Referat, wie überhaupt die Tatsache, daß diese gemeinsame Ratstagung stattfindet, gibt die Möglichkeit, jene Gesichtspunkte und Überlegungen zur Wettbewerbsführung unter den Bedingungen der umfassenden Intensivierung zu debattieren, die besondere Aufmerksamkeit in der gesellschaftswissenschaftlichen Forschung erfahren sollten.

Zu einem ersten Komplex:

Für unsere Partei ist – getreu den Leninschen Lehren – der sozialistische Wettbewerb stets politische Aktion der Arbeiterklasse und aller anderen Werktätigen. Er ist eine bedeutende Triebkraft unserer gesellschaftlichen Entwicklung. Unsere Partei betrachtet den sozialistischen Wettbewerb nicht als Arbeitswettbewerb um die Erfüllung ökonomischer Kennziffern und wissenschaftlicher Parameter, als nur ökonomische Aktion schlechthin, sondern sie sieht ihn als Einheit von schöpferischer und ökonomischer Initiative, als Hauptform ständiger Teilnahme der Werktätigen an der konkreten politischen Machtausübung und zur Herausbildung sozialistischer Denk- und Verhaltensweisen. Der Wettbewerb hat damit auch eine starke bewußtseinsbildende Funktion und ist ein machtvolles Mittel zur Lösung der jeweiligen konkreten politischen, ökonomischen und sozialen Aufgaben. Deshalb bleibt der sozialistische Wettbewerb fest in die politische Führungstätigkeit unserer Partei eingeordnet.

Das Politbüro des Zentralkomitees unserer Partei hat sich am 30.4.1985 wiederum mit „Erfahrungen bei der Führung des sozialistischen Wettbewerbs in Vorbereitung des XI. Parteitages der SED" beschäftigt und hierzu einen entsprechenden Bericht der Genossen des Bundesvorstandes des FDGB entgegengenommen.

Es wurde festgestellt, daß in allen Bereichen der Volkwirtschaft die Werktätigen im sozialistischen Wettbewerb große Anstrengungen unternehmen, um durch hohe Leistungen für die Erfüllung und gezielte Überbietung des Volkswirtschaftsplanes 1985 zur würdigen Vorbereitung des XI. Parteitages der SED beizutragen.

Von der Wettbewerbslosung „Hohe Leistungen zum Wohle des Volkes und für den Frieden – Vorwärts zum XI. Parteitag der SED!", in der sich die Hauptaufgabe widerspiegelt, geht eine gezielte mobilisierende Wirkung aus zur Förderung von großer Leistungsbereitschaft und für eine beispielhafte Initiative der Werktätigen.

Vom Politbüro des ZK der SED wurde zugleich auf den unterschiedlichen Anteil an den Ergebnissen, auf die differenzierte Erfüllung der Planaufgaben und Wettbewerbsverpflichtungen verwiesen; noch nicht überall werden die ökonomischen Ergebnisse aus dem wissenschaftlich-technischen Fortschritt zur Steigerung der Arbeitsproduktivität und Effektivität realisiert, größere Anstrengungen sind bei der Erneuerungsrate der Produktion, der Kostensenkung, der Konsumgüterproduktion, der Arbeitszeiteinsparung u. a. notwendig.

Dennoch – es ist gut vorangegangen.

Ein großes Lob sprach dafür unsere Parteiführung den Millionen Gewerkschaftern und Hunderttausenden Gewerkschaftsfunktionären, von den Vertrauensleuten und anderen Gruppenfunktionären in den Arbeitskollektiven bis zu den Vorständen der Industriegewerkschaften und Gewerkschaften sowie dem Bundesvorstand des FDGB aus, die unter der Führung der Partei der Arbeiterklasse den sozialistischen Wettbewerb zu einer wichtigen Kraft der Vorbereitung des XI. Parteitages der SED gestalten.

Eine vorrangige Aufgabe der Forschung sollte sein, zu untersuchen, wie ständig eine auf hohem Niveau stehende Wirksamkeit der politisch-ideologischen Arbeit in jeder Partei- und Gewerkschaftsorganisation erreicht werden kann, denn es geht um das wichtigste Anliegen:

Stabile Überzeugungen und unbeirrbare Kampfpositionen zur Notwendigkeit der weiteren Beschleunigung unserer dynamischen Wirtschaftsentwicklung und zur Verbesserung der Arbeits- und Lebensbedingungen herauszubilden, damit sich jeder Werktätige mit seiner Arbeit zum Wohle des Volkes identifiziert, seinen Blick für vorhandene Reserven schärft, über seine Möglichkeiten zu höherer Qualität und Effektivität ständig nachdenkt, seine Vorschläge unterbreitet und aktiv mit durchsetzt.

Hierzu werden in Zukunft tiefgründigere Analysen und gesicherte wissenschaftliche Erkenntnisse für die Wettbewerbspraxis benötigt. Ausgehend von den vorliegenden Thesen sollte in der Forschung noch stärker die Notwendigkeit der Herausbildung und Festigung einer auf die umfassende Intensivierung eingestellten Denkweise berücksichtigt werden. Sie ist Grundbedingung für die massenhafte Entfaltung des Schöpfertums und Hauptinhalt der politisch-ideologischen Arbeit in den Arbeitskollektiven. Sie ist unabdingbar für die Entfaltung von demokratischen Aktivitäten der Werktätigen, zur bewußten Teilnahme an den Leitungs- und Planungsprozessen.

Ein zweiter Problemkreis bezieht sich auf die Thesen und Passagen im Referat, die sich mit Wissenschaft und Technik bis hin zu Fragen der Automatisierung beschäftigen.

Wenn die Gestaltung des sozialistischen Wettbewerbs in automatisierten Bereichen als ein Kernproblem in der Forschung angesehen wird, so ist dem zuzustimmen, denn das ist ein Erfordernis der Zeit. Richtig und wichtig sind die aufgezeigten Untersuchungsrichtungen. Gebührende Aufmerksamkeit sollten auch solche weitergehenden Fragen erhalten, wie:

- Welche neuen Bedingungen und Möglichkeiten erwachsen aus der automatisierten Produktion für den sozialistischen Wettbewerb?
- Wie verändern sich seine inhaltlichen Schwerpunkte unter automatisierten Bedingungen?
- Welche Kennziffern müssen zur wirksamen Stimulierung des Leistungsverhaltens zur Anwendung kommen?
- Welche Beziehungen gibt es zwischen Kennziffern zur Führung des Wettbewerbs und denen zur Entlohnung, gibt es hier Annäherungen und anderes?

Eine scheinbar andere, aber gerade durch die Automatisierung prägnant gestellte und für die Gegenwart typische Frage ist, wie steht es mit dem Wettbewerb in den Bereichen, wo nicht oder noch nicht automatisiert wird, wo es zunächst vielleicht „nur" um einen höheren Mechanisierungsgrad geht?

Wie muß dort für den wissenschaftlich-technischen Fortschritt motiviert und wie der Wettbewerb im Kampf um ein hohes wissenschaftlich-technisches Niveau geführt werden – auch aus der Sicht, daß die Nachbarabteilung evtl. automatisiert ist.

Es geht also darum, welche Fragen im Mittelpunkt des Wettbewerbs stehen und wie diese in bezug auf Wissenschaft und Technik gestellt werden. In diesem Zusammenhang wäre es nicht nur eine unzulässige Vereinfachung, sondern sogar falsch, den Wettbewerb zur Lösung wissenschaftlich-technischer Aufgaben ausschließlich auf die Produktionsvorbereitung zu konzentrieren, so wichtig dieser Bereich ist und das Niveau der Wettbewerbsführung auch hier gehoben werden muß. Ingesamt gilt es herauszufinden, wie mittels des sozialistischen Wettbewerbs der objektiv wachsende Einfluß der Produktionskollektive auf den wissenschaftlich-technischen Fortschritt verwirklicht werden kann.

Dabei ist erstens zu berücksichtigen, daß mit den Neuerungsprozessen der umfassenden Intensivierung alle Werktätigen in Berührung kommen – also auch jeder Dreher und jede Näherin – sicherlich in unterschiedlicher Weise –, und zweitens, daß alle Werktätigen mit der Vielfalt des wissenschaftlich-technischen Fortschritts konfrontiert werden, mit neuen Arbeitsmitteln und modernen Technologien wie auch mit neuen Erzeugnissen. Kurz:

Auch ein Dreher und eine Näherin haben z. B. mit der Erneuerungsrate zu tun; natürlich auch aus der Sicht, daß ihre Mitarbeit zur ökonomischen Notwendigkeit wird für die Produktion des Neuen überhaupt, für das Tempo und den Umfang der Erneuerung, für die Sicherung der Qualität von Anfang an. Erfahrungen, ihre Detailkenntnis der gegebenen technologischen Bedingungen, mit denen Neues vorbereitet und produziert wird, kann nicht ersetzt werden.

Eben deshalb sind Überlegungen, wie der Wettbewerb konkret an ihrem Arbeitsplatz geführt werden kann, genauso wichtig, wie z.B. beim Konstrukteur oder Technologen in der Forschung und Entwicklung. Wurde jetzt die Seite der Produktion hervorgehoben, so ist jedoch Fakt, daß für einen effektiven Zyklus von der Forschung bis zum Absatz künftig der Wettbewerb durchgängig abgestimmt, organisiert und geführt werden muß, damit nirgendwo etwas kompensiert wird, was an anderer Stelle erkämpft wurde. Auch dieses Problem ist weiterer Untersuchungen wert.

Eine dritte Überlegung:

In der Durchführung der Beschlüsse des X. Parteitages der SED hat das Politbüro und der Ministerrat der DDR „Maßnahmen zur weiteren Vervollkommnung der Leitung, Planung und wirtschaftlichen Rechnungsführung" beschlossen. Damit wurden entscheidende Schlußfolgerungen gezogen, die sich für die Leitung, Planung und wirtschaftliche Rechnungsführung aus den tiefgreifenden Veränderungen in unserer Volkswirtschaft auf dem Wege der intensiv erweiterten Reproduktion ergeben.

In der Folgezeit wurden dazu noch weitere Maßnahmen beschlossen, so auf dem Gebiet der Investitionen und der Grundfondsreproduktion u.a. Alle diese Beschlüsse sind wichtige Grundlagen für eine noch umfassendere schöpferische Mitwirkung der Werktätigen an der Erhöhung der Effektivität und Qualität der Produktion in den Kombinaten und Betrieben. Die Initiative der Werktätigen ist somit im sozialistischen Wettbewerb noch wirksamer und konkreter auf die entschiedene Verbesserung des Verhältnisses von Aufwand und Ergebnis als dem grundlegenden volkswirtschaftlichen Erfordernis zu richten.

Bei der Aufgabe, die Effektivität der Arbeit und die Prinzipien der sozialistischen Sparsamkeit in den Mittelpunkt des Wetteiferns der Arbeitskollektive zu rücken, hat auch das Haushaltsbuch seinen festen Platz.

In den vorliegenden Thesen gibt es dazu entsprechende Aussagen.

Ausgehend davon sollte sich der Wissenschaftliche Rat aufgefordert fühlen, in seiner weiteren Arbeit stärker noch als bisher, Untersuchungen zu Problemen der wirksamen moralischen und materiellen Stimulierung, der Senkung des Produktionsverbrauchs, der Kosten und der Erhöhung der Qualität zuzuwenden.

Zu denken ist in diesem Zusammenhang zum Beispiel an

- die Auswahl, Ableitung und Vorgabe konkret meß- sowie beeinflußbarer Kennziffern aus den Hauptkennziffern der Leistungsberwertung der Kombinate und Betriebe, ihre Anwendung im Maßstab der Arbeitskollektive und ihre Widerspiegelung in ihren Wettbewerbsverpflichtungen;
- die Anfertigung von Kostenanalysen sowie die Vorgabe technisch begründeter Normen beispielsweise für den Materialverbrauch;
- die kostenstellenbezogene Führung des Haushaltsbuches als Bestandteil des sozialistischen Wettbewerbs;
- die saldiert abzurechnenden Ergebnisse im Haushaltsbuch auf der Grundlage des Plan-Ist-Vergleichs, um so die Wirksamkeit des sozialistischen Wettbewerbs weiter zu erhöhen.

In diesem Zusammenhang sei hervorgehoben, daß in den letzten Jahren in einigen Kombinaten und Betrieben verallgemeinerungswürdige Erfahrungen gesammelt wurden, wie mit Hilfe vervollkommneter Formen der betrieblichen Lohngestaltung das materielle Interesse jedes Werktätigen enger mit den qualitativen Faktoren des Wirtschaftswachstums verbunden werden kann.

Diese leistungsfördernde Lohngestaltung ist darauf gerichtet,

- wissenschaftlich-technische Höchstleistungen zu stimulieren,
- die Arbeitsproduktivität zu steigern,
- höchste Qualität zu sichern,
- Grundfonds und Arbeitszeit voll auszunutzen,
- mit hoher Effektivität zu produzieren,
- mit sinkendem Materialaufwand hohe Endergebnisse in Menge, Qualität und Sortiment bei niedrigsten Kosten zu erreichen.

Diesen für unsere Entwicklung erfolgreichen Weg werden wir auch künftig unbeirrt weitergehen, indem wir zielstrebig theoretische und praktische Erfahrungen sammeln.

In diesem Zusammenhang sei auch unterstrichen:

Ich bin nicht für eine pauschale und formale Kollektivität in der Arbeit. Immer muß – so weit wie irgend möglich – der Anteil des einzelnen am kollektiven Ergebnis sichtbar gemacht und möglichst exakt bewertet werden.

Entsprechend der „Verordnung über die volkseigenen Kombinate, Kombinatsbetriebe und volkseigenen Betriebe" wird bei uns der Betrieb nach dem Prinzip der Einzelleitung und persönlichen Verantwortung bei kollektiver Beratung der Grundfragen und umfassenden Mitwirkung der Werktätigen geleitet; das gilt für das Kombinat, den Betrieb, die Abteilung, Meisterbereiche und Brigaden.

Im Arbeitsrecht ist eindeutig geregelt, daß die Mitwirkung der Werktätigen und die Wahrung ihrer Interessen über die Gewerkschaften erfolgt. Diese Mitwirkungsrechte sind im Arbeitsrecht detailliert und umfassend ausgestaltet.

Ein vierter Aspekt, um den man sich ebenfalls künftig mehr kümmern sollte: Wie wird der sozialistische Wettbewerb in den nichtmateriellen Bereichen geführt?

Das sind für die Gesellschaft wichtige Bereiche, so allein der Bereich der Dienstleistungen und der Kommunalwirtschaft mit über einer halben Million Beschäftigten, deren Arbeit ständig wachsendes Gewicht für die weitere praktische Verwirklichung der Hauptaufgabe in ihrer Einheit von Wirtschafts- und Sozialpolitik, für unser Wohlergehen, erhält. Hinzu kommen solche bedeutungsvollen Bereiche, wie die Volksbildung, das Gesundheitswesen, die Kultur.

Aus gesellschaftspolitischer Sicht sollten die Fragen des Wettbewerbs dieser Bereiche auch ihre entsprechende wissenschaftliche Bearbeitung erfahren.

Die Forschungsarbeit auf dem Gebiet des sozialistischen Wettbewerbs muß davon bestimmt sein, daß mit der weiteren Verwirklichung der ökonomischen Strategie auf dem Weg der umfassenden Intensivierung der Volkswirtschaft auf lange Sicht neue Möglichkeiten, Aufgaben und Bewährungsproben für schöpferische Initiativen der Werktätigen erwachsen.

Grundsätzlich geht es um ein hohes und stetiges Wachstum der Produktivität bei immer günstigerem Verhältnis von Aufwand und Ergebnis – darauf muß der sozialistische Wettbewerb Tag für Tag gerichtet sein.

Es geht darum, Bedingungen und Voraussetzungen zu erkennen, sie zu definieren und zu schaffen, damit der Arbeiter, Forscher, Ingenieur und Neuerer seinen konkreten persönlichen Beitrag zur allseitigen, stabilen und dynamischen Entwicklung der Volkswirtschaft, bei ihrer umfassenden Intensivierung leisten kann.

In diesem Sinne wünsche ich der gesellschaftswissenschaftlichen Forschung auf dem Gebiet des sozialistischen Wettbewerbs viel Erfolg und gute Ergebnisse, die sich in praktikablen Lösungen für die politische Führungstätigkeit unserer Partei widerspiegeln sollen.

Erhard Dörschel

Sozialistischer Wettbewerb und Vervollkommnung der sozialistischen Produktionsverhältnisse

Wie im Referat festgestellt wurde, ordnet sich die Wettbewerbsforschung ein in die theoretische Arbeit zur weiteren Ausgestaltung der sozialistischen Produktionsverhältnisse. Sie geht von der bedeutenden Rolle des sozialistischen Wettbewerbs für eine der umfassenden Intensivierung entsprechende weitere Ausprägung des sozialistischen Charakters der Arbeit aus. Das ist eine große Herausforderung an die Politische Ökonomie des Sozialismus. Von ihrer Arbeit und ihrem engen Zusammenwirken mit der Praxis wird ein wirkungsvoller theoretischer Beitrag für die Führung des sozialistischen Wettbewerbs unter den neuen Bedingungen der umfassenden Intensivierung erwartet.

Die Politische Ökonomie des Sozialismus faßt die Entwicklung des sozialistischen Charakters der Arbeit und des sozialistischen Wettbewerbs seit eh und je als Hauptprozesse der Vervollkommnung der sozialistischen Produktionsverhältnisse auf. Es ist also auch mit dem Blick auf unseren heutigen Diskussionsgegenstand völlig berechtigt die Frage zu stellen, woran wir letztlich eine jede Vervollkommnung der sozialistischen Produktionsverhältnisse zu messen haben. In welcher Richtung hat die Politische Ökonomie mit ihrer Forschung zum sozialistischen Wettbewerb vor allem einen Beitrag zu leisten?

Erstens geht es stets darum, die sozialistischen Produktionsverhältnisse als Entwicklungs- und Bewegungsform der Produktivkräfte so erweitert zu reproduzieren, daß sie der Produktivkraftentwicklung wirksame Impulse verleihen und ungehinderten Raum geben. Heute und künftig muß sich das in der Wirkung der Produktionsverhältnisse, vor allem über den sozialistischen Wettbewerb, auf die Beschleunigung des wissenschaftlich-technischen Fortschritts, auf ein höheres Tempo und eine größere Breite seiner effektivitätswirksamen Nutzung niederschlagen.

Zweitens ist der gesellschaftliche Zusammenhang zwischen den Produzenten zu festigen, die kameradschaftliche Zusammenarbeit und gegenseitige Hilfe zwischen den Werktätigen und zwischen den Arbeitskollektiven auf ein Niveau zu heben, das den Anforderungen der Intensivierung des Reproduktionsprozesses in ihrem umfassenden Charakter, auf den auf der 9. und 10. Tagung des Zentralkomitees der SED orientiert wurde, entspricht. Es geht um wirksame Schritte der weiteren Vergesellschaftung von Produktion und Arbeit.

Die Leninsche Forderung nach tatsächlicher Vergesellschaftung der Produktion ist zu einem entscheidenden Teil über die Vervollkommnung des sozialistischen Wettbewerbs zu realisieren.

Drittens schließlich ist die soziale Aktivität der Werktätigen umfassend und wirkungsvoll zu fördern und ist das gesamte System der Verwirklichung der sozialistischen Demokratie so zu gestalten, daß es das Streben nach höchsten Leistungen sowie nach verantwortungsvoller Teilnahme an der Leitung und Planung nachhaltig unterstützt.

Dieser dritte Gesichtspunkt hängt direkt mit der Feststellung in den Thesen zusammen, daß sich im sozialistischen Wettbewerb zunehmend die von Lenin begründete Einheit von ökonomischem Schöpfertum zur Steigerung der Arbeitsproduktivität, massenhafter politischer Aktivität bei der Teilnahme an der Leitung und Planung und Entwicklung der Persönlichkeit sowie der Kollektivbeziehungen im Arbeitsprozeß realisiert.

Oft wird – mit verschiedenem Unterton und auch mit Bezug auf negative Praktiken – die Frage gestellt, was der sozialistische Wettbewerb wirklich kann. Die Antwort darauf ist im Programm der SED gegeben, und die Praxis hat die Richtigkeit der dort getroffenen Feststellungen millionenfach bestätigt. Für uns ist der sozialistische Wettbewerb die sozialistische Art der Kooperation zwischen den Werktätigen und den Arbeitskollektiven im Produktions- und jedem anderen Arbeitsprozeß. Er ist das Hauptfeld der kameradschaftlichen Zusammenarbeit und gegenseitigen Hilfe, die im Programm der SED als das Wesen sozialistischer Produktionsverhältnisse charakterisiert wird. Er ist die objektiv notwendige Handlungsweise sozialistischer Eigentümer an den Produktionsmitteln, die zugleich Produzenten und Konsumenten des gesellschaftlichen Reichtums sind und macht deren Identität sichtbar. Insgesamt drückt er den neuen Charakter der Arbeit im Sozialismus aus. Seine historisch grenzenlosen Potenzen erschließen sich jedoch nicht von selbst, automatisch, sondern durch wissenschaftliche Leitung, die jeden Werktätigen einbezieht. Alle Elemente des subjektiven Faktors haben sich hier zu bewähren. Eben weil die Bedeutung des subjektiven Faktors wächst, schenken wir dem sozialistischen Wettbewerb solch eine herausragende Beachtung. Die grundlegenden Aussagen der 9. Tagung des Zentralkomitees der SED zum sozialistischen Wettbewerb können nur auf diese Weise richtig verstanden werden. Bekanntlich hat Erich Honecker damals in seiner Diskussionsrede festgestellt, daß gerade in dieser Hinsicht auf den wissenschaftlich-technischen Fortschritt die Verpflichtungen der Kollektive bedeutendes Gewicht gewonnen haben und im Wettbewerb überhaupt ein Fortschritt in großer Breite erreicht wurde. In den fünf Aufgaben der politischen Führungstätigkeit für die Vorbereitung des XI. Parteitages der SED wird im Punkt 2 gefordert, auf eine breite Wettbewerbs- und Verpflichtungsbewegung hinzuarbeiten.

Wenn – wie ebenfalls auf der 9. Tagung des Zentralkomitees der SED hervorgehoben – die intensiv erweiterte Reproduktion heute zur bestimmenden Grundlage für das Wachstum der Volkswirtschaft geworden ist und dies als Wende von prinzipieller Bedeutung aufzufassen ist, wenn der Inhalt der neuen Etappe der Verwirklichung der ökonomischen Strategie in der umfassenden Intensivierung auf lange Sicht besteht, dann hat das für den sozialistischen Wettbewerb einschließlich der in ihn fest eingeordneten Neuererbewegung und für alle Formen sozialistischer Masseninitiative entscheidende Konsequenzen. Es geht um schöpferische Initiative unter qualitativ neuen Bedingungen.

Was folgt aus der massenhaften Durchsetzung von Neuerungsprozessen für den sozialistischen Wettbewerb? Welche Anforderungen werden an Ziele, Aufgaben und Organisationsformen des sozialistischen Wettbewerbs gestellt – und damit auch an die politökonomische Forschung für einen wirkungsvollen Beitrag dazu?

Erstens geht es darum, den wissenschaftlich-technischen Fortschritt mit noch größerer Konsequenz in den Mittelpunkt des Wettbewerbs zu stellen. Wir müssen das meiner Ansicht nach in folgendem Zusammenhang sehen: Als Motor der Planerfüllung und gezielten Überbietung – wie im Programm der SED formuliert – gelang es uns in den letzten Jahren, den Wettbewerb mehr und mehr auf die Ausschöpfung der qualitativen Wachstumsfaktoren zu konzentrieren. Aus der Schlüsselrolle von Neuerungsprozessen für die Leistungsentwicklung ergibt sich nunmehr aber ein neuer Aspekt. Die Veränderung der Erzeugnissortimente, der Technologien und Verfahren ist selbst organisch in den Wettbewerb einzuordnen. Die damit verbundenen Aufgaben sind ebenfalls mit der schöpferischen Initiative der Werktätigen entsprechend ihrer jeweiligen Arbeitsfunktionen zu lösen. Sagen wir es so: Die umfassende Einstellung des Wettbewerbs auf den wissenschaftlich-technischen Fortschritt macht es notwendig, den Wetteifer der Kollektive in allen Bereichen deutlich auf den eigenen spürbaren Beitrag zur Erarbeitung, Überführung und schnellen effektivitätswirksamen Umsetzung von Neuerungen in neue Produkte mit großen Stückzahlen bzw. hocheffektiv funktionierende Technologien bei niedrigsten Kosten auszudehnen.

Anders ausgedrückt: Unser Verständnis des Wettbewerbs als Instrument zur Erfüllung und gezielten Überbietung der Pläne müssen wir erweitern. Ein hohes Niveau des Schöpfertums der Werktätigen äußert sich sowohl in der Ausschöpfung aller vorhandenen Effektivitätsreserven im laufenden Produktionsprozeß als auch in der Schaffung von Bedingungen für künftige höhere Effektivität. Und schließlich sind auch Neuerungsprozesse Gegenstand des Planes, wie zum Beispiel des Planes Wissenschaft und Technik.

Wir sollten dabei auch folgendes im Auge haben: Im Zuge wissenschaftlich-technischer Veränderungen kommen immer mehr Werktätige mit Wissenschaft und Technik unmittelbar in Berührung. Der Charakter, die Inhalte ihrer Arbeit, ihre Tätigkeiten und ihr Arbeitsumfeld verändern sich. Der Sozialismus ist aber keine Gesellschaft, die die Werktätigen mit den Konsequenzen solcher Veränderungen konfrontiert, sie sozusagen passiv an diese ausliefert. Den Menschen als Schöpfer und Nutzer von Wissenschaft und Technik fassen wir so auf, daß jeder entsprechend seinem Platz im System der gesellschaftlichen Arbeitsteilung an der aktiven Durchsetzung des wissenschaftlich-technischen Fortschritts seinen ureigenen, ganz spezifischen Anteil nimmt, daß er diesen Anteil bewußt erstrebt. Und dies aus innerer Überzeugung von den für ihn positiven Folgen wissenschaftlich-technischer Neuerungen. Das war auf dem X. Parteitag der SED gemeint, wenn es im damaligen Bericht des Zentralkomitees als große Stärke des Sozialismus bezeichnet wurde, den wissenschaftlich-technischen Fortschritt wirksam mit der Masseninitiative verbinden zu können.

Ich möchte einen *zweiten* Faktor nennen, der im sozialistischen Wettbewerb und überhaupt bei der Mobilisierung der schöpferischen Initiativen aller Werktätigen steigendes Gewicht erlangt hat. Eine hohe Effektivitätswirksamkeit des Wettbewerbs einschließlich der in ihn fest eingeschlossenen Neuererbewegung wird heute wesentlich davon bestimmt, daß auch im Wettbewerb die Phasen des Zyklus Wissenschaft–Technik–Produktion–Absatz mit dem Ziel einer Beschleunigung der Neuerungsprozesse fest verbunden sind. In gewissem Sinne ist das die Grundfrage jeder Überlegung, die die Komplexität des Wettbewerbs betrifft. Das volle Erfassen des Zyklus verlangt eine wesentlich tiefere Komplexität des sozialistischen Wettbewerbs. Unter komplexer Wettbewerbsführung ist – was nicht immer voll verstanden wird – die inhaltliche Verknüpfung der Ziele zu begreifen, das Aufeinander-Abstimmen der Wettbewerbsprogramme innerhalb des Zyklus und innerhalb der Kooperationskette. Führung und Abrechnung des Wettbewerbs müssen immer sichern, daß den Werktätigen die Sicht auf ihren Betrieb und die Sicht über die Betriebsgrenzen hinaus gleichzeitig geschärft werden.

Es geht um feste Betriebskollektive, um Stammbelegschaften, um das Gefühl bei jedem, mit seinem Betrieb engstens verbunden zu sein. Also ist Wettbewerbsgeschehen stets auch als primär betriebliches Geschehen in Durchführung und Abrechnung aufzufassen. Eine so verstandene „Betriebsgebundenheit" des Wettbewerbs ist wichtig für seine mobilisierende Wirkung. Andererseits ist es unerläßlich, sich im aufeinander abgestimmten Wettbewerbsgeschehen der Kooperationspartner als sozialistischer Eigentümer zu verhalten, den gesellschaftlichen Zusammenhang zwischen den Produzenten, den realen Vergesellschaftungsprozeß bewußt und planmäßig zu verwirklichen. Beim heute erreichten Grad der Arbeitsteilung, Spezialisierung und Kooperation prägen die objektiv existierenden Verflechtungen des Reproduktionsprozesses die Arbeit in allen Bereichen. Sie prägen damit auch den Wettbewerb. Mit der Herausbildung des relativ geschlossenen Reproduktionsprozesses der Kombinate haben sich neue Möglichkeiten ergeben für eine planmäßige komplexe Wettbewerbsführung sowohl innerhalb der Kombinate als auch darüber hinaus. Hier zeigt sich, daß die Herausbildung des Zyklus Wissenschaft–Technik–Produktion–Absatz nicht nur ein technisch-ökonomischer Prozeß ist, in dem es um die Schaffung entsprechender Potentiale geht. Der Vergesellschaftungsprozeß muß letztlich stets zur Festigung des gesellschaftlichen Zusammenhangs zwischen den Produzenten führen, zur Vereinigung ihrer schöpferischen Kräfte für die Lösung der wirtschafts- und sozialpolitischen Aufgaben. Vertiefung der Kooperation bedeutet zuallererst, die Zusammenarbeit der Werktätigen auszuprägen. Dazu noch eine These, die nicht immer auf Zustimmung stößt: Zwischen den Stufen und Kooperationspartnern bedürfen aufeinander abgestimmte Wettbewerbsverpflichtungen dem demokratischen Zentralismus entsprechend dieselbe Verbindlichkeit wie Verträge. Hierin besteht eine bedeutende organisatorische Konsequenz aus dem erforderlichen qualitativ höheren Niveau des sozialistischen Wettbewerbs. Und außerdem: Effektivitätsfortschritte durch schöpferische Initiative an der einen Stelle dürfen nicht durch Effektivitätsverluste an anderer Stelle wieder verlorengehen. Der Sieg des einen ist bei uns nicht zu erringen gegen die Interessen des anderen. Dem widerspricht das Wesen der sozialistischen Produktionsverhältnisse und der sozialistische Charakter der Arbeit.

Drittens bedarf es großer Anstrengungen und weitergehender politökonomischer Aussagen, die Übereinstimmung von Plan und Wettbewerb unter den veränderten Bedingungen hoher Dynamik und Flexibilität auf neue Weise zu sichern. Konzentration des Wettbewerbs auf die Erfüllung und gezielte Überbietung der Pläne einschließlich der Neuerungsprozesse hängt in hohem Maße davon ab, daß er auf Planziele gerichtet ist, die stabil sind und zugleich Flexibilität ermöglichen. Objektiv unvermeidliche Planänderungen infolge sich wandelnder Reproduktionsbedingungen sind in unsere Auffassungen von der Planmäßigkeit sozialistischer Wirtschaftsführung eingeschlossen. Demzufolge ist der sozialistische Wettbewerb eines jener Instrumente, mit denen wir solche Veränderungen effektiv bewältigen können und müssen. Er verlangt eine Gestaltung, die seine Inhalte, Ziele und Formen diesen unvermeidlichen Planänderungen folgen läßt. Dieses nicht immer leicht zu lösende Problem stellt einen Kristallisationspunkt für die Formierung der Kräfte auf allen Ebenen, in allen Phasen des Zyklus Wissenschaft-Technik-Produktion-Absatz sowie in allen Gliedern der Kooperationskette auf einheitliche Ziele dar. Seine Bewältigung ist außerdem von großer ideologischer Bedeutung vor allem für die Identifikation der Werktätigen mit dem Plan als einer wesentlichen Voraussetzung für schöpferische Aktivität. Nicht zuletzt ist eine solchermaßen gesicherte Übereinstimmung von Plan und Wettbewerb die Grundlage für eine wirkungsvolle Arbeit mit dem Haushaltsbuch, mit persönlichen oder kollektiv schöpferischen Plänen, weil diese auf der Aufschlüsselung beeinflußbarer Plangrößen beruhen, die möglichst bis zum Arbeitsplatz erfolgen muß. Erst dann ist die Übereinstimmung von Plan und Wettbewerb auch für jeden einzelnen Werktätigen spürbar und als Handlungsmotiv wirksam.

Viertens kann die Politische Ökonomie einen gewichtigen Beitrag dazu leisten, den Leistungsvergleich im umfassenden Sinne als festen Bestandteil des sozialistischen Wettbewerbs und der Leitungstätigkeit allgemein durchzusetzen. Es geht hier vor allem um seine leistungsfördernden Potenzen, die sich – einfach gesagt – daraus ergeben, daß die Leistungen der Besten ohne Zeitverzug in allgemeines Leistungsniveau verwandelt werden. Wir sollten noch viel intensiver darüber nachdenken, daß dies nicht allein eine Methode zwischen Betrieben und Kombinaten ist. Sie ist genauso wichtig im Ringen um den Besten des Berufs, den besten Facharbeiter usw. und auch in diesem Sinne untrennbar in den Wettbewerb eingeschlossen.

Mit den hier dargestellten vier Überlegungen sind die politökonomischen Aspekte der Wettbewerbsforschung natürlich keineswegs erschöpft. Ich verweise dazu nochmals auf die entsprechenden Passagen im Referat. Es bedarf vieler Überlegungen, um die Vielzahl, die Komplexität und die Vielgestaltigkeit aller Faktoren zur Förderung schöpferischer Aktivität zu mobilisieren. Das betrifft sowohl organisatorische Regelungen, die einfach und überschaubar sein müssen, als auch die sorgfältige Auswertung von Vorschlägen, Hinweisen und Kritiken und damit verbunden die gründliche Information der Werktätigen über tatsächliche Probleme und ihre Hintergründe. Gerade die umfassende und wahrheitsgemäße Information ist oft der Ausgangspunkt für das rückhaltlose Engagement der Werktätigen zur Realisierung auch komplizierter Aufgaben gewesen. Es geht letztlich auch um die Erfahrung, daß der Wettbewerb eine die Persönlichkeit fordernde und fördernde Angelegenheit, keineswegs eine formale Sache ist.

Waltraud Falk/Horst Barthel

Zur Geschichte der organisierten sozialistischen Masseninitiative und aktuelle Lehren

In den der Beratung vorgelegten Thesen heißt es: „Von welcher Seite man die Aufgaben zur Verwirklichung der ökonomischen Strategie auch sieht, immer geht es in erster Linie darum, im Massenumfang eine höhere Qualität bewußten ökonomischen Denkens und Handelns zu fördern, das Schöpfertum der Arbeiterklasse und aller Werktätigen auf das Niveau der neuen Aufgaben zu heben." Damit ist die entscheidende Frage angesprochen, wie die wissenschaftlich-technische Revolution mit den Vorzügen des Sozialismus zu verbinden ist. Angesichts der Tatsache, daß die Klassenauseinandersetzung für den Sozialismus heute vor allem erfordert, die qualitativen Wachstumsfaktoren voll zur Wirkung zu bringen, ist das zugleich eine besondere Herausforderung an die Lebenshaltung und das Leistungsverhalten der Werktätigen im Sozialismus.

Diesbezüglich stellte Erich Honecker in seiner Rede fest, daß die Bewußtheit der Werktätigen, ihre Arbeitsdisziplin und ihre Einstellung zum sozialistischen Eigentum, ihr politisches Wissen und fachliches Können immer mehr zu einer ausschlaggebenden Triebkraft für das weitere erfolgreiche Voranschreiten werden. Mit dieser Feststellung wird ein entscheidender Grundzug sozialistischer Masseninitiative charakterisiert, wie das auch ihre Geschichte bestätigt, nämlich Ausdruck einer sozialistischen Einstellung zur Arbeit und lebendiger sozialistischer Demokratie in der Wirtschaft sowie Mittel ihrer weiteren Ausprägung zu sein.

Das war so, als die Jugend auf ihrem 1. Jungaktivistenkongreß über eine neue Einstellung zur Arbeit beriet oder Adolf Hennecke seine erste Aktivistenschicht leistete bzw. die Initiatoren Christoph und Wehner, Seifert und Hübner den Zeitverlusten nachspürten. Das war in den siebziger Jahren so, wenn auf den Bestarbeiterkonferenzen und auch bei der Organisation von Initiativschichten Reserven aufgespürt wurden, um neueste Erkenntnisse im Erfahrungsaustausch Allgemeingut werden zu lassen. Das war so, als die Arbeit mit dem Haushaltsbuch begann und zeigt sich in der Bewegung, mit eingespartem Material eine zusätzliche Tagesproduktion zu erreichen bzw. Fonds an den Staat zurückzugeben.

Aber selbst unter den Bedingungen des Aufbaus des Sozialismus in einem entwickelten Industrieland, wie in der DDR, bestätigte sich, daß die Überwindung des Privateigentums an den Produktionsmitteln nicht automatisch sozialistisches Bewußtsein erzeugt.

Wie der revolutionäre Enthusiasmus der Aktivisten der ersten Stunde bestätigte, mußte und muß immer wieder eine sozialistische Einstellung zur Arbeit bewußt entwickelt und organisiert werden. Dabei erwies und erweist sich die Aktivisten-, Wettbewerbs- und Neuererbewegung – wie das auch in den Thesen deutlich wird – als eine entscheidende Triebkraft für die Dynamik der wirtschaftlichen Entwicklung und die Herausbildung sozialistischer Persönlichkeiten.

Erinnert sei an Adolf Hennecke, der mit Hilfe seiner Klassengenossen der Aktivistenbewegung zum Durchbruch verhalf, an Frida Hockauf, die die Bewegung „Wie wir heute arbeiten, so werden wir morgen leben" begründete und entsprechend handelte, an das Produktionsaufgebot der Berliner Initiative „Maß meiner Arbeit – ehrlich, gut und mehr", an die Friedensschichten der Jugend bis an die „Forscherkonten durch zusätzliche Einsparungen von Kosten durch wissenschaftlich-technische Leistungen" in heutiger Zeit. Reich an Formen und Methoden, Einzel- und Kollektivleistungen und Initiativen ist die Geschichte dieser Bewegung. Heute können wir feststellen, daß sich unter Führung und aktiver Unterstützung des FDGB eine organisierte breite Masseninitiative der Arbeiterklasse und aller anderen Werktätigen herausgebildet hat:

1. Wettbewerbe für hohe Produktivität und Effektivität auf der Grundlage schriftlich formulierter Verpflichtungen von Zweigen, Kombinaten, Betrieben, Bereichen, Abteilungen, Brigaden und von einzelnen Werktätigen zur Erfüllung und gezielten Überbietung der in den jährlichen Volkswirtschaftsplänen festgelegten Aufgaben, die die Verbesserung der Arbeitsbedingungen einschließen.

2. Verpflichtungen und Leistungen einzelner Werktätigen oder von Kollektiven, die sich mit Aktivisten-, Bestarbeiter- oder Neuererleistungen an die Spitze im Kampf um die Lösung der Aufgaben des Planes, die Überwindung von Engpässen usw. stellen und damit eine breite politische Bewegung auszulösen helfen.

3. Die Bewegung des Ringens der Arbeiterkollektive um den Ehrentitel „Kollektiv der sozialistischen Arbeit" als direkter Ausdruck sozialistischer Gemeinschaftsarbeit, deren arbeitsseitige Verpflichtungen auf den Wettbewerbsverpflichtungen zur Erfüllung und gezielten Überbietung der Planaufgaben beruhen und Kernstück dieses Kampfes sind. So verbinden sich im sozialistischen Arbeiten, Lernen und Leben in hervorragender Weise das bewußte Streben der Werktätigen nach hohen ökonomischen Ergebnissen, nach sozialistischer Lebensweise, verbunden mit der schöpferischen Aneignung der Weltanschauung der Arbeiterklasse, hoher fachlicher Meisterschaft und regem geistig-kulturellem Leben, wie das auf dem 9. FDGB-Kongreß formuliert wurde.

4. Formen der direkten Teilnahme der Werktätigen

an der Leitung und Planung der Wirtschaft auf allen Ebenen, was die direkte Machtausübung der Arbeiterklasse und ihrer Verbündeten am unmittelbarsten ausdrückt.

Alle diese Formen wurden mehr und mehr zu direkten Merkmalen der Organisation der gesellschaftlichen Arbeit im Sozialismus in unmittelbarem Zusammenhang mit der Lösung von Produktionsaufgaben, der Verbesserung der Arbeits- und Lebensbedingungen und der Herausbildung sozialistischer Persönlichkeiten. Heute setzen sie sich mit wachsender Breite, größerer Zielgerichtetheit, Konkretheit und Differenziertheit durch und erfassen mehr und mehr alle Bereiche der Gesellschaft.

Eine Analyse der Entwicklung der organisierten sozialistischen Masseninitiative zeigt, daß es immer wieder notwendig ist, die Herausbildung einer sozialistischen Einstellung zur Arbeit aufs neue durchzusetzen.

Die für die Großindustrie notwendige Arbeitsdisziplin muß jede Generation in schöpferischer Auseinandersetzung mit dem Erbe erneut erwerben. Dabei lernen wir aus der Geschichte, daß bewußte Disziplin sich dann wirksam durchsetzt, je besser es gelingt, die Jugend über jugendgemäße Formen und Methoden, wie die Aktion „Materialökonomie", die MMM-Bewegung und die Übertragung von Jugendobjekten, die Bildung von Jugendforscherkollektiven u. a. an den Erfahrungsschatz der Arbeiterklasse heranzuführen und dabei den Elan der Jugend für seine Weiterentwicklung zu nutzen. Die revolutionäre Aufgabe, die Wirtschaft auf dem Weg der umfassenden Intensivierung auf eine neue Grundlage zu stellen, ist wie nie zuvor Herausforderung an Forschergeist und Wissen, Qualitätsarbeit und Verantwortungsbewußtsein der Werktätigen für das Ganze. Überblicken wir die Geschichte der Aktivisten-, Wettbewerbs- und Neuererbewegung unter dem Aspekt aktueller Lehren weiter, so kann eingeschätzt werden:

- In allen Etappen standen vor allem Mitglieder der SED an ihrer Spitze. Durch ihr Beispiel und die Aktivitäten der Gewerkschaften wurden unter Führung unserer Partei immer mehr Werktätige in den Kampf um die Masseninitiative einbezogen.
- Besonders mobilisierend war und ist es, wenn die Wirksamkeit der eigenen Anstrengungen für das Ganze sichtbar werden. Die Erkenntnis der tiefen Zusammenhänge von Politik und Ökonomie, objektiven Erfordernissen und Prozessen mit den realen Aufgaben und Zielen sowie das fachliche Wissen und Können erweisen sich immer stärker als Triebkraft sozialistischen Arbeitsverhaltens.
- Es hat sich bewährt, mit Führungsbeispielen Reserven zu erschließen und die besten Erfahrungen zum Allgemeingut aller zu machen.
- Es zeigt sich, daß das Beste keine konstante Größe ist und Bestleistungen immer wieder aufs neue errungen werden müssen, das Beste zur Norm aller werden zu lassen, immer anzustreben ist.
- Die Geschichte der Masseninitiative beweist, daß bereits zu Beginn der 50er Jahre im Zusammenhang mit den Aktivistenplänen der Kampf um höchste Effektivität und Sparsamkeit im Zentrum stand. Neben großen Anstrengungen zur Erhöhung der Produktion und zur Steigerung der Arbeitsproduktivität waren Qualität und Sparsamkeit stets Zielgrößen des Wettbewerbs. Dennoch ist zu betonen, daß erst in dem Maße, wie die Politik der Einheit von Wirtschafts- und Sozialpolitik als gesellschaftliche Triebkraft immer wirksamer durchgesetzt wurde, die ökonomische Strategie des X. Parteitages der SED Ausgangspunkt und Zielrichtung der organisierten sozialistischen Masseninitiative bestimmte, in dem Maße wurde den Erfordernissen der intensiv erweiterten Reproduktion auch immer besser Rechnung getragen.

Dennoch schätzen wir die in die Geschichte der Aktivisten-, Wettbewerbsbewegung eingegangenen Aktionen nicht gering ein, als es darum ging, in Hau-ruck-Aktionen wahre Heldentaten in der Produktion zu vollbringen. Aber immer mehr wird das ständige, tagtägliche Ringen bestimmend, wie es z. B. in der Losung der Jugendbrigade „Hans Kiefert" „Jeden Tag mit guter Bilanz" zum Ausdruck kommt, wobei die gute Bilanz die Beherrschung der neuen Technik einschließt und die Leistungen der Initiatoren Maßstab der Gesamtheit werden.

Diese historischen Erfahrungen besagen, daß jede Weiterentwicklung der Masseninitiative und besonders des sozialistischen Wettbewerbs die Einheit von Kontinuität und Neuem ist.

Willi Kunz

Erfahrungsaustausche und Leistungsvergleiche zwischen Kombinaten und Betrieben zur Erschließung von Leistungsreserven

In den vorgelegten Thesen wird im Zusammenhang mit den neuen Ansprüchen an die Entfaltung von Initiativen und an den sozialistischen Wettbewerb, die sich aus der Schlüsselrolle von Wissenschaft und Technik für das Leistungs- und Effektivitätswachstum ergeben, auch auf die große Bedeutung von Erfahrungsaustauschen und Leistungsvergleichen aufmerksam gemacht.

Bei der Durchsetzung der Wirtschaftsstrategie des X. Parteitages und in Vorbereitung auf den XI. Parteitag der SED spielen der Erfahrungsaustausch und der Leistungsvergleich zwischen Kombinaten und Betrieben eine zunehmende Rolle, um neue Leistungsreserven zu erschließen und den Leistungsanstieg in der Volkswirtschaft der DDR entsprechend den Beschlüssen der SED gezielt zu fördern. Es geht darum,

1. überall die Arbeit nach den Maßstäben der Besten zu organisieren;
2. durch die verbindliche Durchsetzung der besten Erfahrungen unbegründete Niveauunterschiede zu überwinden und dabei eine große Flächenwirkung bei der Anwendung dieser Erfahrungen zu erzielen;
3. auch die Besten zu noch höheren Leistungen zu führen.

Eine solche Entwicklung vollzieht sich, indem die Besten im Erfahrungsaustausch und im Vergleich ihre Erkenntnisse bei der Nutzung der Wissenschaft zur Erreichung internationaler Spitzenwerte und der schnellen ökonomischen Verwertung wissenschaftlich-technischer Ergebnisse offenbaren, indem erfolgreiche Vorgehensweisen bei der Erreichung einer hohen Erneuerungsrate der Produktion und der Herstellung von Erzeugnissen, die ihre Bewährungsprobe auf dem Weltmarkt und im Inland bestehen, verallgemeinert und von den Kollektiven anderer Betriebe bzw. Kombinate übernommen werden.

Es hat sich gezeigt, daß besonders jene Kollektive höchste Ergebnisse erreichen, die ihre Leistungen ständig mit den Arbeitsergebnissen der Besten vergleichen, kompromißlos Bestwerte zum Maßstab nehmen, dabei auch eigene Erzeugnisse mit dem Gütezeichen „Q" im Hinblick auf Gebrauchswert und aufgewandte Kosten ständig kritisch unter die Lupe nehmen und für sich konkrete Schlußfolgerungen zur Überwindung ungerechtfertigter Leistungsunterschiede ziehen.

Erfahrungsaustausche und Leistungsvergleiche zwischen den Kombinaten und innerhalb der Kombinate zur Erschließung neuer Leistungsreserven sind in der DDR zu einer grundlegenden Methode der politischen Leitung ökonomischer Prozesse geworden. Sie bilden immer stärker einen wichtigen Ausgangspunkt für die Führung des sozialistischen Wettbewerbs.

Wiederholt hat Erich Honecker auf Plenartagungen des ZK bzw. auf Beratungen des ZK der SED mit den 1. Sekretären der Kreisleitungen sowohl den Erfahrungsaustausch als auch den Leistungsvergleich als grundlegende Methode der politischen Führung ökonomischer Prozesse charakterisiert und dabei demonstriert, wie der Leistungsvergleich praktisch geführt werden muß, um den Beitrag der Kombinate und Kreise zur volkswirtschaftlichen Leistungsentwicklung zu erhöhen und dabei alle Reserven der Intensivierung zu erschließen.

So hob Erich Honecker im Bericht des Politbüros an die 9. Tagung des ZK der SED hervor: „Der Kampf um hohe Leistungen wurde in der Tat umfassend organisiert, im Ganzen unserer Volkswirtschaft. Die Leistungsvergleiche, die sich bekanntlich zu einer ständigen Methode entwickelten, ökonomische Prozesse politisch zu führen, zeigen deutlich, wie es in einigen Kombinaten und Betrieben, in einigen Bezirken und Kreisen schneller vorangeht und andere noch unter dem Durchschnitt liegen. Doch letzten Endes ist das nichts Ungewöhnliches. Der ökonomische und gesellschaftliche Fortschritt verläuft nicht gleichmäßig. Entscheidend bleibt, daß es durch konkrete, sachliche Arbeit gelang, die Entwicklung generell zu beschleunigen und im Wettbewerb ein hohes Niveau zu erreichen."[1]

Während der Beratung des Sekretariats des ZK der SED mit den 1. Sekretären der Kreisleitungen am 1. Februar 1985 wies Erich Honecker an Hand des Leistungsvergleichs, der Gegenüberstellung unterschiedlicher ökonomischer Praktiken und Ergebnisse von Bezirken, Kreisen und Betrieben nach, „... wie nützlich und notwendig es ist, die Erfahrungen der Besten zu verallgemeinern. Grundlegende Ausführungen galten der Förderung der in vielen Betrieben eingeführten ‚Null-Fehler-Produktion', der Gestaltung des ganzen ökonomischen Kreislaufs nach dem Prinzip der Veredlung, der stärkeren Erschließung einheimischer Rohstoffe und Sekundärrohstoffe, der Energieökonomie, dem Rationalisierungsmittelbau sowie dem Einsatz der Industrieroboter. Auch hier wurden unterschiedliche Ergebnisse in zahlreichen Kreisen mit Fakten und Beispielen einander gegenübergestellt"[2].

Leistungsvergleiche und Erfahrungsaustausche gehören somit zum Wesen unserer sozialistischen Gesellschaft. Sie resultieren aus den sozialistischen Produktionsverhältnissen, sind begründet auf der kameradschaftlichen Zusammenarbeit und gegenseitigen Hilfe. Durch Nutzung der Erfahrungen der Besten werden planmäßig Reserven zur Leistungssteigerung aufgedeckt und für die Ausarbeitung anspruchsvoller Pläne bzw. zu deren allseitiger Erfüllung und gezielten Übererfüllung genutzt. Die daraus resultierenden Leistungssteigerungen und deren Ergebnisse dienen der Mehrung des gesellschaftlichen Reichtums, dem Wohle des Volkes. Dabei läßt sich der ökonomische Grundgedanke der Leistungsvergleiche auf die kurze Formel bringen: Leistungszuwachs durch Überwindung ungerechtfertigter Leistungsunterschiede und Nutzung der Erfahrungen der Besten! Beim Leistungsvergleich werden die Erfahrungen der Besten für alle offenkundig, zeigen sich konkrete und künftige erschließbare Reserven, erhält der Erfahrungsaustausch konkrete Inhalte und Ziele, werden auch die Besten selbst zu höheren Leistungen geführt, wodurch auch der sozialistische Wettbewerb neue Maßstäbe, eine höhere Qualität erhält.

Die drei entscheidenden Regeln für Leistungsvergleiche arbeitete Günter Mittag auf der Berliner Bestarbeiterkonferenz am 3. September 1984 heraus. Er hob hervor: „Den Leistungsvergleich zwischen den Brigaden in jedem Betrieb sowie zwischen den Kombinaten und zwischen den Stadtbezirken, konkret, abrechenbar, ständig und systematisch zu führen, das ist eine der wichtigsten Aufgaben in der Leitungstätigkeit und bei der Führung des sozialistischen Wettbewerbs.

Worauf kommt es hierbei an?

1. Jeder Leistungsvergleich beginnt mit einer Gegenüberstellung der tatsächlich erreichten Ergebnisse. Grundlage sind die entscheidenden, für alle gültigen Hauptkennziffern der Leistungsbewertung. Sie verkörpern die volkswirtschaftlichen Maßstäbe. Das sind Aussagen, die jeden verantwortlichen Leiter, aber auch jeden Arbeiter, jeden Forscher, Konstrukteur und Technologen, die einfach jeden im Kollektiv des Betriebes angehen.

2. besteht die Notwendigkeit, die Ursachen für die noch vorhandenen Leistungsunterschiede zu analysieren.

3. ist es erforderlich, die Schlußfolgerungen für die Veränderung auszuarbeiten, um sich dem Tempo und dem Niveau der Besten anzunähern.

Aber eines muß stets klar sein: Leistungsvergleiche, die sich in bloßer Statistik erschöpfen, nutzen keinem etwas. Wir führen Leistungsvergleiche als Methode sozialistischer Leitung; für uns sind sie Instrumente für die politische Führung ökonomischer Prozesse und die Förderung von Initiativen der Werktätigen im Wettbewerb.“[3]

Die auf Initiative unserer Parteiführung gefaßten Beschlüsse und ab 1983 eingeleiteten praktischen Schritte zur weiteren Vervollkommnung der Leitung, Planung und wirtschaftlichen Rechnungsführung in der Volkswirtschaft der DDR beziehen den Leistungsvergleich als ein wesentliches Element der Wirtschaftsleitung ein. Dabei lassen sich vier Ebenen des Leistungsvergleichs unterscheiden[4]:

(1) Der Leistungsvergleich zwischen den Kombinaten nach den Kriterien ihrer Leistungen für die Volkswirtschaft;
(2) der Leistungsvergleich zwischen Kombinatsbetrieben nach den Kriterien ihrer Leistungen für die Erfüllung der volkswirtschaftlichen Aufgaben durch das Kombinat;
(3) der Leistungsvergleich zwischen Arbeitskollektiven auf ausgewählten Gebieten der Leistungs- und Aufwandsentwicklung im Rahmen des sozialistischen Wettbewerbs;
(4) Leistungsvergleiche in Verwirklichung von Maßnahmen der sozialistischen ökonomischen Integration, besonders im Rahmen von Direktbeziehungen zwischen den Kombinaten der DDR und Produktionsvereinigungen der UdSSR bzw. anderer RGW-Länder.

Alle diese Leistungsvergleiche sind zutiefst im Wesen des sozialistischen Wettbewerbs als Form kameradschaftlicher Hilfe und gegenseitiger Unterstützung verankert.

Der auf Bestwerte ökonomischer Leistungen bei der Verwirklichung der ökonomischen Strategie der SED für die 80er Jahre orientierte Leistungsvergleich zwischen und innerhalb der sozialistischen Kombinate, wie er heute in der DDR organisiert und stetig vervollkommnet wird, stellt ein wichtiges Kettenglied für eine ökonomisch immer wirkungsvollere Verbindung von sozialistischer Planung, wirtschaftlicher Rechnungsführung und sozialistischem Wettbewerb dar.

Der Leistungsvergleich als sozialistische Leitungsmethode bedeutet von seinem Grundanliegen her ein letztlich über die Verbindlichkeit des Planes gesteuertes Heranführen der ökonomischen Leistungen aller Wirtschaftseinheiten und ihrer Teilbereiche an die Bestleistungen wirtschaftlicher Tätigkeit, die von vergleichbaren Wirtschaftseinheiten erbracht werden, vor allem von jenen, die sich im gegebenen Zeitabschnitt objektiv als Schrittmacher wirtschaftlicher Bestleistungen erwiesen haben.

Diese Schrittmacher können von Zeitabschnitt zu Zeitabschnitt wechseln. Das ist durchaus nichts Ungewöhnliches, denn der ökonomische und gesellschaftliche Fortschritt verläuft – wie Erich Honecker auf der 9. Tagung des ZK feststellte – nicht gleichmäßig. Entscheidend bleibt, daß es durch konkrete, sachliche Arbeit gelingt, „die Entwicklung generell zu beschleunigen und im Wettbewerb ein hohes Niveau zu erreichen“[5].

Damit wird auch klar: Weder Leistungsvergleich noch Wettbewerb entwickeln sich im Selbstlauf. Sie müssen durch die Leitung mit klaren Ziel- und Aufgabenstellungen sowie einem übersichtlichen Maßnahmeprogramm organisiert werden.

In allen Leistungsvergleichen verbinden sich dabei die Analysen der erreichten wirtschaftlichen Leistungen an Hand gegebener konkreter Kennziffern und Leistungsparameter mit dem Erfahrungsaustausch und der gegenseitigen Unterstützung bei der Erreichung der Bestwerte ökonomischer Leistungen. Die Gegenüberstellung von tatsächlich erreichten Leistungen ist zugleich mit der erzieherischen Wirkung verbunden, auf eine weitere hohe Leistungssteigerung orientierende Schlußfolgerungen für die eigene Arbeit zu ziehen.

Die entscheidenden Leistungsmaßstäbe für die Kombinate (und Kombinatsbetriebe) der DDR widerspiegeln sich seit 1983 in den gültigen Hauptkennziffern der Leistungsbewertung

- Nettoproduktion
- Nettogewinn
- Erzeugnisse und Leistungen für die Bevölkerung
- Leistungen für den Export.

Zu den wichtigsten bisherigen Erfahrungen aus der Praxis mit Leistungsvergleichen in der Wirtschaft der DDR gehört die Erkenntnis, daß insbesondere eine qualifizierte Vorbereitung des Leistungsvergleichs von sehr großer Bedeutung für das Ergebnis ist. Für die politische Führung ist es dabei besonders wichtig, im eigenen Verantwortungsbereich

- den Leistungsvergleich ideologisch vorzubereiten, die Werktätigen zu motivieren und zu mobilisieren, ihre Bereitschaft zu wecken, einem Vergleich der Leistungen zuzustimmen und aktiv dabei mitzuwirken;
- konkrete politische und ökonomische Zielstellungen vorzugeben, die ermittelten Bestwerte zur verbindlichen Norm sozialistischen Wirtschaftens zu machen, wobei die eindeutig festgelegte Stoßrichtung vor allem beeinflußbare Zielstellungen beinhalten muß;
- klar und eindeutig die Verantwortlichkeit für die Leitung des Leistungsvergleichs festzulegen.

Der Erfolg des Leistungsvergleichs hängt in hohem Maße von der Qualität der analytischen Vorbereitung ab. Die Bedeutung einer gründlichen analytischen Vorbereitung wächst in dem Maße, wie Leistungs- und Effektivitätsreserven nicht mehr relativ einfach, unmittelbar, sondern zunehmend erst durch eine systematische und komplexe Nutzung der qualitativen Wachstumsfaktoren erschlossen werden können.

Kennziffernvergleiche sind dabei noch kein Leistungsvergleich. Kennziffernvergleiche bilden vielmehr eine Voraussetzung für Leistungsvergleiche. Sie müssen aber stets mit einer entsprechenden Ursachenforschung, einer Bestwertorientierung und schließlich mit dem konkreten Erfahrungsaustausch über das „Wie?" des Erreichens von Bestleistungen verbunden sein.

Von der Methode her geht es demzufole darum, Leistungsvergleiche tiefgründig und regelmäßig durchzuführen und Besterfahrungen zu übertragen. Leistungsvergleich und Erfahrungsaustausch, die Wirkung auf die künftige Führung des Wettbewerbs auslösen sollen, müssen dabei vor allem solche Anforderungen erfüllen, wie

- Konzentration auf wenige aussagefähige Kennziffern;
- Begründung der angestrebten Ergebnisse durch Ursachenanalysen über vorhandene Niveauunterschiede;
- Herausarbeitung und Beachtung von unterschiedlichen Bedingungen bei Vergleichskollektiven;
- verbindliche Durchsetzung von Besterfahrungen.

Alle Leitungsaktivitäten bei der Führung des Leistungsvergleichs und des Erfahrungsaustausches müssen letztlich danach bewertet werden, wie sie dazu beitragen, mit Hilfe des sozialistischen Wettbewerbs überall die Arbeit nach den Maßstäben der Besten zu organisieren, das vorhandene Leistungsniveau durch Überwindung unbegründeter Niveauunterschiede zu verbessern, auch die Besten stetig auf höhere Leistungen zu orientieren und dadurch einen allgemeinen schnellen Leistungsanstieg zu sichern. Dabei nimmt die Bedeutung des Technologievergleichs bei Einbeziehung internationaler Bestwerte zu. Das entspricht der Forderung unserer Partei, das geistige und materielle Potential der DDR konsequent darauf auszurichten, durch neue Technologien und neue Erzeugnisse zu höherer Effektivität zu gelangen und die Produktion schnell zu erneuern.

Zunehmende Bedeutung im Zusammenhang mit der analytischen Vorbereitung von Leistungsvergleichen gewinnt die rechnergestützte Analysetätigkeit. Eine leitergerechte und arbeitsplatznahe Nutzung der Rechentechnik gerät dabei immer stärker ins Zentrum der Leitungstätigkeit in den Kombinaten und Betrieben. Der Einsatz der Rechentechnik für die Vorbereitung von Leistungsvergleichen zwischen und innerhalb der Kombinate ist zugleich eine wesentliche Voraussetzung für die schrittweise immer stärkere Verbindung von Leistungsvergleichen und Planvorbereitung. Auch am Zentralinstitut für sozialistische Wirtschaftsführung beim ZK der SED wurden und werden entsprechende Experimente durchgeführt.

Entsprechend einer Vereinbarung während des offiziellen Freundschaftsbesuchs einer Partei- und Staatsdelegation der DDR in der Sowjetunion im Jahre 1983 wird der Leistungsvergleich in Gestalt des Erzeugnisvergleichs auch im internationalen Rahmen angewendet. Die Durchführung von Leistungsvergleichen zwischen Kombinaten und Großbetrieben, vor allem zur Senkung des Produktionsaufwands von analogen Erzeugnissen, wird dabei als fester Bestandteil von Direktbeziehungen zwischen Kombinaten der DDR und Produktionsvereinigungen der UdSSR betrachtet.

Hauptziel dieses Leistungsvergleichs ist die Aufdekkung von Reserven hinsichtlich des Aufwandes von Rohstoffen, Material, Energie und Arbeitszeit für gleichartige Erzeugnisse, die bereits in Betrieben beider Länder hergestellt werden. Es geht hierbei besonders um mögliche Einsparungen an Energie und Rohstoffen, um die Erreichung eines höheren wissenschaftlich-technischen Niveaus und einer höheren Qualität der Erzeugnisse sowie um deren rationellere Fertigung.

Bei diesen internationalen Erzeugnisvergleichen werden technische Parameter und einzelne Aufwandungen bzw. Aufwandsarten in Naturalform verglichen. Kosten und Preise sind nicht Gegenstand des Erzeugnisvergleichs. Der zur Realisierung des Erzeugnisvergleichs mögliche Austausch wissenschaftlich-technischer Leistungen vollzieht sich dabei im Rahmen der im RGW geltenden Bestimmungen bzw. auf der Grundlage der zwischen beiden Ländern getroffenen Festlegungen.

Für die Durchführung von Leistungsvergleichen zwischen Kombinaten der DDR und Partnern in der UdSSR gibt es auf einigen Gebieten bereits positive Erfahrungen. Beispiele dafür sind die Tätigkeit von Intensivierungsbrigaden in Betrieben der chemischen Industrie beider Länder, die gemeinsame Vorbereitung und Realisierung von Rekonstruktionsmaßnahmen in der Armaturenindustrie, gemeinsame Intensivierungsmaßnahmen in Konsumgüterbetrieben u. a. m. So konnte durch die Tätigkeit einer gemeinsamen Intensivierungsbrigade in Chemiefaserkombinaten der DDR und der UdSSR, die seit 1976 besteht, bis einschließlich 1. Halbjahr 1984 für die DDR ein Nutzen von 16,1 Mill. Mark und für die UdSSR von 3,55 Mill. Rubel ausgewiesen werden. Dahinter stehen beachtliche Steigerungsraten der Arbeitsproduktivität, sinkender Verbrauch von Rohstoffen und steigende Qualität der Erzeugnisse.[6]

Ähnlich gute Erfahrungen gibt es in der langjährigen Zusammenarbeit des Kombinates „Fritz Heckert" mit der Vereinigung für schwere Werkzeugmaschinen Iwanowo in der UdSSR und in anderen Kombinaten der DDR.

Der internationale Leistungsvergleich kann unter den Bedingungen der umfassenden Intensivierung ein wirksames Instrument sein, um den wissenschaftlich-technischen Fortschritt zu beschleunigen und seine ökonomische Wirksamkeit zu erhöhen. Insofern ist der internationale Leistungsvergleich für analoge Erzeugnisse mehr als eine Gegenüberstellung von wissenschaftlich-technischen Parametern und Naturalkennziffern über den spezifischen Aufwand an Energie, Material und Arbeitszeit.

Durch das Aufdecken der Ursachen für vorhandene Niveauunterschiede und daraus abgeleitete Schlußfolgerungen und Maßnahmen zur Erhöhung der Effektivität der Produktion, durch kompromißlosen Vergleich der eigenen Leistungen mit denen des Partners können die schwachen Stellen im eigenen Verantwortungsbereich erkannt und durch konkrete Maßnahmen, z.B. durch Beschleunigung des wissenschaftlich-technischen Fortschritts und die schnelle Überführung seiner Ergebnisse in die Produktion, überwunden werden. Das hat allerdings zur Voraussetzung, daß durch eine zielgerichtete politisch-ideologische Arbeit der Parteiorganisationen die Bereitschaft der Leitungskader und der Arbeitskollektive geweckt wird, um die eigenen Leistungen im internationalen Vergleich kompromißlos mit denen des Partners zu vergleichen.

In Übereinstimmung mit der materiell-technischen Bilanzierung im eigenen Lande wird die Überwindung von Leistungsunterschieden um so besser gelingen, je mehr eigene hohe Anstrengungen mit Maßnahmen der internationalen wissenschaftlich-technischen Zusammenarbeit und der Spezialisierung und Kooperation der Produktion gekoppelt werden können. Wachsende Bedeutung erhält hierbei auch der Technologievergleich sowie die Zusammenarbeit beim Bau und Austausch spezifischer Rationalisierungsmittel.

Die Verallgemeinerung guter Erfahrungen und besonders der Leistungsvergleich zwischen Kombinaten und ihren Betrieben werden somit immer mehr zu einer Hauptmethode der Wettbewerbsführung. Diese Methode gilt es auszubauen und weiterzuentwickeln, um den wachsenden Anforderungen, die sich aus der umfassenden Intensivierung in der zweiten Hälfte der 80er Jahre ergeben, durch eine dementsprechende qualifizierte Leitungsfähigkeit gerecht zu werden.

Anmerkungen

[1] Aus dem Bericht des Politbüros an die 9. Tagung des ZK der SED, Berichterstatter: Gen. Erich Honecker, Berlin 1984, S. 30.

[2] Aus dem Referat des Generalsekretärs des ZK der SED Genossen Erich Honecker auf der Beratung des Sekretariats des ZK der SED mit den 1. Sekretären der Kreisleitungen, in: Neues Deutschland vom 2./3. 2. 1985. S. 2.

[3] Referat des Genossen Günter Mittag auf der 9. Berliner Bestarbeiterkonferenz am 3. September 1984. Herausgeber: Bezirksleitung der SED Berlin, S. 43 bis 45.

[4] Vgl. dazu auch W. Salecker: Der Leistungsvergleich zwischen und innerhalb der Kombinate, eine grundlegende Methode der politischen Leitung ökonomischer Prozesse in der DDR. Diskussionsbeitrag zur 10. Tagung der Ökonomenkommission UdSSR/DDR.

[5] Aus dem Bericht des Politbüros an die 9. Tagung des ZK der SED, a. a. O., S. 30.

[6] Vgl. Neues Deutschland v. 12. 4. 1985, S. 3.

Karl Hartmann

Wissenschaftlich-technischer Fortschritt und sozialistischer Wettbewerb

Wie nie zuvor erhält das Schöpfertum der Werktätigen und damit der sozialistische Wettbewerb so ausschlaggebende Bedeutung wie gegenwärtig, gilt es doch ein solches Wachstum und Niveau der Arbeitsproduktivität zu sichern, das die gleichzeitige Lösung von zwei strategischen Aufgaben gestattet:

- die volle Erschließung aller Möglichkeiten des Sozialismus zum Wohle des Menschen und
- die Schaffung der dafür notwendigen äußeren Bedingungen durch Gewährleistung ihrer Sicherheit.

Die Beschlüsse der SED sowie des Bundesvorstandes des FDGB gehen davon aus, daß in der neuen Etappe der Verwirklichung der ökonomischen Strategie die Intensivierung mehr und mehr die Entwicklung aller Seiten der Produktionsweise – die Produktionsverhältnisse ebenso wie die Produktivkräfte – sowie deren Wechselbeziehungen bestimmt. Die Dialektik von Produktivkräften und Produktionsverhältnissen besteht in der Gegenwart zum einen in einem viel höheren Grad der gegenseitigen Beeinflussung, Abhängigkeit und Wechselwirkung. Es ist nur konsequent, die Ursachen hierfür zunächst in den Entwicklungsgesetzmäßigkeiten der Produktivkräfte, ihrem mit der wissenschaftlich-technischen Revolution qualitativ wachsendem Niveau und gesellschaftlichen Charakter zu suchen.

Zum anderen erlangt die planmäßige Vervollkommnung der sozialistischen Produktions- und Überbauverhältnisse eine weitaus größere Bedeutung für die Entwicklung der Produktivkräfte als vorher. Alle Erfahrungen zeigen, daß für den umfassenden und dauerhaften Charakter der Intensivierung das Bewußtsein der Werktätigen, ihre Arbeitseinstellung und Arbeitsdisziplin, ihr Neuerergeist und ihr Schöpfertum maßgebend sind. Wissenschaftlich-technische Neuerungsprozesse berühren heute bereits jede Phase des Reproduktionsprozesses und jeden Bereich der Produktion unmittelbar und direkt. Der sozialistische Wettbewerb hat nunmehr dazu beizutragen, wie Lenin einmal schrieb, daß sich das letzte Wort der Wissenschaft und Technik mit dem Massenzusammenschluß bewußt arbeitender Menschen vereinigen muß.[1]

Karl Marx bezeichnete die Arbeit als „das lebendige gestaltende Feuer"[2]. Nehmen Gewicht und Rolle der lebendigen Arbeit nun mit der wissenschaftlich-technischen Revolution ab – etwa, weil neue wissenschaftlich-technische Errungenschaften sich vor allem in neuen Arbeitsmitteln, Materialien usw., also vor allem Formen vergegenständlichter Arbeit materialisieren? Genau das Gegenteil ist der Fall: Niemals zuvor in der Geschichte der Produktivkräfte war die Rolle der lebendigen Arbeit so entscheidend wie gegenwärtig.

Die schöpferische Funktion der lebendigen Arbeit erweist sich mehr denn je als die Hauptvoraussetzung für die Höherentwicklung aller anderen Produktivkräfte der Gesellschaft. Die Arbeiterklasse ist im Bündnis mit den Genossenschaftsbauern und der wissenschaftlich-technischen Intelligenz der soziale Hauptträger der wissenschaftlich-technischen Revolution. Die Arbeiterklasse erhöht ihre schöpferische Rolle im Prozeß der wissenschaftlich-technischen Revolution in dem Maße, wie die Rolle von Wissenschaft und Technik wachsen und sich der Inhalt der Arbeit verändert. Dies beweist die Praxis unserer Entwicklung.

Ausgehend von der Analyse des in der gesellschaftlichen Entwicklung Erreichten, unterstrich Erich Honecker in seiner Rede vor den 1. Sekretären der Kreisleitungen im Februar 1985: „Dieses bewußte Mitwirken der Massen bei unserem Bestreben, die wissenschaftlich-technische Revolution mit den Vorzügen des Sozialismus zu verbinden, ermöglichte es, die Produktivkräfte in einem Umfang zu entwickeln, wie das 1980 noch gar nicht vorstellbar war."[3]

Mit der neuen Etappe der Verwirklichung der ökonomischen Strategie ist die Forderung gestellt, hinsichtlich des Niveaus und der Breite schöpferischer Leistungen und in bezug auf das Tempo im Hervorbringen neuer bzw. weiterentwickelter Erzeugnisse, Technologien und Verfahren mit hohem ökonomischen und sozialpolitischen Wirkungsgrad eine neue Qualität zu erreichen. Auf einige Erfahrungen und Möglichkeiten möchte ich im Zusammenhang mit den Thesen und dem einführenden Referat eingehen.

Erstens: Wir brauchen Schöpfertum im massenhaften Umfang und auf allen Gebieten.

Die effektivere Gestaltung des Reproduktionsprozesses setzt schöpferische Arbeit sowohl beim Hervorbringen neuer Erkenntnisse wie auch bei der Umsetzung in allen Phasen des Reproduktionsprozesses voraus. Die Dialektik besteht darin, daß die Meisterung der wissenschaftlich-technischen Revolution sowohl die ganze Breite des Schöpfertums des Volkes verlangt als auch gleichzeitig hochqualifizierte Spitzenkader erfordert. Es handelt sich um solche Spitzenkräfte, die mit dem Vorstoß in wissenschaftliches Neuland in der Lage sind, wichtigen Teilprozessen der wissenschaftlich-technischen Revolution auf der Grundlage der Beschlüsse der SED in unserer Republik größere Impulse zu geben.

Auch und gerade unter den Bedingungen der wissenschaftlich-technischen Revolution erweist sich die führende Rolle der Arbeiterklasse bei der Leitung der sozialistischen Gesellschaft und als Hauptträger der wissenschaftlich-technischen Revolution ebenso unabdingbar wie die zielstrebige Entwicklung der sozialistischen wissenschaftlich-technischen Inelligenz, die Herausforderung ihres ganzen Könnens und Wissens.

Zweitens: Das massenhafte Schöpfertum wird in kürzeren Abständen abgefordert. Die qualitativ neuen Ansprüche zwingen im Hinblick auf Wissenschaft und Technik zu einer weiteren Forcierung deren ökonomischer und sozialer Ergiebigkeit, um das hohe Produktionstempo bei sinkendem Produktionsverbrauch zu gewährleisten. Während 1982 17% der Erzeugnisse erneuert wurden, sind es nunmehr jährlich mehr als 30% der Erzeugnisse, die zu erneuern sind. Die Lösung dieser Aufgabe fordert geradezu originelle Ideen, Kreativität, bahnbrechendes Denken, vertretbares Risiko – kurzum schöpferische Arbeit in kürzesten Fristen heraus. International wird davon ausgegangen, daß eine erfolgreiche Neuheit eine Vielzahl von Produktideen voraussetzt. Oftmals werden bis zu 60 Produktideen und Lösungsvarianten erarbeitet und getestet, um mit einem Erzeugnis zum Markterfolg zu gelangen. Die zielgerichtete Ideensuche ist deshalb ein untrennbarer Bestandteil des Neuerungsprozesses. Diese Aufgabe geht weit über den Bereich der Forschung und Entwicklung hinaus und betrifft die Tätigkeit aller Kollektive und ihrer Leiter im Reproduktionsprozeß.

Drittens: Die zu erreichende Qualität des Schöpfertums muß immer mehr dadurch gekennzeichnet sein, daß die Ergebnisse der Produktion internationale Spitzenleistungen darstellen. Es handelt sich nicht nur um eine „einfache" quantitative Zunahme des Erneuerungstempos, sondern vor allem um eine qualitative Veränderung im Sinne von höchsten ökonomischen Leistungen, die unserer DDR die Durchführung der beiden strategischen Aufgaben ermöglicht. Dies gilt umso mehr, da 40% unseres Nationaleinkommens vom Außenhandel beeinflußt werden.

Untrennbar mit der Meisterung der wissenschaftlich-technischen Revolution verbunden ist also die beträchtliche Zunahme des Stellenwertes der lebendigen Arbeit im Reproduktionsprozeß, insbesondere ihrer schöpferischen Seite. Ja mehr noch: Die wachsende Rolle der lebendigen Arbeit ist das tragende Fundament der neuen Etappe der Verwirklichung der ökonomischen Strategie.

Sicher ist es richtig, daß die lebendige Arbeit – unabhängig vom konkreten Reproduktionstyp – stets das „belebende Feuer" der Produktion ist und bleibt. Mit der intensiv erweiterten Reproduktion und erst recht mit der umfassenden Intensivierung wird sie es jedoch in qualitativ höherem Maße. Im Grunde genommen wird hier die Tatsache zum ausschlaggebenden Faktor der Produktions- und Effektivitätssteigerung, daß die lebendige Arbeit die in letzter Instanz einzige unbegrenzte Quelle der Produktions- und Effektivitätssteigerung ist. Unbegrenzt in qualitativer Hinsicht, bezogen auf das Schöpfertum der Menschen, das zugleich auch Ziel der gesellschaftlichen Produktion im Sozialismus ist. Andererseits führt die wissenschaftlich-technische Revolution schrittweise dazu, daß damit erstmals von den Produktivkräften her die Voraussetzungen für die allseitige, universelle Entwicklung des Menschen gegeben sind. Zugleich steht die wachsende Rolle der lebendigen Arbeit in engem Zusammenhang mit den neuen Möglichkeiten der Substitution lebendiger durch vergegenständlichte Arbeit und damit neuer Möglichkeiten einer durchgreifenden Erhöhung der Arbeitsproduktivität – wie Karl Marx im „Kapital" wissenschaftlich nachweist.

Aus reproduktionstheoretischer Sicht zählen dazu offensichtlich:

- Die Substitution nicht nur vorwiegend körperlicher Arbeit durch vergegenständlichte Arbeit (Roboter), sondern in zunehmendem Maße auch bestimmter geistiger Routinetätigkeiten (programmgesteuerte Maschinen) u.ä.
- Der Ersatz einfacher, geistig wenig anspruchsvoller lebendiger Arbeit durch kompliziertere, geistig anspruchsvollere lebendige Arbeit im Ergebnis der Mechanisierung und Automatisierung der Produktion.
- Die Verbindung der Senkung des Gesamtaufwandes zur Herstellung einer bestimmten Gebrauchswertmenge mit einer darüber hinausgehenden Senkung der vergegenständlichten Arbeit. Dadurch wächst der Anteil der lebendigen Arbeit. Das wiederum muß einhergehen mit dem Anwachsen des Anteils der höherwertigeren, geistig-anspruchsvollen, komplizierten lebendigen Arbeit am Gesamtarbeitsaufwand zur Herstellung einer gegebenen Gebrauchswertmenge. Durch Verausgabung höherwertigerer, geistig anspruchsvollerer, also insgesamt qualifizierter und komplizierterer Arbeit – die nach Karl Marx multiplizierte einfache Arbeit ist – wächst vor allem der Anteil des Mehrprodukts.

All das bedeutet: Die lebendige Arbeit erhält eine solche Qualität, die eine gleichzeitige Ökonomisierung aller Aufwands- und Ergebnisfaktoren ermöglicht, sowohl der lebendigen wie der vergegenständlichten Arbeit, des laufenden wie des einmaligen Aufwandes und das alles bei einer gleichzeitigen Gebrauchswerterhöhung der Erzeugnisse.

Wenn es in den zurückliegenden Jahren gelungen ist, die Vorzüge des Sozialismus durch gute politische Leitung und schöpferische Neuererarbeit immer besser zu nutzen, dann ist das ein großer Erfolg. Ihn festzustellen, heißt gleichzeitig, noch umfassender und kühner alle Möglichkeiten auszuschöpfen, die sich für die Erhöhung des Niveaus und der Effektivität der Neuererbewegung ergeben. Ich unterstütze die Aussage der These 7: „Die mit der wissenschaftlich-technischen Revolution verbundenen qualitativen Wandlungen im Produktionsprozeß prägen entscheidend die Neuererbewegung, indem neue Betätigungsfelder entstehen und die Anforderungen an das Niveau von Neuererleistungen wachsen."

Ich gehe davon aus, daß die Neuererbewegung gerade unter dem Gesichtspunkt komplizierter wachsender Ansprüche zur Lösung wissenschaftlich-technischer Aufgaben in einen neuen Abschnitt ihrer Entwicklung hineinwächst bzw. hineinwachsen muß und das sowohl in qualitativer wie auch in quantitativer Hinsicht.

Die Neuerertätigkeit wird immer mehr bestimmt durch die sozialistische Rationalisierung auf der Grundlage fortgeschrittener Technologien bis hin zur Nutzung der Mikroelektronik, Robotertechnik, Biotechnologie und elektronischen Prozeßrechentechnik. Bei der Anwendung dieser Schlüsseltechnologien kommt besonders prägnant zum Ausdruck, daß im Sozialismus die modernen technischen Entwicklungen das massenhafte wissenschaftlich-technische Schöpfertum fördern und zugleich auf dieses Schöpfertum geradezu angewiesen sind. Wir haben aus objektiven Gründen allen Anlaß, die Neuererbewegung auch künftig kräftig zu fördern und jeglichen Erscheinungen der Rückläufigkeit bzw. Stagnation entschieden zu begegnen.

Die Neuererbewegung ist und bleibt eine Massenbewegung der Arbeiterklasse und der Klasse der Genossenschaftsbauern für den wissenschaftlich-technischen Fortschritt. Sie wird weiter an politischer Ausstrahlung, ökonomischer und sozialer Wirkung, Vielfalt und Massenbasis gewinnen. Die Erfahrung lehrt uns, daß die Pflege der schöpferischen Fähigkeiten der Werktätigen, ihre ständige Weiterentwicklung und ihre umfassende Nutzung Aufgaben von besonderer gesellschaftlicher Bedeutung sind. Das widerspiegelt sich auch in der breiteren Nutzung bewährter bäuerlicher Erfahrungen in Verbindung mit neuen wissenschaftlich-technischen Erkenntnissen, so wie das bereits vielfach in den LPG und VEG mit der Anwendung der Höchstertrags- und Höchstleistungskonzeptionen erfolgt.

Die Entwicklung des sozialistischen Wettbewerbs zur Massenbewegung wissenschaftlich-technischen Schöpfertums hat im Zusammenhang mit den dadurch möglichen neuen, höheren Potenzen für Wirtschaftswachstum, Produktivität, Effektivität und Qualität auch bedeutende sozialökonomische Wirkungen. Mit der massenhaften Entwicklung des wissenschaftlich-technischen Schöpfertums im Produktions- und Arbeitsprozeß werden den geistig-schöpferischen Komponenten der produktiven Arbeit neue Räume und breite Entfaltungsmöglichkeiten geschaffen, und es steigt auch das Anspruchsniveau an die Ausbildung und Anwendung der intellektuellen Fähigkeiten der Werktätigen im Arbeitsprozeß. Für die Entwicklung der Neuererbewegung reifen aber auch neue materielle Bedingungen heran. So ergaben Untersuchungen der Technischen Hochschule Karl-Marx-Stadt, daß das Verhältnis von manueller zu geistig-schöpferischer Tätigkeit bei der Bedienung von Werkzeugmaschinen im automatisierten Betrieb 10:90 beträgt. Bei konventionellen Werkzeugmaschinen ist es genau umgekehrt, nämlich 90:10. Der Bediener wird bei solchen Automatisierungslösungen objektiv zum Mitdenken, d. h. zu schöpferischer Arbeit angeregt, beispielsweise durch notwendige Überlegungen zur Erhöhung der Flexibilität bei der Bearbeitung verschiedener Werkstücke, durch die Festlegung von Maßnahmen zur Verminderung von Ausfall- und Stillstandszeiten oder bei der Analyse des Produktionsablaufs zur Erhöhung der Arbeitsstabilität u. v. a. m. Mit wachsender Komplexität und Flexibilität der Automatisierung steigt der Bedarf nach Software stark an. Dabei erweitern sich schrittweise die Möglichkeiten der dezentralen Programmierung am Arbeitsplatz des Bedieners. Arbeitsaufgaben der Produktionsvorbereitung verlagern sich damit in den Produktionsprozeß zurück und bieten die Möglichkeit, die Tätigkeit der Bediener inhaltlich anzureichern. Hier zeigen sich deutlich die Konturen einer Entwicklung, die international und auch in der DDR viele Produktionsprozesse, vor allem in der metallverarbeitenden Industrie, erfassen wird. In der Grundtendenz entstehen durch Übertragung manueller und geistiger Routinetätigkeiten an die Technik neue Möglichkeiten zur besseren Nutzung der schöpferischen Elemente in der Tätigkeit von Produktionsarbeitern. Jedoch ist damit keineswegs eine einfache Entwertung körperlicher, vor allem handwerklicher Fähigkeiten verbunden. Es geht vielmehr um eine optimale Verbindung körperlicher und geistiger Arbeit bei Zurückdrängung geistig-monotoner und körperlich-schwerer Tätigkeiten. Eine solche optimale Verbindung bezieht sich vor allem auf verschiedene Tätigkeiten bei der Wartung und Instandhaltung der modernen Technik sowie im Rationalisierungsmittelbau. Wenn auch nicht geradlinig und widerspruchsfrei, so vollziehen sich zum Beispiel bei den Produktionsarbeitern mit dem Robotereinsatz unter sozialistischen Bedingungen schrittweise grundlegende Veränderungen in der Art und Weise der Verausgabung der lebendigen Arbeit. Allmählich wird so für die Produktionsarbeiter wissenschaftlich-technisches Schöpfertum tendenziell immer stärker zur bestimmenden Seite ihres Arbeitsprozesses. Immer mehr werden auch die Vorbereitung und Realisierung wissenschaftlich-technischer Neuerungsprozesse mit in diese Arbeitsaufgaben einbezogen werden können.

Untersuchungen in einer Reihe von Kombinaten, überall dort, wo es gute Erfahrungen in der Neuerertätigkeit gibt, zeigen, daß ein neues Herangehen an ihre Leitung und Planung unter anderem eine hohe Wertschätzung der Tätigkeit der Neuerer durch die Leiter, das vorbildliche Wirken der Leiter selbst in der Neuererbewegung erfordert. Darüber hinaus kommt es offensichtlich immer mehr darauf an, für den Leistungsbeitrag der Neuerer höhere Maßstäbe anzulegen und durchzusetzen als bisher. Zugleich ist es erforderlich, die Neuerer noch intensiver als bisher bereits in den Prozeß der Ideenfindung, der Projektierung von neuen Lösungen einzubeziehen und nicht erst im Stadium ihrer materiellen Umsetzung. Viel mehr Aufmerksamkeit gilt es der Information der Neuerer über wissenschaftlich-technische Entwicklungen zu widmen, einschließlich der Information und dem Erfahrungsaustausch über bereits vorhandene Lösungen, die nutzbringend im eigenen Bereich ohne große Aufwendungen zu realisieren sind.

Auch bei der quantitativen Ausdehnung der Neuererbewegung gibt es noch Reserven. Sie resultieren einmal aus den eben charakterisierten Veränderungen im Arbeitsprozeß von Produktionsarbeitern, die auch die zahlenmäßige Vergrößerung der Neuerer begünstigen. Zum anderen sind sie auch auf eine nach wie vor noch vorhandene unbegründete Differenziertheit zwischen vergleichbaren Kombinaten, Betrieben und LPG zurückzuführen. Neben Betrieben, die eine Beteiligung von 40 bis 50 % ihrer Beschäftigten an der Neuererbewegung ausweisen, wie z. B. das Rohrkombinat Riesa, das Werkzeugmaschinenkombinat „Fritz Heckert", das LEW „Hans Beimler" Hennigsdorf und der Kalibetrieb Werra, gibt es Betriebe, in denen der Anteil der Neuerer an den Gesamtbeschäftigten nur 20 und weniger Prozent ausmacht. Ähnlich ist die Situation in der Landwirtschaft, wo z. B. in der LPG „Thomas Müntzer" Mühlhausen und in der LPG Großwaltersdorf im Kreis Flöha 50 bzw. 30 % der Bauern Neuerer sind. Dem stehen aber auch LPG gegenüber, in denen dieser wichtigen Aufgabe zur Erhöhung des Leistungsvermögens und der qualitativen Entwicklung der Klasse der Genossenschaftsbauern noch nicht die gleiche Aufmerksamkeit gilt.

Die bisherigen Ansprüche, die sich aus der neuen Etappe der Verwirklichung der ökonomischen Strategie ergeben, veranlassen, noch zielstrebiger Schlußfolgerungen für die weitere Qualfizierung des sozialistischen Wettbewerbes in den Bereichen der Forschung und Entwicklung zu ziehen.

Das bedeutet – in Auswertung der Erfahrungen fortgeschrittener Kombinate – eine solche Aufgabenstellung in diesen Bereichen, die zu einer spürbaren Erhöhung des Anteils von Spitzenleistungen führt. Analysen zur leistungsmotivierenden Wirkung der Aufgabenstellung ergaben aber auch, daß die Größe der Aufgaben nicht automatisch zu hohen schöpferischen Leistungen führt. Die Höhe des Anspruchs der Aufgabe muß stets bewußt gemacht werden und ist entsprechend materiell und politisch-moralisch zu stimulieren. Die Aufgabenfindung ist nicht schlechthin ein administrativer Akt eines Leiters, sondern muß als ein im Wesen echter schöpferischer Prozeß verstanden und gehandhabt werden.

Bei der Analyse von Wettbewerbsverpflichtungen in Forschungs- und Entwicklungseinrichtungen wird deutlich, daß es auch noch mehr darauf ankommen muß, Lösungen zu finden und Erfahrungen darüber zu verallgemeinern, wie es mit Hilfe des sozialistischen Wettbewerbs noch besser gelingen kann, bereits im Vorfeld der Aufgabenstellungen für die wissenschaftlich-technische Arbeit und im Prozeß der Erarbeitung der Zielstellungen für die Pflichtenhefte Ideen für neue Lösungen zu stimulieren, das Entdecken neuer Lösungsansätze zu fördern, wie überhaupt die Eigenverantwortung der Forscher und Forschungseinrichtungen für die ständige Sicherung des am höchsten internationalen Niveau orientierten wissenschaftlich-technischen Vorlaufs zu erhöhen.

Für das Hervorbringen schöpferischer Leistungen gilt es, die Entwicklung der sozialistischen Demokratie, die politische und fachliche Qualifikation sowie die Vervollkommnung der Arbeitsbedingungen immer stärker miteinander zu verbinden.

Charakteristisch für den sozialistischen Wettbewerb in Vorbereitung des XI. Parteitages der SED ist, daß der Kampf um eine überplanmäßige Steigerung der Produktion immer enger mit der Verbesserung der Arbeits- und Lebensbedingungen verknüpft wird. Die Verbesserung der materiellen Arbeitsbedingungen, insbesondere die Anreicherung der Arbeitsfunktionen mit schöpferischen Elementen, zeigt sich als eine starke Triebkraft für das aktive Mitwirken der Produktionsarbeiter an wissenschaftlich-technischen Maßnahmen, zumal sich mit der Entwicklung der Werktätigen unter sozialistischen Bedingungen, deren Bedürfnis nach einer interessanten schöpferischen, geistig anspruchsvollen Arbeit erhöht.

Anspruchsvoll gilt hier in zweierlei Hinsicht: Zum einen, daß die Arbeit von ihrem ökonomischen Ergebnis her auf möglichst großen volkswirtschaftlichen Effekt abzielt und dem Arbeiter, Forscher, Ingenieur oder Techniker Gewißheit von der gesellschaftlichen Nützlichkeit seiner Arbeit vermittelt. Zum anderen, daß die Arbeit von ihrem Inhalt, ihrem geistig-schöpferischen Gehalt, ihrer Problemhaftigkeit und ihrem Kompliziertheitsgrad Schöpfertum und Leistungsbereitschaft des einzelnen und des Kollektivs herausfordert und so die Möglichkeit bietet, die vorhandenen Fähigkeiten voll zu nutzen, um schließlich durch entsprechende Arbeitsergebnisse und neue Lösungen gesellschaftliche Anerkennung und persönliche Befriedigung in der Arbeit zu finden.

Mit der Veränderung der Arbeitsbedingungen verändern sich zugleich die Wirkungsbedingungen des sozialistischen Wettbewerbs. Schöpfertum als grundlegendes gesellschaftliches Attribut der ausbeutungsfreien sozialistischen Arbeit wird in dem Grade tiefer erschlossen, wie sich der konkrete materielle Inhalt der Arbeit der Werktätigen progressiv ändert. Das hohe Qualifikationspotential der Werktätigen vermag sich dadurch zunehmend vollständiger in steigender Arbeitsproduktivität umzusetzen. Während sich früher die Veränderungen in den Arbeitsbedingungen, dem Inhalt der Arbeit und ihren Ergebnissen relativ kontinuierlich vollzogen, nehmen heute Tempo, Dynamik und Tiefe dieser Veränderungen wesentlich zu. Im Perspektivplanzeitraum werden sich gravierende Veränderungen im Arbeitsinhalt vollziehen, die sich in ihren Konturen gegenwärtig schon andeuten. In ihrer Wirkung beziehen sie sich insbesondere auf die Erhöhung des Anteils schöpferischer Elemente im Arbeitsprozeß und auf die konkrete Funktionsteilung zwischen Arbeiter und Arbeitsmittel im Zusammenhang mit der Modernisierung und Automatisierung der Produktion.

Die Qualität der Leitungstätigkeit wird vor allem daran gemessen, wie in diesem komplizierten technologischen Wandlungsprozessen das Vertrauensverhältnis zwischen SED und Werktätigen gefestigt und als Triebkraft unseres gemeinsamen Voranschreitens wirksam gemacht wird.

Erfahrungen, die aus dem VEB Mansfeld Kombinat „Wilhelm Pieck" vorliegen, verweisen darüber hinaus auf die Verstärkung der arbeitswissenschaftlichen Vorlaufarbeit als einem wichtigen Schritt, um die in einigen Bereichen noch vorherrschende Veränderung der materiellen Arbeitsbedingungen im Nachhinein durch die vorrangig projektierende Arbeitsweise bei der Gestaltung materieller Arbeitsbedingungen im Zusammenhang mit wissenschaftlich-technischen Neuerungsprozessen abzulösen. Es bedarf keines besonderen Beweises, daß die weitere Ausprägung sozialistischer Arbeitsinhalte heute von den Grundrichtungen des technologischen Fortschritts bestimmt wird, von der Mikroelektronik und Robotertechnik, von der modernen Rechentechnik und von der Biotechnologie.

Das Niveau der materiellen Arbeitsbedingungen, besonders des Arbeitsinhalts, übt auch auf jene Seite des wissenschaftlich-technischen Schöpfertums Einfluß aus, die in der Einbeziehung der Werktätigen in die technologischen Fortschrittsprozesse zum Ausdruck kommt. Es sei hier nur auf 2 Aspekte verwiesen:

1. Das Anheben des Arbeitsinhalts bringt eine Reihe von Faktoren hervor, die die Mitwirkung der Werktätigen begünstigen. Beispielsweise betrifft das solche Faktoren, wie die ständige Aktivierung und Abforderung hoher Bildung, Qualifikation und beruflicher Erfah-

rung, von Kenntnissen über und Verständnis für Gesamtzusammenhänge des Produktionsprozesses, das ständige „Training“ geistiger Beweglichkeit, die Wahrnehmung hoher Verantwortung für ganze Produktionsabschnitte bzw. für bedeutende Produktionsergebnisse, das Abverlangen hoher Disziplin und Einsatzbereitschaft, die Begeisterung für das Neue, die Herausbildung einer starken Verbundenheit mit der Arbeit und dem Betrieb. Wir sollten daraus jedoch nicht den Schluß ziehen, uns bei der Einbeziehung der Werktätigen vorrangig auf jene zu stützen, die an Arbeitsplätzen mit hohem Anspruchsniveau tätig sind. Vielmehr sollte die Schlußfolgerung dahin gehen, auch aus dieser Sicht der größeren Möglichkeiten für die Einbeziehung der Werktätigen das allgemeine Anspruchsniveau aller Arbeitsplätze immer weiter anzuheben.

2. Die positive Veränderung der Arbeitsbedingungen ist bei vielen Werktätigen ein stark stimulierender Faktor, aktiv an der Vorbereitung und Realisierung technologischer Neuerungen teilzunehmen. Innerhalb der breiten Palette der Motive steht die Aussicht auf verbesserte Arbeitsbedingungen mit an vorderen Positionen. Mit Recht gibt es hier eine große Erwartungshaltung, der durch die Sicherung der Einheit von hoher ökonomischer Effektivität und hoher sozialer Wirksamkeit technologischer Neuerungen immer wieder aufs Neue entsprochen werden muß. Zugleich sehen viele Produktionsarbeiter in der Verbesserung der Arbeitsbedingungen ein entscheidendes Gebiet, auf dem sie aktiv werden können.

Die Erfahrungen der Anwendung der modernen Technologien unterstreichen nachhaltigst, daß das erreichte hohe Qualifikationsniveau der Werktätigen die beste Basis für die breitenwirksame Anwendung moderner Technologien ist. Sie weisen ebenso darauf hin, der gründlichen und langfristigen Vorbereitung der Werktätigen auf den Einsatz moderner Technologien größte Aufmerksamkeit in der Planung in den Kombinaten sowie in der Führungstätigkeit der Parteiorganisationen zu widmen. Dies nicht zuletzt deshalb, weil neue Schritte bei der Qualifizierung durch jeden einzelnen zu bewältigen sind und weil für viele Arbeiter und Ingenieure die Meisterung moderner Technologien persönliches Neuland darstellt. Es sei hier nur verwiesen auf den hohen Anteil mikroelektronischer Kenntnisse bzw. an die politökonomischen Kenntnisse, die zur Beherrschung zusammenhängender technologischer Prozesse notwendig sind. Die Einsatzvorbereitung moderner Technologien zeigt sich als ein schöpferischer Prozeß, nicht nur der Anwendung neuer Erkenntnisse, sondern zugleich auch das Hervorbringen neuer Erkenntnisse durch die Erfinder und Neuerer.

Anmerkungen

1 Vgl. W. I. Lenin, Wie soll man den Wettbewerb organisieren?, in: Werke, Bd. 26, Berlin 1974, S. 405.

2 Karl Marx, Grundrisse der Kritik der politischen Ökonomie, Berlin 1974, S. 266.

3 Erich Honecker, Aus dem Referat auf der Beratung des Sekretariats des ZK der SED mit den 1. Sekretären der Kreisleitungen am 1. Februar 1985, in: Neues Deutschland vom 2./3. 2. 1985, S. 2.

Peter Siewert

Zu Ansprüchen an die Wettbewerbsführung im Bereich der Technologie im Stammbetrieb des IFA-Kombinates Nutzkraftwagen bei der Beschleunigung der wissenschaftlich-technischen Entwicklung

In Vorbereitung auf den XI. Parteitag der SED haben die Kollektive des Stammbetriebes des IFA-Kombinates Nutzkraftwagen in Ludwigsfelde hohe und anspruchsvolle Ziele beschlossen. Die Erfüllung der Aufgaben per April 1985 zeigte, daß diese Ziele real sind.

Sowohl in der IWP als auch in der Nettoproduktion wurde ein Planvorsprung erreicht.

Einen wesentlichen Beitrag für die Erfüllung der Aufgaben insgesamt leisten die Kollektive in den produktionsvorbereitenden Bereichen.

Die Beschleunigung des wissenschaftlich-technischen Fortschritts, die Überführung neuer Erzeugnisse mit neuen Technologien in kürzester Zeit in die Produktion sind für uns in Ludwigsfelde seit Jahren wesentliche Bestandteile unserer Wettbewerbsführung. Wir exportieren unser Erzeugnis W50 in hohen Stückzahlen und müssen uns infolgedessen den Bedingungen auf den Märkten stellen.

Das heißt für uns, neue Varianten und neue Modifikationen entsprechend den Forderungen der Kunden in kürzester Zeit so zu entwickeln, daß sowohl im Betrieb eine hohe Effektivität gesichert wird als auch der Nutzer der Fahrzeuge, die seinen Bedingungen angepaßt sind, einen ökonomischen Nutzen erzielt. Wir Entwicklungstechnologen sehen unsere Aufgabe vor allem darin, solche Arbeitsverfahren im Betrieb einzuführen, die neben einer hohen Effektivität auch die Flexibilität der Maschinen und Anlagen sichert.

Gegenwärtig bereiten wir uns auf die Produktion des Nachfolgefahrzeuges des W50 vor. In vielen Bereichen finden dabei unsere neuen Technologien bereits ihre Anwendung. Zum Beispiel der integrierte gegenstandsspezialisierte Fertigungsabschnitt zur Herstellung von Antriebswellen – Gegenstand ist die weitestgehend automatisierte Fertigung, verbunden mit der Reduzierung der Einsatzmasse und energiesparender Härteverfahren. Oder die Anwendung der Industrierobotertechnik, besonders im Bereich monotoner, mit geringem Arbeitsinhalt versehener Arbeitsplätze. Dies trifft bei uns für die Kleinteilpresserei zu.

Die Kollegen unseres Kollektivs haben bereits in den vergangenen Plandiskussionen die übertragenen Aufgaben aus dem Plan der sozialistischen Rationalisierung bis auf den Mann aufgeschlüsselt und untersetzt und dazu ihre persönlichen Planangebote unterbreitet. Diese Planangebote sind seit 1985 an Bestwerten orientiert und liegen weit über der staatlichen Auflage.

Durch die rechtzeitige Arbeit am Plan war es möglich, die Fragen der Bilanzierung und auch des Zusammenspiels mit anderen Kollektiven und Bereichen so zu klären, daß von Beginn des Planjahres an gute Bedingungen für die Erfüllung der Aufgaben bestanden.

Unsere Aufgaben umfassen lang- und kurzfristige Maßnahmen der technologischen Rationalisierung aus dem Plan Wissenschaft und Technik unseres Betriebes.

Sie sind erst einmal verbal formulierte Ziele hinsichtlich des technischen Inhaltes und des Erfüllungstermins.

Damit wirken sie im Formulierungs- und Bearbeitungszentrum zunächst nicht auf die betriebliche Planerfüllung ein. Die betriebliche Planerfüllung steht jedoch ständig im Vordergrund, nicht nur durch die produktiven Bereiche, sondern insbesondere durch die vorbereitenden Bereiche. Hierbei sei die Technologie und Konstruktion vorrangig angesprochen.

Wesentliche Planziele des Betriebsplanes sind hier die Selbstkostensenkung, die Material- und Grundmaterialeinsparung und die Grundzeitsenkung, in deren Realisierungsergebnis die zur Planerfüllung notwendige Arbeitsproduktivitätssteigerung erzielt wird. Diese Planforderungen an die notwendige Arbeitsproduktivitäts- und Effektivitätssteigerung sind Bestandteil der Betriebspläne, Direktionspläne, Abteilungspläne, das heißt, Anforderungen an das Betriebskollektiv ebenso wie an jeden einzelnen.

Ein solches Herangehen an die Planaufgaben hat bei uns eine gute Tradition. Bereits bei den Gewerkschaftswahlen 1980/81 konnten wir dem Mitglied des Präsidiums des Bundesvorstandes und Sekretär des Bundesvorstandes des FDGB, Horst Heintze, das erste Mal über unsere Erfolge berichten.

Seitdem haben wir jedes Jahr unsere Aufgaben erfüllt und überboten und sind dadurch heute in der Lage, weit voraus die Aufgaben der folgenden Jahre zu formulieren.

Wir denken, daß es für die produktionsvorbereitenden Bereiche von großer Bedeutung ist, wenn man nicht von den Tagesaufgaben überrollt wird, sondern zukunftsorientiert an die Lösung der Aufgaben gehen kann.

Natürlich beeinträchtigt diese Arbeitsweise nicht die gute operative Zusammenarbeit mit den Produktionskollektiven, mit denen wir immer wieder nach Veränderung und Verbesserung bereits eingeführter und bewährter Arbeitsverfahren suchen.

Unser Verständnis für die Führung des sozialistischen Wettbewerbs geht davon aus – und damit folge ich der 3. These unserer Tagung nicht ganz –, daß die spezifischen Bedingungen produktionsvorbereitender Bereiche in besonderer Weise berücksichtigt werden müssen.

Diese spezifischen Bedingungen bestehen in dem relativ langen Zeitraum zwischen Beginn und Abschluß einer Aufgabe, in der Kompliziertheit einer Bewertung der Resultate der geistig-schöpferischen Arbeit, der geringeren Möglichkeit der Vergleichbarkeit der Aufgaben und dem geringen Grad ihrer Normierbarkeit. Das ist alles richtig, aber es darf nicht dazu führen, daß diese Probleme so vordergründig gesehen werden, daß sie eine exakte Wettbewerbsführung beeinträchtigen. Wir haben durchgesetzt, daß jeder Technologe seinen persönlichen Anteil aus dem Plan der sozialistischen Rationalisierung zum Ausgangspunkt seines Planangebotes macht und dabei konkrete Verpflichtungen zur Zeiteinsparung, zur Materialeinsparung und Selbstkostensenkung unterbreitet. Damit ist für ihn zugleich festgelegt, welche ökonomischen Ziele er sich bei der ganz konkreten Erfüllung seiner Themen und Aufgaben zu stellen hat.

Bei Staatsplanthemen und Betriebsthemen, für die Pflichtenhefte erarbeitet sind, werden die ökonomischen Erwartungen fixiert. Bei allen anderen Aufgaben gehören sie ebenfalls in die Aufgabenstellung. Damit sichern wir von vornherein die Priorität der Ökonomie. Im Verlauf weniger Jahre hat sich gezeigt, daß das ökonomische Denken bei der Realisierung wissenschaftlich-technischer Aufgaben nicht nur notwendig, sondern für die Beteiligten von außerordentlichem Vorteil ist, weil nämlich die Ergebnisse der Arbeit an Hand der vorgegebenen ökonomischen Kennziffern und Parameter exakt zu messen und damit auch zu bewerten sind.

Wir gehen seit Jahren davon aus, daß eine solche Arbeitsweise auch materiell stimuliert werden muß und sehen in erster Linie in der leistungsdifferenzierten Entlohnung eine Möglichkeit. Monatlich wird unsere Leistung eingeschätzt und danach der Leistungsanteil des Lohnes bestimmt.

Wir liegen in unserem Kollektiv bei einer durchschnittlichen Ausschöpfung dieses Lohnbestandteiles von 75%. Die Annahme einiger Technologen, daß die Leistungseinschätzung subjektiv und damit schwierig sei, besonders wenn sich die Erfüllung der Aufgabe über einen längeren Zeitraum erstreckt, hat sich nicht bestätigt.

Die Kollegen in unserem Kollektiv „technica“ haben die monatliche Leistungseinschätzung akzeptiert und betrachten sie als eine Tatsache, die ihnen bei der Erfüllung ihrer Aufgaben hilft. Selbstverständlich wird die Bewertung der Aufgabenerfüllung mit allen Kollegen besprochen. Mein Wort als Vertrauensmann ist dabei von großem Gewicht.

Die Vorbereitung auf die Produktion des Nachfolgefahrzeuges des W50, die damit verbundenen Rekonstruktionsmaßnahmen im Betrieb – und das bei laufender, uneingeschränkter Produktion – stellt unser Betriebskollektiv vor komplizierte Aufgaben.

Zu Ehren des XI. Parteitages der SED haben wir dazu unsere Wettbewerbsziele abgesteckt.

Wir werden diese Ziele auch in Ehren erfüllen.

Jürgen Radke

Forscherkonten – eine im Leuna-Kombinat entwickelte und bewährte Wettbewerbsinitiative

Mit der ökonomischen Verwertung wissenschaftlich-technischer Ergebnisse entscheiden wir über die Wachstumsraten von heute und morgen und leisten damit einen wichtigen Beitrag in der internationalen Klassenauseinandersetzung.

Wer diesem Aspekt in der politischen Führungstätigkeit nicht genügend Aufmerksamkeit schenkt, gerät unweigerlich in eine Nachtrabposition.

Wir gehen in der politischen Führungstätigkeit und Massenarbeit davon aus, daß unser großes Leuna-Kollektiv über alle Voraussetzungen verfügt, den wissenschaftlich-technischen Fortschritt weiter zu beschleunigen, neueste Erkenntnisse schnell und effektiv in der Produktion zu verwerten und so langfristig die Grundlagen für gute wirtschaftliche Ergebnisse zu legen.

Die Nutzung dieser Voraussetzungen ist für den Kreisvorstand unserer Industriegewerkschaft Chemie, Glas und Keramik und alle nachgeordneten Gewerkschaftsleitungen, insbesondere für die BGL Forschung, ein politischer Auftrag.

Bei der Wahrnehmung dieser Verantwortung für den weiteren wirtschaftlichen Leistungsanstieg gehen wir unter Führung der Kreisparteiorganisation davon aus, alle Werktätigen für einen höheren persönlichen Beitrag, vor allem zur weiteren Erhöhung der ökonomischen und sozialen Wirksamkeit von Wissenschaft und Technik, politisch zu motivieren und ihren Leistungswillen und ihre Leistungsbereitschaft umfassend zu mobilisieren.

In unseren Forschungskollektiven entwickeln und festigen wir solche Kampfpositionen, Haltungen und Standpunkte, wie die Bereitschaft zur Erreichung wissenschaftlich-technischer Spitzenleistungen, die gezielte Überbietung aller qualitativen Kennziffern der Pflichtenhefte und Sicherung einer Pflichtenheftlaufzeit von maximal zwei Jahren, das Ringen um eine hohe ökonomische Ergiebigkeit jeder für Forschung und Entwicklung eingesetzten Mark Forschungsaufwand und den Kampf um den vorfristigen Abschluß der Forschungsarbeiten und die schnellstmögliche Überführung der Forschungsergebnisse in die Produktion.

Diese Ziele bildeten und bilden den entscheidenden Ausgangspunkt bei der Organisation des sozialistischen Wettbewerbes mit Forscherkonten in den Forschungs- und Entwicklungskollektiven.

Mit der Entwicklung und breiten Anwendung der Forscherkonten haben wir im sozialistischen Wettbewerb einen eigenständigen gewerkschaftlichen Beitrag zur Durchsetzung der ökonomischen Strategie der SED in unserem Kombinat geleistet und die Aufgabenstellung unseres 10. FDGB-Kongresses, den sozialistischen Wettbewerb stärker in den produktionsvorbereitenden Bereichen zu entwickeln, aktiv wahrgenommen.

Aus der Sicht solcher bedeutsamer gesellschaftlicher Höhpunkte in der Wettbewerbsführung, wie dem Karl-Marx-Jahr 1983, dem 35. Jahr des Bestehens unserer Deutschen Demokratischen Republik und der ersten Wettbewerbsetappe zur Vorbereitung des XI. Parteitages der SED mit dem 40. Jahrestag der Befreiung vom Faschismus, können wir heute einschätzen:

Die Arbeit mit den Forscherkonten hat sich als effektiver Weg der forschungsaufgabenbezogenen Führung des sozialistischen Wettbewerbes auf der Grundlage der Zielstellungen der Pflichtenhefte bewährt. Die Forscherkonten wurden zu politischen, ökonomischen und methodischen Führungsinstrumenten bei der Organisierung der Planerfüllung sowie echter plan- und bilanzwirksamer ökonomischer Zusatzergebnisse bei der Überbietung der Pflichtenheftziele.

So konnten im Leuna-Kombinat mit Hilfe der Forscherkonten im sozialistischen Wettbewerb im Jahr 1982 21,4 Millionen Mark, im Jahr 1983 27,8 Millionen Mark und 1984 33,5 Millionen Mark ökonomischer Gesamtnutzen zusätzlich erwirtschaftet werden.

Wir gehen davon aus, daß diese Ergebnisse das Spiegelbild der geleisteten politischen Massenarbeit sind und daß sie einen wesentlichen Fortschritt in der Qualität des sozialistischen Wettbewerbes in den Forschungskollektiven darstellen. Gleichzeitig sind uns diese Erfahrungen und Ergebnisse Ansporn, gemeinsam mit den staatlichen Leitern, besonders den Themenleitern der Forschungskollektive, noch stärker darauf Einfluß zu nehmen, daß überall anspruchsvolle, am Welthöchststand orientierte Pflichtenhefte erarbeitet werden und daß die Pflichtenheftziele den direkten Ausgangspunkt für weitere Intiativen unserer Forschungskollektive im sozialistischen Wettbewerb bilden.

Welchen Inhalt und welche Ziele haben die Forscherkonten? Forscherkonten werden für Forschungsaufgaben entsprechend der aufgabenbezogenen Planung und Finanzierung von Wissenschaft und Technik gebildet.

Mit der Eröffnung eines Forscherkontos legen unsere Forscher ein politisches Bekenntnis ab und verpflichten sich erstens zu der inhaltlichen Zielstellung der Forschungsaufgaben, das heißt, sie bekennen sich zum Kampf um weltstandsfähige Erzeugnisse, Verfahren und Technologien, zu solchen Ziele, wie z. B. der Entwicklung von devisenrentablen Exportprodukten, der Erarbeitung von Patentanmeldungen, Lizenzangeboten usw.; zweitens zu der Terminstellung der Forschungsaufgabe, wobei es darum geht, die Losung „Zeitgewinn in der Forschung bringt Reingewinn in der Produktion“

in die Tat umzusetzen; drittens zu dem Mittelbedarf, das heißt, jeder Wissenschaftler, jeder Ingenieur und jeder Laborant muß sich ständig die Frage stellen, ob er die ihm übergebenen Forschungsfonds effektiv einsetzt, ob er das richtige Verhältnis von Aufwand und Nutzen ansteuert und viertens zu der schnellen ökonomischen Nutzung der Forschungs- und Entwicklungsergebnisse im breitestmöglichen Umfang.

Folgende Arbeitsweise hat sich zur Erreichung oben genannter Zielstellungen bei uns bewährt:

1. Das Forscherkonto wird im Ergebnis der Pflichtenhefteröffnungsverteidigung eröffnet. Schrittweise werden Verpflichtungen des Kollektives zur Überbietung der Pflichtenheftziele erarbeitet. Dabei finden alle bekannten und bewährten persönlichen und kollektiven Wettbewerbsformen und -methoden Anwendung. Im Forscherkonto werden also alle Initiativen der Wissenschaftler, Ingenieure, Verfahrensökonomen und Laboranten erfaßt.

2. Mit dem Forscherkontenplakat bekennen sich der einzelne Forscher und das Kollektiv öffentlich zu ihren Verpflichtungen.

3. Monatlich werden die Forscherkonten saldiert, als Bestandteil der Planerfüllung und Wettbewerbsführung durch die Themenleiter abgerechnet, die Ergebnisse vom Forschungsdirektor bestätigt und auf dieser Grundlage weitere Initiativen mobilisiert und Effektivitätsreserven in der wissenschaftlich-technischen Arbeit erschlossen.

Die erreichten Ergebnisse bilden die Grundlage für die Fortschreibung der Pflichtenheftziele in den Zwischenverteidigungen.

4. Die Initiativen unserer Kollektive, die mit Forscherkonten arbeiten, werden wirksam moralisch und materiell stimuliert. Die Mittel, die in Form von aufgabengebundenen Leistungszuschlägen, leistungsabhängigen Gehaltszuschlägen, Mehrlohnprämien und auftragsgebundenen Prämien an das Forschungskollektiv gezahlt werden, werden exakt erfaßt, mit dem Forscherkonto ebenso wie alle anderen Fonds ausgewiesen und den erreichten Ergebnissen gegenübergestellt. Das gleiche gilt für Auszeichnungen. Auf der Grundlage der mit Forscherkonten erreichten Zusatzeffekte erfolgt quartalsweise durch den Generaldirektor des Kombinates und dem Vorsitzenden des Kreisvorstandes unserer Industriegewerkschaft die Auszeichnung als „Bestes Forschungsthemenkollektiv".

Wenn ich heute über die breite Anwendung der Forscherkonten und die dabei in unserem Kombinat gesammelten Erfahrungen berichten kann, dann gehört zu unseren gewerkschaftlichen Erfahrungen, daß diese Ergebnisse nur dadurch möglich wurden, daß wir als Kreisvorstand gemeinsam mit unserer BGL Forschung die gesammelten Erfahrungen ständig mit den Themenleitern und Vertrauensleuten der Forschungskollektive analysiert und das Progressive verbindlich für alle Betriebsgewerkschaftsorganisationen und ihre Forschungskollektive verallgemeinert haben. Dabei galt es anfänglich besonders in den Forschungskollektiven, die nicht zu unserer Fachdirektion Forschung gehören, zahlreiche Vorbehalte zu überwinden und auch noch heute, nach dreijähriger Arbeit, zeugt eine Differenziertheit bei der Arbeit mit den Forscherkonten davon, daß dieser Auseinandersetzungsprozeß noch nicht abgeschlossen ist. Das belegen auch die monatlich vorgenommenen Analysen, Leistungsvergleiche und Erfahrungsaustausche.

Inner- und überbetriebliche Erfahrungsaustausche, vor allem mit unserem Nachbarkombinat, dem VEB Chemische Werke Buna und der Technischen Hochschule „Carl Schorlemmer" Leuna–Merseburg haben im Prozeß der Arbeit mit Forscherkonten viele Anregungen gegeben, Probleme überwinden geholfen und unsere Ergebnisse mit Forscherkonten von Jahr zu Jahr weiter qualifiziert. Inzwischen wurde diese Initiative von zahlreichen Betrieben und Instituten aufgegriffen und auf die konkreten betrieblichen Bedingungen zugeschnitten angewendet.

In Auswertung der 9. und 10. Tagung des ZK der SED und der 9. Tagung des Bundesvorstandes des FDGB sowie der Beratung des Sekretariates des ZK der SED mit den 1. Sekretären der Kreisleitungen haben wir in Vorbereitung des XI. Parteitages unserer Sozialistischen Einheitspartei Deutschlands eine breite Masseninitative entwickelt mit dem Ziel, den Plan auch im Jahr 1985 allseitig zu erfüllen und bei wichtigen Positionen für unsere Volkswirtschaft, für unsere Bevölkerung und für den Export gezielt zu überbieten. Ausdruck dieser breiten Masseninitiative sind die mehr als 3700 Wettbewerbsverpflichtungen unserer Kollektive. Sie zeugen von der Leistungsbereitschaft unserer Werktätigen und ihrem Vertrauen in die Politik unserer Partei- und Staatsführung.

Auch unsere Forscher haben ihr politisches Bekenntnis in Vorbereitung des XI. Parteitages der SED abgegeben. Mit 106 Forscherkonten steuern sie einen über die Pflichtenheftziele hinausgehenden Nutzen von insgesamt 19,8 Millionen Mark an, wovon bereits 6,5 Millionen Mark ergebniswirksam wurden. Darunter sind so wichtige Positionen, wie zusätzliche Material- und Energiekostensenkungen von 3,6 Millionen Mark, 1,3 Millionen Mark eingesparte Forschungskosten, zusätzliche Exporterlöse und Importsenkungen.

Mit der weiteren Realisierung des Planes Wissenschaft und Technik und in Verbindung mit der laufenden Plandiskussion wird sich dieser Nutzen durch die Vorschläge und Hinweise unserer Kolleginnen und Kollegen weiter erhöhen. Erste neue Verpflichtungen liegen in Auswertung des XII. Parlaments der Freien Deutschen Jugend aus unseren 30 Jugendforscherkollektiven vor.

Die Realisierung von Leuna-Forschungsergebnissen am Komplexvorhaben Leuna zur völligen stofflichen Verwertung der Erdölrückstände, für die Herstellung von kleintonnagigen und hochveredelten Produkten und bei der Erweiterung der Caprolactamproduktion im Rahmen des Zentralen Jugendobjektes „Chemiefaserstoffe" machen deutlich, daß unsere Möglichkeiten gewachsen sind, die Vorzüge der sozialistischen Produktionsverhältnisse besser zu nutzen und enger mit den Ergebnissen der wissenschaftlich-technischen Revolution zu verbinden. Der sozialistische Wettbewerb mit den Forscherkonten ist eine solche Möglichkeit, die wir im Interesse der Steigerung der Wirtschaftskraft zur Fortsetzung der Politik der Hauptaufgabe und der Friedenssicherung bewußt nutzen.

Klaus Gebauer

Sozialistischer Wettbewerb und Stimulierung in Forschung und Entwicklung der Kombinate

Die umfassende Intensivierung erhält die entscheidenden Impulse aus dem Fortschritt von Wissenschaft und Technik, der vor allem über den Prozeß der Erzeugnis- und Verfahrenserneuerung in den Kombinaten auf die Effektivät des Reproduktionsprozesses wirkt. Der neue Abschnitt der Intensivierung, in den unser Land jetzt eintritt, verlangt – wie Erich Honecker auf der 10. Tagung des ZK der SED herausarbeitete –, die Vorzüge des Sozialismus noch stärker für die Bewältigung der wissenschaftlich-technischen Revolution zu nutzen.[1] Für die Effektivität der Neuerungsprozesse ist dabei von außerordentlicher Bedeutung, den sozialistischen Wettbewerb so zu organisieren, daß der Neuerungsprozeß als Ganzes Gegenstand vielfältiger schöpferischer Initiativen wird und die in allen seinen Phasen erschließbaren Reserven tatsächlich in Leistungs- und Effektivitätszuwachs verwandelt werden. Fritz Brock hat in seinem Diskussionsbeitrag diese Notwendigkeit besonders hervorgehoben und darauf hingewiesen, daß jeder Neuerungsprozeß nicht nur alle Werktätigen eines Betriebes berührt, sondern vor allem von den Kollektiven im Rationalisierungsmittelbau sowie von den Produktionskollektiven, von den Angehörigen der Arbeiterklasse materiell realisiert und getragen werden muß. Deshalb gilt es, Wettbewerb sowie materielle und moralische Stimulierung immer besser auf die ganze Komplexität der Neuerungsprozesse auszurichten.

Das bedeutet: Der Wettbewerb muß als politische Aktion in jeder Phase des Neuerungsprozesses immer unter dem Gesichtspunkt der Gesamteffektivität des Prozesses geführt und zugleich unter Beachtung der konkreten Reproduktionsbedingungen jedes Abschnittes gestaltet werden.

Eine für die ökonomische Wirksamkeit des Neuerungsprozesses entscheidende Bedeutung kommt den Phasen von Forschung und Entwicklung zu, die – ausgehend vom Bedarf und den neuesten wissenschaftlich-technischen Erkenntnissen – stets den Prozeß einleiten. Angeregt durch die vorliegenden Thesen, in denen begründet wird, daß die Durchsetzung eines höheren Niveaus der Wettbewerbsführung in den leitungs- und effektivitätsbestimmenden Bereichen von Forschung und Entwicklung und dabei die wirksamere Verbindung des Wettbewerbs mit dem Leistungsprinzip ein wichtiger Bestandteil der Aufgabenstellung unserer Partei ist, die Vorzüge des Sozialismus noch enger mit den Errungenschaften der wissenschaftlich-technischen Revolution zu verbinden, möchte ich mich zunächst einigen damit verbundenen Zusammenhängen zuwenden.

Bisherige Forschungsarbeiten zu Wettbewerb und Stimulierung in Forschung und Entwicklung unserer Kombinate, ihrer Verbindung und ihrer Wirksamkeit zeigen, daß vor allem folgende Wechselbeziehungen für die Ausprägung der Leistungsmotivation der Forschungskader und damit auch für die ökonomische Ergiebigkeit von Wissenschaft und Technik, ihren Leistungsbeitrag für die umfassende Intensivierung, bedeutungsvoll sind:

Erstens bestehen in einer übersichtlichen, überschaubaren öffentlichen Führung des Wettbewerbs, in einem hohen Grad der Vergleichbarkeit der Wettbewerbsleistungen durch Auswahl geeigneter Leistungskriterien und durch Gruppierung der Wettbewerbspartner unter dem Aspekt der Vergleichbarkeit sowie in der kollektiven Beratung der Ergebnisse und Leistungseinschätzungen wichtige Voraussetzungen, um das Leistungsprinzip zu verwirklichen. Die Einbeziehung der Werktätigen in die Vorbereitung von Wettbewerbsauswertungen und Leistungseinschätzungen durch den staatlichen Leiter, z. B. im Rahmen der gewerkschaftlichen Wettbewerbskommissionen, tragen dazu wirkungsvoll bei.

Zweitens fördern die öffentliche Führung des Wettbewerbs, besonders der öffentliche Vergleich der Leistungen der Wettbewerbsteilnehmer, die Information der Werktätigen über erreichte unterschiedliche Wettbewerbs- und Arbeitsergebnisse. Dabei erweist sich die Widerspiegelung des Zusammenhangs zwischen Arbeitsleistung sowie Wettbewerbsergebnissen und Lohn und Wettbewerbsprämien im Bewußtsein der Werktätigen als wichtiger Faktor der Leistungsmotivation. In den Kollektiven wird auf diese Weise „immer stärker der Vorzug des Sozialismus erlebbar, daß die eigene Arbeitsleistungen auch den Lohn bestimmen“[2].

Weitere Schritte zur Verstärkung der Triebkraftwirkung von Wettbewerb und Leistungsprinzip verlangen u. a., auch den Anteil des variablen Teils des Gehalts zu vergrößern und wesentlich stärker von den Wettbewerbsergebnissen abhängig zu machen, um die Forschungskader an hohen schöpferischen Leistungen persönlich zu interessieren und so das Leistungsprinzip in Forschung und Entwicklung immer besser zu verwirklichen. Ein wichtiger Schritt auf diesem Weg wurde mit der Einführung und schrittweisen Anwendung aufgabengebundener Leistungszuschläge zum Gehalt für HF-Kader in Forschung und Entwicklung getan[3].

Auf der Grundlage der Realisierung des Beschlusses zur Vervollkommnung der Leitung, Planung und wirtschaftlichen Rechnungsführung hat gemeinsam mit der Qualifizierung der politisch-ideologischen Arbeit, der schrittweisen Erhöhung der Wirksamkeit des sozialistischen Wettbewerbs und dem konzentrierten Einsatz vom Prämienmitteln zur Stimulierung wissenschaftlich-technischer Schwerpunktaufgaben aus den Prämienfonds und den Verfügungsfonds der Generaldirektoren vor allem die Anwendung aufgabengebundener Leistungszuschläge zum Gehalt (ALZ) dazu beigetragen, daß Forschungs- und Entwicklungszeiten verkürzt werden konnten, teilweise bis zu unter einem Jahr.[4] Zu jenen Kombinaten, die bei der Anwendung des ALZ Pionierarbeit leisteten, gehörten u. a. das Kombinat VEB EAW „Friedrich Ebert" Berlin-Treptow und das Kombinat Mikroelektronik, insbesondere der VEB Halbleiterwerk Frankfurt (Oder). Im Kombinat EAW erreichte Spitzenergebnisse – so z. B. beim Z-Thema „Hybridschaltkreis-Entwicklung" oder dem Z-Thema „Elektronischer Temperaturregler für Gefriertruhen" – führt man vor allem auf die Anwendung dieser Zuschläge in Verbindung mit einer qualifizierten Pflichtenheftarbeit zurück.

Im VEB Halbleiterwerk Frankfurt (Oder) konnten in erster Linie durch die Anwendung des ALZ in den letzten Jahren die Entwicklungszeiten für integrierte Schaltkreise von 36 Monaten auf 5–24 Monate gesenkt werden. Bewährt hat sich in diesem Betrieb die aufgabenbezogene Stimulierung schöpferischer Leistungen mittels des ALZ zur Ausbeute-Erhöhung bei mikroelektronischen Schaltkreisen sowie zur wissenschaftlich-technischen Vorbereitung von volkswirtschaftlich wichtigen Investitionen.

Solche und ähnliche Resultate konnten erreicht werden, weil durch die Arbeit mit dem ALZ in den Betrieben und Kombinaten Möglichkeiten genutzt werden, die bisher angewandte Formen der Stimulierung, wie z. B. leistungsorientierte Gehaltszuschläge bis zu 150,–M, nicht boten. Hierzu gehören u. a.

- die mit der endergebnisbezogenen Gestaltung der Gehaltsform spürbar erhöhte Zielstrebigkeit der Arbeit der Forschungskader in Richtung umfassender Intensivierungseffekte. Der ALZ wird an Pflichtenheftziele, d. h. an genau definierte ökonomische und technische Parameter neuer Ergebnisse und Verfahren sowie exakt festgelegte Bearbeitungszeiträume gebunden und ermöglicht so die zielgerichtete Stimulierung der Einsparung des Produktionsverbrauchs, der lebendigen Arbeit sowie der Beschleunigung des Erneuerungsprozesses durch Verkürzung der Forschungs- und Überleitungszeiten. Voraussetzung sind natürlich anspruchsvolle Forschungsziele in den Pflichtenheften;
- die Erhöhung des Spielraumes für die Differenzierung der Gehälter entsprechend tatsächlich vorhandener Leistungsunterschiede, wodurch es gelang, einen großen Teil der dafür vorgesehenen Mittel aus dem Lohnfonds konzentriert für die Anerkennung der kreativen und leistungsstärksten Kader einzusetzen. Insgesamt wurde mit der Einführung der ALZ auch die Verantwortung der unmittelbaren Kollektivleiter für die Gestaltung der Stimulierung wesentlich erhöht. Zugleich wurde die Möglichkeit geschaffen, alle unmittelbar im Rahmen von Pflichtenheftaufgaben Forschungsarbeit leistenden Leiter leistungsabhängig zu stimulieren;
- daß durch die Bindung mindestens der Hälfte des aufgabengebundenen Leistungszuschlages an die Produktionswirksamkeit der Forschungsergebnisse sich das Verantwortungsbewußtsein der Forschungskader erweiterte, „produktionsnäher" geforscht wird. Es erhöhten sich spürbar das Interesse und die Aktivität der Forscher für die Sicherung der Forschungskooperation. Die rechtzeitige Vorbereitung der Überleitungsarbeiten wurde wesentlich qualifiziert. Zugleich wirkt diese Regelung als moralischer Anspruch an die Leiter, alle Bedingungen für die planmäßige Produktionswirksamkeit der Forschungsaufgaben zu sichern. Viele Generaldirektoren engagieren sich persönlich für beste Realisierungsbedingungen, weil sie letztlich über die Zahlung des angesammelten ALZ-Betrages, also über die Hälfte der Stimulierungssumme, mit Abschluß der Aufgabe entscheiden müssen.

Schließlich gehört zu den Vorteilen des ALZ die Tatsache, daß in allen Bereichen, in denen er z. Z. angewandt wird, die Arbeit mit regelmäßigen Leistungseinschätzungen wesentlich verstärkt und qualifiziert worden ist.

Dort, wo sie öffentlich im Rahmen der Themenkollektive durchgeführt werden, bilden sie zugleich die Basis für einen lebendigen, überschaubaren, auf kürzere Zeiträume bezogenen Wettbewerb zwischen den Forschungskadern innerhalb der Themenkollektive. Bei der Einführung des ALZ bestätigte sich erneut, daß jeder Schritt bei der Vervollkommnung des Leistungsprinzips immer mit der Schaffung günstiger Bedingungen für die Wettbewerbsführung verbunden ist, weil beiden Gesetzmäßigkeiten – neben anderen – ein gemeinsames Erfordernis zugrunde liegt: das der möglichst exakten Bewertung und Einschätzung der persönlichen bzw. kollektiven Leistungen.

In diesem Sinne gilt es jetzt in der praktischen Arbeit bei der Durchsetzung des ALZ zielstrebig die damit verbundenen Vorteile und Möglichkeiten noch besser zu nutzen und vor allem mit größerer Breitenwirksamkeit in allen Kombinaten zu erschließen.

Alle Erfahrungen und Untersuchungen weisen darauf hin, daß der Wettbewerb innerhalb der kleineren, meist durch die Pflichtenheftaufgaben genau abgegrenzten Themen- bzw. Bearbeiterkollektive sowie auf der Basis persönlicher, aus den Pflichtenheften abgeleiteter Arbeitspläne für jeden Forscher, gegenwärtig – und auf längere Sicht – zu den wirksamsten, die Leistungsmotivation am meisten ansprechenden Formen des Wettbewerbs in Forschung und Entwicklung gehören wird.

Dem liegt zugrunde, daß er auf wesentliche Besonderheiten des F/E-Prozesses – wie sie z. B. in These 3 angesprochen werden – zugeschnitten ist, und zwar in mehrfacher Hinsicht:

erstens mit dem Blick auf die Vergleichbarkeit der Arbeitsergebnisse, auf die Überschaubarkeit und die Einschätzungsmöglichkeit spezialisierter F/E-Ergebnisse durch den einzelnen, aber auch im Hinblick auf den Rahmen der Öffentlichkeit des Wettbewerbs, die ja in Forschung und Entwicklung durch notwendige Vorschriften des Sicherheits- und Geheimnisschutzes begrenzt ist;

zweitens unter dem Aspekt einer wirksamen gegenseitigen Hilfe und Unterstützung der Wettbewerbsteilnehmer, die – soll sie effektiv sein – natürlich stark an die Spezifik der Aufgabe und die Spezialisierung der Kader gebunden ist;

drittens schließlich, weil in erster Linie auch das Themenkollektiv jenen Rahmen bildet (sofern es gelingt, durch entsprechende Organisation und Strukturierung des Potentials dafür die Bedingungen zu schaffen), in dem sich ein direkter und überschaubarer Bezug zwischen Leistungen und Einkommen ermitteln und herstellen läßt.

Bisherige Analysen zur Wirksamkeit von sozialistischem Wettbewerb sowie materieller und moralischer Stimulierung in Forschung und Entwicklung der Kombinate zeigen, daß die Wechselbeziehungen zwischen Wettbewerb und sozialistischem Leistungsprinzip besonders dann kräftig und nachhaltig auf höchste schöpferische Leistungen der Kader mit entsprechenden ökonomischen Resultaten für die umfassende Intensivierung wirken, wenn beide Triebkräfte vor allem in der Phase der Bestimmung und Erarbeitung der Ziele für die Forschungsarbeit – also noch vor der Bestätigung der Pflichtenhefte durch den Generaldirektor – maximal zur Entfaltung gelangen.

In welcher Richtung könnten hier Lösungswege gefunden werden?

1. Unter dem Aspekt, die leistungsmobilisierenden Potenzen des Wettbewerbs bereits für die Erarbeitung anspruchsvoller Pflichtenheftziele zu nutzen, spielen in der Phase vor deren Bestätigung vor allem zwei Elemente der Wettbewerbsführung eine große Rolle: einerseits der direkte Wettbewerb bzw. Ideenwettbewerb mehrerer F/E-Mitarbeiter um das Finden der besten technischen Lösungsvariante zu einer vorgegebenen ökonomischen Zielstellung für die Erzeugnis- oder Verfahrensentwicklung und andererseits die Übernahme anspruchsvoller Wettbewerbsziele bzw. -verpflichtungen, womit bereits vor der Bestätigung der Pflichtenhefte eine Überbietung der Ziele (ökonomische Vorgaben, technische Parameter, Bearbeitungsdauer) für die konkrete Aufgabe angestrebt wird. Vor allem ersteres bringt mehrere Vorteile:

Neben der Nutzung des mobilisierenden Wetteifers für das Hervorbringen neuer Ideen und Lösungswege führt dieses Vorgehen zu mehreren Varianten, deren beste der weiteren Arbeit zugrunde gelegt werden kann. Zugleich bildet es einen wichtigen Weg, Spezialisten wirksam in die Entscheidungsvorbereitung einzubeziehen. Schließlich gewährleistet ein solches Herangehen, für die Formierung der künftigen Themenkollektive wirklich die geeigneten Kader heranzuführen.

2. geht es darum, durch zielgerichteten Einsatz der Stimulierungsmittel, auch des Gehalts, die Überbietung von Mindestzielstellungen der staatlichen Leitung vor der Bestätigung der Pflichtenhefte herauszufordern. Denkbar wäre, daß dazu z. B. bei Staatsplanaufgaben die Leitung eine Mindestzielstellung der Pflichtenhefte vorgibt und daran zugleich eine Mindestsumme für die Gewährung des ALZ bildet. Für die Kollektive sollte die Möglichkeit in Aussicht gestellt werden, durch Angebote zur Überbietung der Mindestziele eine höhere Gesamtsumme an Lohnfonds – natürlich im Rahmen des geplanten Zuwachses – für die Gewährung aufgabengebundener Leistungszuschläge zu erhalten, um so die Zahl der in den ALZ einbezogenen Mitarbeiter zu erhöhen bzw. den ALZ im Rahmen der möglichen Spanne für die einbezogenen Mitarbeiter höher festzulegen.

Sollen sich wissenschaftlich-technische Ergebnisse aus Forschung und Entwicklung nachweisbar in einer Senkung der Kosten und einer Erhöhung der Nettoproduktion ausdrücken, womit der Kreislauf geschlossen[5] und der Neuerungsprozeß abgeschlossen wird, so ist neben einer Reihe von Aufgaben vor allem eine auf wesentlich höherem Niveau zu lösen, auf die im folgenden kurz eingegangen werden soll:

Es muß gesichert werden, daß sich Dynamik, mit der neuentwickelte Erzeugnisse und Verfahren – als Resultate der Forschungsarbeiten – in die Produktion und auch den Rationalisierungsmittelbau übergeleitet werden, umgehend auch in entsprechenden Veränderungen der Normen des Material- und Energieverbrauches, der Qualität sowie der Arbeitszeit, verschiedener weiterer Normative, z. B. für Kosten und der persönlichen Leistungskennziffern der produzierenden Bereiche und Kollektive, niederschlägt. Dies ist ein Erfordernis des Zeitfaktors und zwingend notwendig, um ökonomische Veränderungen aus Neuerungsprozessen für das folgende Planjahr sofort planwirksam zu machen. Von großer Bedeutung ist es auch für die Wirksamkeit von sozialistischem Wettbewerb und Stimulierung entsprechend dem Leistungsprinzip über leistungsorientierte Lohnformen und die Prämien.

Beispielsweise kann die Anwendung neuer Leistungskennziffern zur stärkeren Orientierung der Werktätigen auf die qualitativen Faktoren des Wirtschaftswachstums nur dann zu den beabsichtigten Effekten für die umfassende Intensivierung führen, wenn diese im Rhythmus der Entwicklung und Überleitung neuer Verfahren und Erzeugnisse aktualisiert werden. So sieht es auch die Richtlinie für die Arbeit mit dem Haushaltsbuch vor, die darauf orientiert, Kennziffern, wie z. B. Grundmaterialkosten je Erzeugniseinheit, Lohnkosten je Erzeugniseinheit, Energiekosten je Maschinen-/Normstunde oder Fertigungszeit je Erzeugniseinheit, auf der Grundlage jährlich bestätigter Normen und Limite in die Haushaltsbücher der Arbeitskollektive aufzunehmen.[6]

Indem dafür durch ein hohes Niveau der Leitungstätigkeit entsprechende technologische und arbeitsorganisatorische Voraussetzungen gesichert, indem dafür durch gründliche politische Vorbereitung, z. B. ehrenamtliche WAO-Kollektive und Brigadeökonomen mobilisiert, solche bewährten Initiativen, wie freiwillige Normzeitrückgaben im sozialistischen Wettbewerb genutzt und die Fragen auch zum Gegenstand der jährlichen Plandiskussion gemacht werden, entstehen immer bessere Voraussetzungen, daß immer mehr Werktätige Neuerungsprozesse bewußt und initiativreich mittragen. Auf diesem Wege wird die umfassende Intensivierung zum persönlichen Anliegen des einzelnen – entsprechend dem Leninschen Gedanken, die Produktion tatsächlich zu vergesellschaften.

Anmerkungen

[1] Vgl. Zur Vorbereitung des XI. Parteitages der SED. Aus der Rede des Genossen Erich Honeckers, 10. Tagung des ZK der SED. 20./21. 6. 1985, Berlin 1985, S. 32.

[2] Ebenda, S. 29/30.

[3] Vgl. Vereinbarung zur Anwendung leistungsorientierter Gehälter für Hoch- und Fachschulkader in ausgewählten Kombinaten und Betrieben der Industrie, des Bauwesens und anderer Bereiche zwischen dem Ministerrat der DDR (Staatssekretariat für Arbeit und Löhne) und dem Bundesvorstand des FDGB vom 31. 3. 1982 und 1. Nachtrag zur Vereinbarung zur Anwendung leistungsorientierter Gehälter...vom 1. 7. 1983.

[4] Vgl. Mit höchsten Leistungen den XI. Parteitag vorbereiten. Seminar des ZK der SED mit den Generaldirektoren der Kombinate und den Parteiorganisatoren des ZK am 7. März 1985 in Leipzig. Aus dem Referat des Mitglieds des Politbüros und Sekretär des ZK, Genossen Günter Mittag, Berlin 1985, S. 38.

[5] Vgl. Mit höchsten Leistungen den XI. Parteitag vorbereiten..., a. a. O., S. 39.

[6] Vgl. Richtlinie des Ministerrates der Deutschen Demokratischen Republik und des Bundesvorstandes des FDGB für die Arbeit mit dem Haushaltsbuch im sozialistischen Wettbewerb. In: Gesetzblatt der DDR, Teil I, Nr. 29 vom 12. November 1984, S. 326.

Joachim Neumann/Gerhard Jesse

Zur Organisation der Neuerertätigkeit als Bestandteil der Erneuerung der Produktion in den Kombinaten und Betrieben

In der neuen Etappe der ökonomischen Strategie besteht eine Aufgabe der Kombinate und Betriebe darin, die Neuerertätigkeit auf das Niveau der umfassenden Intensivierung auszurichten. In nicht wenigen Fällen muß die partielle und ressortmäßige Organisation der Neuerertätigkeit überwunden werden. Die Verwirklichung der allseitig intensiv erweiterten Reproduktion erfordert die Rationalisierung aller Phasen der Reproduktion, die Einbeziehung aller Leitungs- und Leistungsbereiche der Kombinate und Betriebe, die komplexe Nutzung aller Quellen des Leistungswachstums und die Orientierung auf die Erhöhung der Wirksamkeit aller Produktionsfaktoren, so daß Qualität, Arbeitsproduktivität, Fondsquote und Materialökonomie in neuen Größenordnungen entwickelt werden können.

Für die Erhöhung der Effektivität und das Erschließen von Reserven ist es erforderlich, insbesondere qualitative Seiten verstärkt zu analysieren. Wesentliche qualitative Seiten sind:
- Inhaltliche Schwerpunkte der Neuerervereinbarungen und Neuerervorschläge als Beiträge zur Intensivierung,
- Verkürzung der Zeit von der Ideenfindung bis zur Nutzung in der Produktion in Übereinstimmung mit dem Zyklus „Forschung — Entwicklung — Produktion — Absatz",
- Individuelle Leistungsvoraussetzungen bei Leitern und Neuerern.

Solche Aussagen sind von außerordentlicher Bedeutung für die Leitungstätigkeit hinsichtlich der verstärkten Organisation planmäßiger kollektiver Neuerertätigkeit und die nicht zu unterschätzende Orientierung der Arbeit mit Neuerervorschlägen auf einen hohen Beitrag zur Rationalisierung.

Die Organisation der Neuerertätigkeit auf der Basis eines höheren Anspruchsniveaus erfordert eine systematische Arbeit zur Gewinnung von Aussagen zu der komplexen Wirksamkeit.

In diesem Beitrag soll Gelegenheit genommen werden, an einem Untersuchungsbeispiel geeignete Möglichkeiten der Analyse aufzuzeigen, ohne perfektionistisch vorzugehen und unzulässige Verallgemeinerungen vorzunehmen.

Eine Untersuchung der Hauptinhalte von Neuerervereinbarungen (NVe) (§ 13, Ziffer 2 NVO) in den vier zurückliegenden Jahren in einem Großbetrieb des Maschinenbaus ergab die in Tabelle 1 dargestellte, prozentual gestützte Rangfolge:

Tabelle 1: Anteil der Neuerervereinbarungen nach Hauptinhalten an der Gesamtzahl (Untersuchungsbeispiel)

Hauptinhalte der NVe (NVe, § 13, Ziff. 2 NVO)	Prozentualer Anteil an der Gesamtzahl (in 4 Untersuchungsjahren)
Erzeugnisüberarbeitung	19
Erzeugnisweiterentwicklung	14
Leitung, Organisation, Planung	13
Materialökonomie	12
Rationalisierungsmittel	10
Grundfondsökonomie	9
WAO	8
Technologie	7
Transport-, Umschlag- und Lagerprozesse (TUL)	4
Gesundheits-, Arbeits- und Brandschutz	3
Qualität	2

Es läßt sich unschwer erkennen, daß einige Schwerpunkte der Neuerertätigkeit ungerechtfertigt einen hinteren Rangplatz einnehmen. Die Untersuchung der Hauptinhalte der Neuerervorschläge ergab die in Tabelle 2 dargestellte Rangfolge:

Tabelle 2: Anteil der Neuerervorschläge nach Hauptinhalten (Untersuchungsbeispiel)

Hauptinhalt der NV	Prozentualer Anteil an der Gesamtzahl eingereichter NV
Technologie	35,0
Arbeits- und Lebensbedingungen und GAB	14,4
Materialökonomie	13,6
Konstruktion	7,4
Grundfondsökonomie	6,5
Qualität	5,5
Leitung, Organisation und Planung	5,1
Rationalisierung	3,3
Transport-, Umschlag- u. Lagerprozesse (TUL)	2,7
Modernisierung	2,2
Neue Verfahren	1,9
WAO	1,8
Standardisierung	0,6
Insgesamt	100,0

Die in Tabelle 2 ausgewiesenen Neuerervorschläge zeigen gegenüber den Neuerervereinbarungen (Tabelle 1) wesentliche Veränderungen in den Anteilen. In der Neuerertätigkeit mittels des Neuerervorschlages widerspiegeln sich die Schwerpunkte, die die Neuerer als Betätigungsgebiete erkennen. Ohne dieses Problem ausführlicher zu behandeln, läßt sich feststellen, daß hier Schlußfolgerungen für eine ausgewogenere Vorgabe von Aufgaben im Plan der Neuerer zu ziehen sind.

Die Schwerpunktaufgaben der Neuerertätigkeit sind zumeist in die Effektivitätsanforderungen einer Kooperationskette eingeordnet und unterliegen besonderer Betreuung und Kontrolle. Es ist jedoch erforderlich, alle Aufgaben termin- und qualitätsgerecht zu lösen und überzuleiten. Deshalb wurden anhand der Neuerervereinbarungen gemäß Tabelle 1 die Bearbeitungszeiten in den einzelnen Bearbeitungsphasen untersucht (vgl. Tabelle 3).

Tabelle 3: Bearbeitungszeitanteil (%) in den Bearbeitungsphasen der Neuerervereinbarung (Untersuchungsbeispiel)

Bearbeitungsphase	Bearbeitungszeitanteil in % durchschnittlich	maximal
Ideenfindung bis Vertragsabschluß (1)	25	28
Vertragsabschluß bis Lösungsabschluß (2)	27	27
Lösungsabschluß bis Beginn der Überarbeitung (3)	7	8
Beginn bis Abschluß der Überleitung (4)	31	25
Abschluß der Überleitung bis Nutzungsbeginn (5)	10	12
Bearbeitungszeit insgesamt	100	100

Die Tabelle 3 zeigt Disproportionen der Bearbeitungszeitanteile in den Bearbeitungsphasen (1), (3), (4) und (5) gegenüber der Hauptbearbeitungsphase (2), die unbedingt durch organisatorische Maßnahmen abgebaut werden müssen und können. Die durchschnittliche Bearbeitungszeit über alle Bearbeitungsphasen belief sich auf 99 Wochen, die maximale Bearbeitungszeit wurde mit 127 Wochen vorgefunden. Eindeutig zu groß ist der Zeitraum zwischen Ideenfindung und Vertragsabschluß (1). Er deutet auf Probleme in der Leiter- und Kollektivgewinnung und -formierung, der kollektiven und individuellen Arbeitsplanung und der Organistion des Bearbeitungsablaufs hin. Aber auch die Dauer der Problemlösung von 52 Wochen (Phase [1] und [2]) weist auf einige Schwachstellen hin; sie resultieren aus Unzulänglichkeiten in der Befähigung

- aus einer nominierten Gruppe ein arbeits- und leistungsfähiges Kollektiv zu bilden,
- die zeitliche und inhaltliche Arbeitsplanung für das Kollektiv und den einzelnen optimal zu gestalten und
- die zur Problemlösung erforderlichen Kreativitätstechniken zu beherrschen oder rechtzeitig bereitzustellen bzw. anzueignen.

Der Zeitraum, der vergeht zwischen der vorliegenden Lösung und dem Beginn der Überleitung hängt zusammen mit der Organisation von Abschlußverteidigungen, dem Treffen klarer Leitungsentscheidungen in Verbindung mit Risikofreude und mit den objektiven Produktionsbedingungen; er ist mit einem Anteil von 48% ausgewiesen. Hier werden erneut die Probleme der Phasen (1) und (2) sichtbar. Daß es sich im untersuchten Beispiel nicht um objektive Gegebenheiten handelt, zeigt die Analyse der Bearbeitungsdauer in den Bearbeitungsschritten von Neuerervorschlägen in Tabelle 4 und 5.

Tabelle 4: Beispiel der Gesamtbearbeitungszeit von angenommenen und abgelehnten Neuerervorschlägen

Neuerervorschlag	Gesamtbearbeitungszeit durchschnittlich	(Tage) maximal	minimal
angenommen	252,5	875,6	101,8
abgelehnt	86,9	177,9	7,0

Nach Bearbeitungsschritten unterteilt, ergibt sich die in Tabelle 5 ausgewiesene Gliederung der Bearbeitungszeit.

Tabelle 5: Durchschnittliche Bearbeitungszeit in den Bearbeitungsschritten von Neuerervorschlägen (Untersuchungsbeispiel)

Bearbeitungsschritte von NV	Durchschnittliche Bearbeitungsdauer (Tage)
Schriftform bis Einreichung	6,5
Einreichung bis Registrierung	4,6
Registrierung bis Entscheidung	58,8
Entscheidung bis Überleitung	30,1
Überleitung bis Benutzung	47,4
Benutzung bis Nutzensermittlung	37,2
Nutzensermittlung bis Vergütung	12,4
insgesamt	197,0

Während die Registrierfrist von 3 Tagen nur geringfügig überschritten wird, ist die umgehende Entscheidung, die die Dauer von 4 Wochen nach Gesetz nicht überschreiten soll, beträchtlich überzogen. Die Zeiten bis zum Überleitungs- und Benutzungsbeginn können nur zum Teil mit objektiven Gründen belegt werden. Die Dauer der Nutzensermittlung bis zur Vergütung liegt deutlich an Gründen der subjektiven Arbeitsorganisation. Bereits bei dieser Untersuchungstiefe wird ausreichend deutlich, daß beträchtliche Zeit- und Leistungsreserven für die Beschleunigung des Erneuerungsprozesses genutzt werden können.

Welche Lösungsvorschläge können als Verallgemeinerungen aus dem Untersuchungsbeispiel angeboten werden?

1. Künftig wird es notwendig sein, in den Arbeitskollektiven entsprechend der in der Nutzensanordnung zur Neuererverordnung enthaltenen Nutzensarten Analysen der Anteile an den Gesamtkosten durchzuführen, um gezielter auf diesem Wege Neuereraufgaben zur Kostensenkung formulieren zu können. Dabei gilt es, verstärkt Neuerervereinbarungen nach § 13, Ziffer 1 der NVO abzuschließen.

2. Das mit Neuereraufgaben verbundene Risiko für den Betrieb sollte sowohl durch organisatorische Festlegungen für die Leitungstätigkeit als auch durch qualifizierte Arbeitsorganisation im Neuererkollektiv minimiert werden.

3. Die Abfolge der Bearbeitung von Neuerervereinbarungen und Neuerervorschlägen ist

stärker als bisher in Betriebs- bzw. Organisationsanweisungen rationell und überschaubar, verständlich darzustellen, verbindlich festzulegen und anzuweisen.

4. Die BfN-Leiter sollten vom Betriebsleiter neu formulierte Forderungs- und Einspruchsrechte gegenüber anderen Leitern eingeräumt bekommen.

5. Bei der Vielzahl der in Bearbeitung befindlichen, zu koordinierenden, zu kontrollierenden, zu erfassenden und zu analysierenden Vorgänge ist die schrittweise Einführung moderner Büro- und Rechentechnik bzw. deren Mitnutzung unumgänglich.

6. In unmittelbarer Verbindung zu diesen Aufgaben der Leitung und Organisation sind gezielte Weiterbildungsmaßnahmen notwendig.

Untersuchungen gaben Aufschluß, daß bei Leitern und Mitarbeitern aller Ebenen und Qualifikationsstufen Sach-, Norm-, Wert- und Verfahrenskenntnisse auf diesem Gebiet vermittelt und vertieft werden müssen.

7. Den Leiter von Neuererkollektiven müssen verstärkt Kenntnisse vermittelt werden, wie solche Kollektive gebildet, geleitet, wie die kollektive und individuelle Arbeit zu planen und zu organisieren ist.

8. Den Kollektivmitgliedern muß noch wirksamer geholfen werden, effektive Formen der Zusammenarbeit zu entwickeln.

9. Die Erfahrungen der Erfinderschulen der KDT, sind in kurzer Frist der Neuererbewegung zugänglich zu machen.

Die für die Arbeit von Neuererkollektiven gewonnenen Aussagen gelten auch für die Arbeit von WAO-, Qualitäts- und Jugendforscherkollektiven, die ebenfalls bedeutsame Beiträge zum Erneuerungsprozeß leisten.

Ursula Gabler

Nutzung von Planungsmethoden für die Wettbewerbsführung

Für die Führung des sozialistischen Wettbewerbes sind zusammen mit den Planzielen und Planaufgaben auch die Planungsmethoden wichtig.

Es gehört seit Jahren zur bewährten Leitungspraxis, daß der aktuelle Stand der Bilanzierung und anderer Planungsrechnungen für die Plandiskussion benutzt werden, um Aufgaben abzuleiten, Ideen und Lösungsvorschläge zu erfragen und um gezielt Aufträge an Neuerer und Neuererkollektive zu übertragen.

In der öffentlichen Plandiskussion hat es sich bewährt, Ergebnisse der Planung nach der Faktorenanalyse zu diskutieren.

Nach Hauptfaktoren werden die Steigerung der Arbeitsproduktivität, der Warenproduktion, der Nettoproduktion und des Gewinns geplant und analysiert. Der Beitrag jedes Hauptfaktors am Zuwachs dieser Kennziffern wird ermittelt. Somit läßt sich ihre absolute und relative Größe am Leistungs- und Produktivitätszuwachs bestimmen. Kontrollfähig und fundiert ist damit in der Plandiskussion nachzuweisen, wie hoch die ökonomische Wirksamkeit des Hauptfaktors Wissenschaft und Technik derzeit ist und welcher Anstrengungen es noch bedarf, um 80% oder mehr der Arbeitszeiteinsparungen durch wissenschaftlich-technische Maßnahmen zu erwirtschaften. Überprüfbar ist auch, in welchem Maße der geplante Erneuerungsgrad der Produktion ökonomisch wirksam wird, beispielsweise als Gewinnzuwachs. Entsprechend der neuen Planungsregelungen sind die Wirkungen wissenschaftlich-technischer Maßnahmen am Erzeugnis nachzuweisen. Damit können im Wettbewerb die Aktivitäten verschiedener Arbeitskollektive auf die Aufwands- und Kostensenkung und die Verkürzung der Durchlaufzeiten für bestimmte Erzeugnisse gelenkt werden. Der Wettbewerb kann Kooperationspartner z.B. aus dem Rationalisierungsmittelbau oder aus Zulieferbetrieben mit erfassen. Dieses Vorgehen gewährt einen höheren ökonomischen Effekt als das Zusammentragen vieler Einzelmaßnahmen im TOM-Plan, die letztlich weder an einer Aufwands- und Kostensenkung der Erzeugnisse und in den Kostenstellen, noch als verkürzte Lieferfristen abrechenbar sind.

Mit Hilfe der Faktorenanalyse werden auch Sortimentseffekte berechnet, negative und positive, die im Planjahr bei bedarfsgerechter Produktion auftreten. Negative Sortimentseffekte bedürfen der öffentlichen Diskussion. Es ist zu fragen, wie Erzeugnisse, die entsprechend dem Bedarf und der Exportmöglichkeiten in größeren Stückzahlen produziert werden, deren Arbeitszeitaufwand aber größer ist als der betriebliche Durchschnitt, so gefertigt werden können, daß die negativen Sortimentseffekte kompensiert werden. Das zwingt zu erzeugnisbezogenen Wettbewerbszielstellungen, um den Aufwand und die Kosten zu senken und um den Umschlag der materiellen und finanziellen Fonds zu beschleunigen.

In Forschung und Entwicklung konzentriert sich der Wettbewerb auf die ideenreiche Erarbeitung anspruchsvoller Pflichtenheftzielstellungen, die von den Effektivitätsanforderungen des Kombinates ausgehen, und ihre Erfüllung. Um eine höhere Wirksamkeit der Pflichtenheftarbeit zu erreichen, sollten auch Aufgabenstellungen in den Wettbewerb einbezogen werden, die nicht nur Erzeugnis- oder Verfahrensentwicklung sind, sondern die die Schaffung eines leistungsfähigen Informationssystems Wissenschaft und Technik, Markt und Konkurrenz und die entsprechenden Datenbanken betreffen. Damit gelingt es, die Pflichtenheftarbeit zu qualifizieren, konkrete Ziele und Weltstandsvergleiche, ungenügende Kenntnisse über neue Produkte der Konkurrenz, ihren Märkten und Strategien in ganzer Breite exakter zu berücksichtigen.

Datenbanken benötigt der Entwickler, um bei der Entwicklung neuer Erzeugnisse und neuer Technologien auf vorhandene wissenschaftlich-technische Lösungen zurückzugreifen. Die multivalente Nutzung wissenschaftlich-technischer Lösungen ist eine wichtige Maßnahme, um eine hohe ökonomische Verwertung der wissenschaftlich- technischen Leistungen zu erreichen. Die Nutzung der Multivalenz wissenschaftlich-technischer Lösungen, die gespeichert und schnell zugriffsbereit sind, ist für Konstrukteure und Technologen eine Planaufgabe und müßte auch in der Wettbewerbsführung sichtbar werden. Die multivalente Nutzung als Ausdruck hoher ökonomischer Verwertung sollte im Wettbewerb stimuliert werden.

Datenbanken anderer Art werden für die rationelle Planung und Kontrolle in Forschung und Entwicklung benötigt. In verschiedenen Kombinaten werden die Pflichtenhefte rechnergestützt erarbeitet. Diese Entwicklung muß durch den Wettbewerb forciert werden. Rechnergestützt lassen sich Pflichtenheft und ökonomische Gesamtrechnung miteinander verbinden. Diese Kombination ermöglicht es, in den Arbeitskollektiven sachkundig darüber zu beraten, worin die Ursachen für die Abweichungen zwischen den Zielen der Eröffnungs- und Abschlußverteidigung liegen oder worauf es zurückzuführen ist, daß hohe ökonomische Effekte aus dem Thema nur in geringerem Maße plan- und bilanzwirksam für den Betrieb und das Kombinat werden.

Mit der Nutzensbetrachtung für das Einführungsjahr und das 1. Folgejahr wurde begonnen, die Planung mit der Erfolgskontrolle zu koppeln. In verschiedenen

Kombinaten wird daran gearbeitet, diese Erfolgskontrolle über den gesamten Zeitraum der Produktion der Erzeugnisse auszudehnen. In der Wettbewerbsführung wird der Kampf um die erzeugnisbezogenen Planziele, z. B. Verträge und Absatz der jährlich geplanten Stückzahlen, Einhaltung der Selbstkostensenkung und Sicherung der geplanten Valutapreise u. a., über den gesamten Zeitraum der Produktion, vom Anlauf bis zum Auslauf der Erzeugnisse an Bedeutung gewinnen. Mit dem hohen Tempo der Erneuerung der Produktionsprogramme steigt der Aufwand für Forschung, Entwicklung, Investitionen und Modernisierung. Daraus folgt, daß es immer wichtiger wird, den Rückfluß des gesamten einmaligen und des laufenden Aufwandes zu sichern. Das erfordert Anstrengungen, die auch durch den sozialistischen Wettbewerb mit auszulösen sind, zumal dieser erzeugnisbezogene Wettbewerb die verschiedenen Kombinatsbetriebe betrifft, eingeschlossen den Außenhandelsbetrieb.

Neue Fragen der Wettbewerbsführung wirft die Automatisierung auch für die Leitungs- und Planungsbereiche auf. Moderne Informationstechniken und -technologien verändern die traditionelle Planung und Leitung.

Aus unserem Forschungsprojekt zur rechnergestützten Produktions- und Absatzplanung mit Bürocomputern im Dialog-Betrieb werden folgende Tendenzen und Konsequenzen sichtbar.

Tendenzen:

Erstens. Traditionell arbeitsteilig gelöste Aufgaben der Planung, die von mehreren Kollegen in verschiedenen Abteilungen und Bereichen wahrgenommen wurden, werden mittels Rechner integriert bearbeitet. Sie sind von einem „Bediener" zu beherrschen. Die bisher eigenständigen Arbeitsgebiete der Material-, Produktions-, Absatzplanung, eingeschlossen die Sortiments- und Kapazitätsplanung und ein Teil der Kostenplanung, werden unmittelbar zusammen durchgeführt.

Zweitens. Die rechnergestützte Planung im Dialog-Betrieb liefert mit jeder Entscheidung die ökonomischen Konsequenzen. Es ist sofort feststellbar, wie sich z. B. die Verschiebung eines Fertigungsauftrages auf die Auslastung der Maschinengruppen auswirkt. Entscheidungen lassen sich in dem jeweiligen Bezugssystem sofort auf ihre ökonomischen Auswirkungen überprüfen.

Daraus resultieren 3 Konsequenzen:

1. Die Ausbildung aber auch die Weiterbildung der betreffenden Kader muß sich auf den Umgang mit den neuen Informationstechniken und -technologien konzentrieren. Zunehmend mehr Mitarbeiter der Planung und anderer Leitungsbereiche müssen Bürocomputer bedienen können, ein Teil wird selbst programmieren. Diese Aufgabe muß Wettbewerbsinitiativen zur Beherrschung der neuen Technik auslösen. Die Zahlung der leistungsabhängigen Zuschläge kann an die Nutzung dieser Technik gebunden werden.
2. Da der Dialog-Betrieb schnelle Entscheidungen bei Kenntnis wichtiger ökonomischer Konsequenzen gestattet, müssen solche Entscheidungen auch schnell umgesetzt werden.
   Das erhöht den Anspruch an die Reaktionsbereitschaft der Kader, ihre Disziplin und erfordert vor allem auch eine hohe Disponibilität der Beschäftigten. Diese Disponibilität ist gleichlaufend mit dem Automatisierungsniveau der Anlagen herauszubilden und als Voraussetzung für die Leistungssteigerung unter den Bedingungen der Automatisierung auch bewußt zu machen.
3. Plandiskussion und Wettbewerb haben zusammen mit den verschiedenen Formen der Qualifizierung und der politisch-ideologischen Arbeit in den Kollektiven auch Denk- und Verhaltensmuster zu relativieren oder sogar zu korrigieren, wie beispielsweise:
   - Effektivitätssteigerung gelingt nur über die große Serie!
   - Kontinuität, Rhythmus und Produktionssicherheit erfordern Bestände (je mehr desto besser)!

Diese Denkmodelle und theoretischen Begründungen entstanden unter den Bedingungen einer traditionellen materiell-technisch-technologischen Basis. Die Erneuerung der Produktionssortimente vollzieht sich in den Kombinaten und ihren Betrieben über die Modernisierung und Erneuerung der technisch-technologischen Basis. Der Wettbewerb ist darauf gerichtet, neue Erzeugnisse mit neuen Technologien effektiv zu produzieren. Mit der durchgängigen und flexiblen Automatisierung (CAD/CAP/CAM) verändern sich die Bedingungen für eine rationelle Produktion. Breite Sortimente können in kleineren Stückzahlen und bei beherrschter Kooperation als bestandsarme Produktion mit kürzeren Durchlaufzeiten effektiv hergestellt werden.

Werner Wollschläger

Erfahrungen in der Leitungstätigkeit bei der Entwicklung der schöpferischen Masseninitiative zur Verwirklichung der ökonomischen Strategie, insbesondere zur Beschleunigung des wissenschaftlich-technischen Fortschritts

Die bisherige Entwicklung und die erreichten Ergebnisse in der ersten Etappe des sozialistischen Wettbewerbs zu Ehren der XI. Parteitages der SED verdeutlichen, daß die Werktätigen ihre hohen Zielstellungen verantwortungsvoll erfüllen und ihre Kräfte, ihr Wissen und ihre Fähigkeiten dafür einsetzen, den Sozialismus zu stärken und den Frieden zu sichern.

Die Beratung am 23.5.1985 im FDGB-Bezirksvorstand mit Bestarbeitern, Wettbewerbsinitiatoren und Generaldirektoren aus Berliner Kombinaten, Betrieben und Einrichtungen bestätigte, daß sich der sozialistische Wettbewerb zu Ehren des XI. Parteitages der SED von Monat zu Monat breiter und ergebnisreicher entfaltet.

Die übernommenen Verpflichtungen wurden in der Hauptstadt anteilig erfüllt bzw. überboten.

Es wurde in der Nettoproduktion ein Planvorsprung von mehr als 2 arbeitstäglichen Leistungen und in der industriellen Warenproduktion von 1,2 Tagen erreicht. Die geplante Steigerung der Arbeitsproduktivität auf Basis Nettoproduktion wurde in der Industrie um 3,1 % und im Bauwesen um 4,8 % überboten.

Erfolgreich wird auch in der Hauptstadt die Entwicklung fortgesetzt, bei sinkendem Material- und Energieaufwand den erforderlichen Leistungszuwachs zu realisieren. Im I. Quartal konnten im Vergleich zum Vorjahr die Material- und Selbstkosten je 100 Mark Warenproduktion weiter gesenkt und in der Industrie und im Bauwesen ein Mehrgewinn von über 40 Mio Mark erwirtschaftet werden.

Zur Versorgung der Bevölkerung wurden Fertigerzeugnisse, Lieferungen und Leistungen im Wert von 70 Mio Mark über den Plan hinaus bereitgestellt, 7449 Wohnungen wurden neu gebaut bzw. modernisiert und 259 Wohnungen über den Plan hinaus an die Bevölkerung übergeben.

Mit diesen Leistungen bestehen solide Voraussetzungen dafür, daß die Berliner Werktätigen ihre in Vorbereitung des XI. Parteitages der SED eingegangenen Verpflichtungen zur Überbietung der entscheidenden Leistungskennziffern des Planes 1985 in Ehren erfüllen und zum Teil noch überbieten werden.

Dabei erweisen sich besonders solche seit dem X. Parteitag der SED entstandenen beispielhaften Berliner Initiativen, wie der von der Jugendbrigade „Hans Kiefert" formulierte Ausspruch „Jeder jeden Tag mit guter Bilanz", die im Berliner Glühlampenwerk von der Kollegin Erika Steinführer initiierte Initiative „Jeder liefert jedem Qualität" oder die im VEB Berliner Metallhütten- und Halbzeugwerke durch die Jugendbrigade „Wilhelm Pieck" geborene Initiative, durch gute Leitung, erfolgreiches Forschen und kontinuierliches Produzieren, die Arbeitszeit immer besser zur Leistungszeit zu machen, als notwendige Triebkraft für die Erfüllung anspruchsvoller Wettbewerbsziele.

Kennzeichnend für die Dynamik und Lebendigkeit des sozialistischen Wettbewerbs in unserer Hauptstadt ist es, daß immer wieder neue Initiatoren, wie der Forscher Lothar Könitzer aus dem VEB Elektro-Apparate-Werke „Friedrich Ebert", die Fachverkäuferin Irene Herberg aus dem Handel, die Näherin Rita Buchholz aus dem Berliner Dienstleistungskombinat oder solche Meister wie Wolfgang Zeckzer aus dem Berliner Bremsenwerk, das Niveau der Wettbewerbsführung prägen und ihr ständig neue Impulse geben.

Die gewerkschaftlichen Vorstände und Leitungen der Betriebe und Einrichtungen der Hauptstadt unterstützen deshalb in ihrer Leitungstätigkeit die Bestarbeiter, setzen sich dafür ein, daß ihr Ansehen und ihre Autorität unter den Kollegen ständig wächst, und stellen die politische Führung und gewerkschaftliche Organisierung des sozialistischen Wettbewerbs noch wirksamer auf die Erreichung von Bestwerten ein.

Daraus erwachsen solche Haltungen, wie die des Kollegen Bertholt Schwartz aus dem VEB Wälzlagerwerk „Josef Orlopp" Berlin, der sich mit seinem Kollektiv darüber einig ist, die bisher erreichten Bestwerte zur Grundlage für die Diskussion und die Ausarbeitung des Volkswirtschaftsplanes 1986 zu nehmen.

Mit solchen Haltungen und den von mir genannten Wettbewerbsinitiativen gelingt es zunehmend besser, den sozialistischen Wettbewerb auf die neuen, höheren Anforderungen, wie sie in den richtungweisenden Reden von Erich Honecker auf der 9. und 10. Tagung des ZK der SED und vor den 1. Kreissekretären gestellt wurden, auszurichten.

Die Erfahrungen aller, vor allem der besonders erfolgreich arbeitenden Kombinate, Betriebe und Einrichtungen bestätigen, daß der Wettbewerb nur dann ergebnisreicher geführt wird, wenn er auf die Effektivitätsanforderungen an jedem Arbeitsplatz gerichtet ist. Damit waren und sind neue Überlegungen erforderlich, wie der notwendigen engen Verbindung von Plan, Wettbewerb und materieller Stimulierung Rechnung getragen werden kann, um die qualitativ höheren Ansprüche, ausgehend von den Leistungsmaßstäben der Betriebe, auch und in erster Linie in jedem Arbeitskollektiv durchzusetzen.

Das Sichtbarmachen des eigenen Anteils anhand der beeinflußbaren Kennziffern ist die Grundlage dafür, den Wettbewerb im Leninschen Sinn führen zu können.

Dieser Anforderung gerecht zu werden, fällt jedoch nach wie vor selbst solchen gewerkschaftlichen Leitungen und staatlichen Leitern nicht leicht, die mit ihren Kollektiven das Niveau der Wettbewerbsführung bestimmen.

Noch nicht immer gelingt es, den Wettbewerb flexibel zu gestalten und auf die operative Planung im Betrieb einzustellen.

Schnell auf Markterfordernisse, aber auch auf Störungen im Produktionsprozeß durch Nichtbeherrschen der Kooperationsbeziehungen oder unzureichende Materialbilanzen zu reagieren, wird heute noch zu wenig von den staatlichen Leitern abgefangen und findet deshalb im Wettbewerb der Arbeitskollektive zu wenig Beachtung.

Die Erfahrungen vieler Betriebskollektive zeigen deutlich, daß eine enge Wechselbeziehung zwischen der Erfüllung der Planaufgaben des Betriebes insgesamt und der effektiven Nutzung von Wissenschaft und Technik besteht.

Die hohen Ziele im sozialistischen Wettbewerb zur Durchsetzung der umfassenden Intensivierung können nur erfüllt werden, wenn Wissenschaft und Technik nicht nur als das Wichtigste proklamiert werden, sondern täglich mit dem gesamten Kollektiv des Betriebes um die Erfüllung der Pläne Wissenschaft und Technik gerungen wird.

Der Bezirksvorstand des FDGB Berlin hat unter Führung der Bezirksleitung der SED auf diesem Gebiet seit dem X. Parteitag der SED vielfältige Aktivitäten ausgelöst.

Die seit zwei Jahren in über 200 Betrieben durchgeführten Vertrauensleutevollversammlungen zu den gewerkschaftlichen Aufgaben bei der Beschleunigung des wissenschaftlich-technischen Fortschritts haben dazu beigetragen, daß sich unsere Leitungen gewissenhafter mit diesen Fragen beschäftigen und das gesamte Betriebskollektiv über die wissenschaftlich-technische Entwicklung des Betriebes besser informiert wurde.

Die politisch-ideologische Arbeit in den Gewerkschaftsgruppen der vorbereitenden Bereich wurde verstärkt und der Wettbewerb weiter qualifiziert.

Damit haben sich diese Betriebe für die jetzt laufende Plandiskussion einen guten Vorlauf geschaffen, um die Fragen von Wissenschaft und Technik, der sozialistischen Rationalisierung bis hin zur Neuerer- und MMM-Bewegung gründlich in den Planberatungen zu diskutieren und den Anteil der einzelnen Kollektive bei der Lösung der Aufgaben konkreter abzuleiten.

So wird z. B. in solchen Betrieben wie dem VEB Kabelwerk Oberspree „Wilhelm Pieck", NARVA/Berliner Glühlampenwerk „Rosa Luxemberg", Elektrokohle Lichtenberg, Elektroprojekt und Anlagenbau, Herrenbekleidung „Fortschritt" und anderen der Forderung besser entsprochen, schon zu Beginn der Plandiskussion die konkreten Themen für die Rationalisierung und Neuererarbeit im kommenden Planjahr vorzulegen.

In vielen Betrieben ist es zur Selbstverständlichkeit geworden, daß Vertreter aus den produktionsvorbereitenden Bereichen, ausgehend von dem mit den Vertrauensleutevollversammlungen im Monat April geschaffenen Vorlauf, die Produktionskollektive in den Planberatungen unterstützen und ihnen zeigen, durch welche wissenschaftlich-technischen Rationalisierungs- oder arbeitsorganisatorischen Maßnahmen die vorgesehene Leistungssteigerung erreicht werden kann und welchen Anteil das jeweilige Arbeitskollektiv daran zu leisten hat.

Im Ergebnis dieser engen Zusammenarbeit entwickelten sich neue Formen der sozialistischen Gemeinschaftsarbeit, um mit höherem Tempo und ökonomischen Effekten neue Erzeugnisse und Technologien zu entwickeln und produktionswirksam zu machen.

Ein Beispiel dafür ist die Initiative aus dem VEB Elektro-Apparate-Werke „Friedrich Ebert" „Höchste Effekte durch neue Erzeugnisse und Technologien" zur Entwicklung und Produktion der Kompaktsteuerung „S 2000".

Diese neue Kompaktsteuerung auf mikroelektronischer Basis soll bisher eingesetzte Relaissteuerungen, die um ein Vielfaches größer sind, ablösen. Innerhalb von nur 10 Monaten wird die Entwicklung abgeschlossen und bis zum XI. Parteitag der SED werden 100 Stück der Erstserie gefertigt. Das Verhältnis von Aufwand und Ergebnis wird so gestaltet, daß für 1 Mark Entwicklungsaufwand eine Produktion im Wert von 35 Mark erzielt wird.

Diese hohen Ziele zu erreichen, erfordert ein völlig neues Herangehen an die Gestaltung der sozialistischen Gemeinschaftsarbeit.

Mit der Bildung eines Themenleitkollektivs bereits vor der Eröffnung des Pflichtenheftes wurde gesichert, daß die 15 Kollektive aus der Forschung und Entwicklung, Konstruktion und Technologie sowie dem Rationalisierungsmittelbau und der Produktion bis hin zum Absatz einheitlich, aufeinander abgestimmt, an der Lösung konkreter Teilaufgaben parallel arbeiten und damit erhebliche Zeitverkürzungen zur Sicherung der hohen Zielstellungen erreicht werden.

Ursprünglich waren für dieses Thema 2 Jahre vorgesehen.

Unter Leitung des Themenleiters, Kollegen Lothar Könitzer, wurde ein Netzplan erarbeitet, in dem jede notwendige Aktivität, ausgehend vom Pflichtenheft mit dem erforderlichen Termin und dem jeweiligen für die Einhaltung aller Kennziffern verantwortlichen Leiter, festgehalten wird. Er bildet auch die Grundlage für die Leistungsbewertung der einzelnen Kollegen.

Eine weitere Voraussetzung für die derartig kurze Entwicklungs- und Überleitungszeit ist die konsequente Nutzung rechnergestützter Arbeitsplätze, und zwar mehrschichtig, sowie eine Konzentration aller erforderlichen Kräfte durch die Entscheidung des Generaldirektors.

Mit einem solchen Herangehen an die Organisierung und Führung des sozialistischen Wettbewerbs von Forschung und Entwicklung bis zum Absatz können die sogenannten „Besonderheiten" bei der Wettbewerbsführung in den produktionsvorbereitenden Bereichen schrittweise überwunden werden.

Wir sind der Auffassung, daß nur auf diese Art und Weise künftig Spitzenleistungen in kürzester Frist und mit hohem Nutzen für die Volkswirtschaft erreicht werden können. Deshalb hat der Bezirksvorstand Maßnahmen beschlossen, wie weitere Parteitagsvorhaben und wichtige Staatsplanaufgaben nach diesem Beispiel zu lösen sind.

Natürlich hat zuerst das EAW die Aufgabe erhalten, ein weiteres Parteitagsobjekt nach dieser Initiative zu realisieren.

Eine weitere wichtige Reserve zur Erhöhung der Effektivität wissenschaftlich-technischer Arbeit ist die Vertiefung der sozialistischen Gemeinschaftsarbeit zwischen den Kombinaten, Betrieben und den wissenschaftlichen Einrichtungen.

Diese Aufgabenstellung ist für die Berliner Gewerkschaftsorganisation von besonderer Bedeutung. In unserer Hauptstadt ist mit nahezu 40000 Forschungs- und Entwicklungskadern, davon 25000 Hoch- und Fachschulkadern in der Forschung, eine für unsere Volkswirtschaft bedeutende Forschungs- und Entwicklungskapazität konzentriert. Jeder 5. Mitarbeiter der Forschung und Entwicklung unseres Landes arbeitet in Berlin. In der Elektrotechnik und Elektronik ist das noch ausgeprägter.

In dieser Zusammenarbeit mit wissenschaftlichen Einrichtungen haben viele Betriebe bereits gute Erfahrungen sammeln können, die in den VEB NARVA/Berliner Glühlampenwerk „Rosa Luxemburg", Werk für Fernsehelektronik, Elektroprojekt und Anlagenbau u. a. bis zum Austausch von Kadern reichen.

Jedoch reicht das noch nicht aus.

Mit der vom Bezirksvorstand in enger Zusammenarbeit mit der Akademie der Wissenschaften der DDR 1984 organisierten Angebotsbörse wurde die sozialistische Gemeinschaftsarbeit bei der Lösung von Staatsplanaufgaben und Staatsplanthemen zielgerichteter entwickelt.

Viele Betriebe konnten sich durch persönliche Gespräche und Konsultationen mit Wissenschaftlern der Akademie am konkreten Exponat über den neuesten Stand der Forschung und Entwicklung neuer Erzeugnisse sowie über Anwendungsmöglichkeiten informieren. Darüber hinaus fanden gemeinsame Abstimmungen im Rahmen zu lösender Aufgaben über die Gestaltung und Konkretisierung der weiteren Zusammenarbeit zwischen den Instituten und Betrieben statt, die wesentlich zur Qualifizierung der Wettbewerbsführung beitrugen.

Im 2. Halbjahr 1985 wird die Akademie der Wissenschaften der DDR gemeinsam mit uns eine weitere Angebotsbörse speziell zur Informationstechnik durchführen.

All das verdeutlicht das Ringen unserer Vorstände und Leitungen, den Wettbewerb in den Betriebs- und Arbeitskollektiven auf die neuen Bedingungen einzustellen.

Unter Nutzung der reichen Erfahrungen in der politischen Führung des sozialistischen Wettbewerbs sind wir gegenwärtig dabei, in der Hauptstadt die 10. Bestarbeiterkonferenz vorzubereiten. Auf ihr werden wir die Ergebnisse in der zweiten Etappe der Wettbewerbsführung abrechnen und die weiteren Aufgaben in Vorbereitung des XI. Parteitages unserer Partei beraten und festlegen.

Rolf Rinke

Erfahrungen und Ergebnisse bei der Erhöhung der Wirksamkeit des sozialistischen Wettbewerbs in Akademien, Universitäten und Hochschulen der DDR

Ich bin sehr dankbar, an dieser Tagung teilnehmen zu können. Mit Interesse habe ich das Referat von Prof. Horst Schneider aufgenommen. Gleiches kann ich von den Thesen sagen, die hier zur Diskussion stehen.

Das Thema der heutigen Ratstagung „Sozialistischer Wettbewerb und umfassende Intensivierung" ist für die Arbeitskollektive an den Universitäten und Hochschulen, den Instituten der Akademie der Wissenschaften der DDR und der Akademie für Landwirtschaftswissenschaften der DDR von hoher Aktualität. Natürlich trifft dies in besonderem Maße für die Gewerkschaftsleitungen der genannten wissenschaftlichen Einrichtungen sowie für den Zentralvorstand der Gewerkschaft Wissenschaft zu, der darum ringt, den sozialistischen Wettbewerb nach den Maßstäben der umfassenden Intensivierung zu organisieren.

Gestattet mir, einige unserer Erfahrungen und Probleme mit in die Debatte einzuführen.

Erstens können wir sagen, daß der sozialistische Wettbewerb seit der Begründung der ökonomischen Strategie durch den X. Parteitag der SED mit steigender Wirksamkeit auf aktive Beiträge der Kollektive in den Wissenschaftseinrichtungen gerichtet ist, diese Strategie umzusetzen.

Die stetig zunehmende Zahl von Spitzenleistungen, die beträchtliche Verkürzung von Forschungszeiten, die anwachsende Zahl von Erfindungen und Patenten sind wichtige Ergebnisse dieser Wettbewerbsaktivitäten. Heute gibt es kaum noch Wettbewerbsprogramme, in denen es nicht auch um eine höhere Qualität der Patente und deren höhere Nutzungsrate, um die Steigerung des immateriellen Exports, um den wissenschaftlichen Gerätebau geht. Alles das sind Wettbewerbsinhalte, die besonders in den letzten Jahren in größerem Umfang Eingang in die Verpflichtungen der Kollektive gefunden haben.

Zweitens können wir feststellen, daß sich die Zusammenarbeit zwischen Wissenschaftseinrichtungen und Kombinaten intensiver vollzieht. Der Vorsitzende des Bundesvorstandes des FDGB, Harry Tisch, hat diese Entwicklung auf der gemeinsamen Tagung der Zentralvorstände der IG Metall und der Gewerkschaft Wissenschaft hervorgehoben und die Gewerkschafter aufgefordert, beizutragen, Wissenschaft und Produktion noch enger miteinander zu verbinden, ökonomisch ergiebigere wissenschaftlich-technische Spitzenleistungen zur Anwendung zu bringen.

Dem diente und dient der breit entwickelte Erfahrungsaustausch mit den Gewerkschaftsleitungen der IG Metall, der IG Chemie, Glas, Keramik und der IG Bergbau-Energie, um nur einige zu nennen.

Drittens schließlich sind Wettbewerbsformen und -methoden entwickelt worden, die den Grundprozessen in Forschung, Lehre und Fondsökonomie gemäß sind. Zu nennen sind vor allem die vielfältigen Formen sozialistischer Gemeinschaftsarbeit, die objektbezogenen Komplexwettbewerbe, aber auch die gemeinsamen Jugendforscherkollektive, in denen junge Facharbeiter und Ingenieure der Industrie einerseits und junge Wissenschaftler und Forschungsstudenten der Universitäten und Akademieinstitute andererseits zusammenarbeiten. Und ich füge noch hinzu: Es verbreitet sich mit unserer Unterstützung die Form der abgestimmten Wettbewerbsverpflichtungen zwischen Arbeitskollektiven aus Kombinaten und Wissenschaftseinrichtungen.

Die in den Thesen, vorgenommenen Wertungen und Orientierungen zum Wettbewerb in Forschung und Entwicklung besonders unter Punkt 3, finden unsere volle Zustimmung. Einige Ergänzungen leite ich dem Vorsitzenden des Wettbewerbsrates, Prof. Schneider, mit der Bitte zu, ihre Einarbeitung in die jetzige Fassung der Thesen zu prüfen.

Gemäß den Orientierungen der 9. Tagung des ZK der SED vollzieht sich der Prozeß der Durchsetzung einer neuen Qualität sozialistischer Gemeinschaftsarbeit zwischen Produktion und Wissenschaft zielstrebig, wenn auch in Verbindung mit der notwendigen Bewältigung zahlreicher Probleme.

Immer umfangreicher wird z. B. das Vertragswerk zur langfristigen Zusammenarbeit zwischen wissenschaftlichen Einrichtungen und Kombinaten. Die Kernpunkte solcher vertraglicher Vereinbarungen, die Ziele gemeinsamer Arbeit in Inhalte des sozialistischen Wettbewerbs umzusetzen, ist notwendiger denn je. Unsere Gewerkschaftsleitungen müssen diese Prozesse noch besser beherrschen.

Das betrifft vor allem Aufgaben des Staatsplanes Wissenschaft und Technik und des Planes der naturwissenschaftlich-technischen Grundlagenforschung.

Natürlich könnte man sagen, daß alle Grundprinzipien des Wettbewerbs auch in der Grundlagenforschung gelten. Zweifellos ist das zutreffend. Aber wie ist das z. B. mit dem höheren Risiko, mit den oft nur bedingt auszuweisenden ökonomischen Ergebnissen, mit den oft langen Forschungszeiträumen, mit der sehr breiten Kooperation meist über Ländergrenzen hinaus?

Alles das ist typisch für Grundlagenforschung und wird in der Wettbewerbsführung noch nicht voll beherrscht.

Ein anderes Problem ist das Problem des Leistungsvergleichs in der Wissenschaft. Wir haben uns diesem Problem gestellt und sind bei seiner Lösung schrittweise vorangekommen. Durch den Leistungsvergleich ergibt sich ein exakterer Einblick in den Leistungsstand der Universitäts- und Akademiekollektive. Leistungsunterschiede, die ja keine ungewöhnliche Erscheinung sind, werden deutlich und werden öffentlich. Dabei waren und sind wir bemüht, nur das zu vergleichen, was wirklich vergleichbar ist. Gruppenbildungen, Beschränkungen auf wenige wirklich aussagefähige Kennziffern, vor allem die sorgfältige ideologische Vorbereitung sind wichtig, um im und durch den Leistungsvergleich Fortschritte zu erreichen. Gegenstand des Leistungsvergleiches sind z. B. der Anteil von Spitzenleistungen, Ertrag und Zahl von Patenten und erfinderischen Lösungen, eingesetzte Forschungskapazität für Staatsplanaufgaben, Einbeziehung von Studenten in Forschungsaufgaben oder auch von Leistungen im wissenschaftlichen Gerätebau und in die Neuererbewegung u. a.

Um den Leistungsvergleich durchzusetzen, war sehr viel politische Überzeugungsarbeit notwendig. Solche Argumente wie, in der Wissenschaft seien Vergleiche nur sehr bedingt möglich, der Aufwand sei größer als der Nutzen u. a. spielen immer noch eine gewisse Rolle, die sich bremsend auswirkt. Vielleicht könnten Mitglieder des Wissenschaftlichen Rates uns durch Analysen und Lösungsvorschläge helfen, auch in der Wissenschaft mit Leistungsvergleichen weitere Fortschritte zu erreichen.

Schwerpunkte im sozialistischen Wettbewerb zur würdigen Vorbereitung des XI. Parteitages der SED in den Wissenschaftseinrichtungen sind:

a) das Wissenschafts- und Bildungspotential mit immer höherer Effektivität für die Ausbildung aller Studenten einzusetzen und dabei der differenzierten Förderung besonders begabter und talentierter Studenten verstärkte Aufmerksamkeit zuzuwenden;
b) die Qualität und das Tempo bei der Heranbildung des wissenschaftlichen Nachwuchses zu erhöhen;
c) durch die Intensivierung der wissenschaftlichen Arbeit und die verstärkte Konzentration des Forschungspotentials auf zukunftsbestimmende Forschungsrichtungen und Schlüsseltechnologien den Anteil von Forschungsleistungen, die das internationale Niveau bestimmen und mitbestimmen, konsequent zu erhöhen;
d) den Anteil und das Gewicht von Forschungsleistungen weiter auszubauen, die unmittelbar zur Leistungssteigerung von Industrie, Bauwesen, Landwirtschaft sowie des Gesundheitswesens beitragen;
e) die sich aus der „Erklärung über die Hauptrichtungen der weiteren Entwicklung und Vertiefung der ökonomischen und wissenschaftlich-technischen Zusammenarbeit der Mitgliedsländer des RGW“ und dem Programm der Entwicklung der Zusammenarbeit zwischen der DDR und der UdSSR auf dem Gebiet von Wissenschaft, Technik und Produktion bis zum Jahre 2000 für die Hochschul- und Akademieforschung ergebenden Aufgaben, vor allem zur Beschleunigung des wissenschaftlich-technischen Fortschritts und zur Intensivierung der Wirtschaft, zielstrebig zu erfüllen;
f) Aufgaben zur Erfüllung des immateriellen Exports, der hochspezialisierten medizinischen Betreuung, des wissenschaftlichen Gerätebaus sowie der Fondsökonomie.

Alle diese Aufgaben, das weisen die Wettbewerbsprogramme und ihre Aktivitäten aus, sind immer auch verknüpft mit schrittweisen Verbesserungen der Arbeits- und Lebensbedingungen, mit den Fragen von Ordnung, Disziplin und Sicherheit.

Das erste Halbjahr 1985 zeigt bereits eine gute Bilanz der Wettbewerbsführung insgesamt. Nicht zuletzt auch deshalb, weil es gelungen ist, den Grad der Identifikation, des persönlichen Engagements der Wissenschaftler, Arbeiter und Angestellten für hohe Plan- und Wettbewerbsziele zu steigern. Über 40000 persönliche und kollektive Wettbewerbsverpflichtungen belegen das.

Die inhaltliche Gestaltung des Wettbewerbs, alle gemeinsamen Aktivitäten staatlicher Leiter und der Gewerkschaftsleitungen sind geprägt, Wissenschaft und Bildung konsequent auf die umfassende Intensivierung zu konzentrieren.

Heinrich Brodowski

Neue Aspekte der Arbeit mit Notizen zum Plan im sozialistischen Wettbewerb aus der Sicht der Leitungstätigkeit im Stammbetrieb des VEB Reifenkombinat Fürstenwalde

In meinem Diskussionsbeitrag werde ich über eine Wettbewerbsinitiative sprechen, die sich in den Betrieben des Reifenkombinats Fürstenwalde, besonders im Stammbetrieb, bewährt hat.

Zuvor ein paar Bemerkungen zur Produktion in unserem Werk.

Die Herstellung eines Reifens ist verbunden mit körperlich schwerer Arbeit und einer Vielzahl von Arbeitsgängen, die in den Bereichen der materiellen Produktion durch relativ kleine Arbeitskollektive und in den Konfektionsbereichen durch Einzelpersonen (Reifenwickler) zur Herstellung unserer Erzeugnisse notwendig sind.

Abgesehen von den für alle Arbeitsplätze vorhandenen technisch begründeten Arbeitsnormen wird die tägliche Arbeitsleistung wesentlich durch die persönliche Einstellung zur Arbeitsaufgabe, durch die Kenntnisse, Fähigkeiten und Fertigkeiten dieser Einzelpersonen und kleiner Arbeitskollektive (Maschinenbesatzungen) bestimmt. Diese Arbeitsweise ist eine gute Ausgangsbasis dafür, mit persönlichen bzw. kollektiven Verpflichtungen die zentral beschlossenen Wettbewerbsziele zu untersetzen. Diese persönlichen bzw. kollektiven Verpflichtungen, bezeichnet als „Notizen zum Plan — im Schrittmaß der 80er Jahre", haben sich über viele Jahre bei der Realisierung unserer Aufgaben ausgezeichnet bewährt.

Was macht sie besonders in Auswertung der 10. Tagung des ZK der SED und auch in Vorbereitung des XI. Parteitages der SED so bedeutungsvoll?

1. Unsere Verpflichtungsbewegung hat deswegen besondere Bedeutung, weil sie voraussetzt, daß beginnend mit der Aussprache zur staatlichen Aufgabenstellung zum folgenden Jahr, die zu realisierenden Aufgaben und das Wettbewerbsziel bis auf die Person oder die kleinste Arbeitseinheit aufgeschlüsselt werden, um jeden einzelnen bzw. das kleinste Arbeitskollektiv mit den Anforderungen vertraut zu machen. Damit wird auch der Inhalt der persönlichen Planangebote und der Verpflichtungen bestimmt, der ausschließlich auf ökonomische Aufgaben orientiert, die über die staatliche Aufgabenstellung hinausgehen, also auf den persönlichen Beitrag der Arbeit gerichtet sind.

2. Die Wirksamkeit unserer Verpflichtungsbewegung, die Anforderungen nach hoher Qualität erfordern, daß unter Führung der Betriebsparteiorganisation alle für die politische Führung der ökonomischen Prozesse verantwortlichen staatlichen Leiter und Leitungen der gesellschaftlichen Organisationen einen einheitlichen Standpunkt zur Wettbewerbsführung beziehen. Bei den Leitern und Funktionären ist das Bedürfnis zu entwickeln, jeden Genossen, jeden Gewerkschaftler, jeden FDJler, jeden Werktätigen des Kollektivs zu gewinnen, sich mit den vorgegebenen Plananforderungen und Wettbewerbszielen persönlich zu identifizieren und den eigenen Beitrag zur Erfüllung dieser Aufgabenstellung festzulegen.

3. Die Planaussprache erhält insofern eine höhere Qualität, weil mit jedem einzelnen Werktätigen bzw. dem kleinsten Arbeitskollektiv das persönliche Gespräch geführt wird.

Unsere Verpflichtungsbewegung realisiert sich nicht dadurch, daß man z. B. während der Frühstückspause dem Kollektiv gleichzeitig eine Verpflichtung bzw. ein Planangebot zu den Wettbewerbszielen abfordert. Es geht vielmehr darum, die Initiative auf die Anforderungen der ökonomischen Strategie unserer Partei zu orientieren und Verpflichtungen oder Planangebote inhaltlich auf

- die Qualität und das Tempo der wissenschaftlich-technischen Arbeit,
- die Material- und Energieökonomie,
- die Senkung der Selbstkosten und
- die volle Ausnutzung der Arbeitszeit,

also auf Leistungsangebote zu orientieren, mit denen die technisch-begründeten Arbeits- und Materialverbrauchsnormen überboten werden können.

Um auch die Werktätigen der produktionsvorbereitenden Bereiche für unsere Verpflichtungsbewegung zu erreichen, haben wir z. B. in Vorbereitung des XI. Parteitages der SED vor, jeden Werktätigen zur Realisierung einer Aufgabe zu gewinnen, die über die vereinbarte Aufgabenstellung hinausgehend zur Steigerung der Arbeitsproduktivität beiträgt.

Dazu ist diesen Kolleginnen und Kollegen ein Katalog von Aufgaben anzubieten, die, ähnlich wie bei der Neuerertätigkeit, auf Leistungssteigerung orientieren.

In Vorbereitung des XI. Parteitages der SED steht z. B. dahinter die Anforderung, einen selbstkostenwirksamen Nutzen von 20000 Mark pro Hoch- und Fachschulkader zu erarbeiten.

4. Von großer Bedeutung ist bei dieser breiten Verpflichtungsbewegung, über das ‚Warum' der abgegebenen Verpflichtung zu sprechen; politisch zu motivieren. Vertrauen in die Politik der marxistisch-leninistischen Partei und unseres Staates auszudrücken, den eigenen Willen und Beitrag zur Stärkung des Sozialismus erklären und festlegen – diese Haltung zur Lösung der ökonomischen Aufgaben ist Ausdruck des Verstehens der Zusammenhänge von Innen- und Außenpolitik und auch Ausdruck dafür, daß die Verpflichtung oder das Planangebot aus Einsicht in die Erfordernisse geboren sind, die

sich aus den Kämpfen unserer Zeit, aus der erbitterten Klassenauseinandersetzung zwischen Sozialismus und Imperialismus ergeben.

Diese Zusammenhänge in den persönlichen Aussprachen mit den Kollegen und Arbeitskollektiven weiterhin noch besser verständlich zu machen, ist unsere Aufgabe und Hauptinhalt der politischen Arbeit überhaupt, wie wir sie aus der Aufforderung der 10. Tagung des ZK der SED ableiten.

Notizen zum Plan beinhalten:

- Ehrlichkeit gegenüber sich selbst, gegenüber dem Plan und damit gegenüber der Gesellschaft, sowie
- in jeder Minute das Beste für die Gesellschaft zu geben, selbst Vorbild zu sein und auch eigene Fehler schonungslos aufzudecken.
- Sie sind eine Herausforderung an alle Werktätigen, politisch bewußt zu handeln und selbst eine größere Verantwortung zu tragen und
- sie stellen höhere Anforderungen an die Leiter, die sachlichen Voraussetzungen dafür zu schaffen, daß die persönlichen bzw. kollektiven Wettbewerbsziele auch an jedem Tag erfüllt werden können.

Das alles sind Anforderungen, die genau in unsere Zeit passen, die sich einordnen in die Bedingungen zur Erfüllung der Beschlüsse der 10. Tagung des ZK der SED.

Das bisher Gesagte, widerspiegelt sich im Wettbewerbsgeschehen 1985 wie folgt: insgesamt 4234 Kolleginnen und Kollegen gaben eine persönliche Verpflichtung bzw. ein Planangebot ab, das auf Leistungssteigerung orientiert und jeden einzelnen zur Erfüllung der für 1985 beschlossenen Wettbewerbsziele fordert. Wir haben uns selbstverständlich – wie alle Betriebe unserer Bezirksgewerkschaftsorganisation – eingeordnet in die vom Bezirksvorstand des FDGB ausgelöste Initiative „Mein Wort und meine Tat zum XI. Parteitag der SED".

Hartmut Schullmann und sein Kollektiv, die am Ganzstahlreifenprogramm arbeiten, gaben persönliche Planangebote ab. Sie haben damit das Beispiel für 177000 Werktätige des Bezirkes gegeben. Ich kann heute sagen, daß sie zum abgegebenen Planangebot stehen und der tagtägliche Kampf darum geführt wird, die übernommene Verpflichtung auch zu erfüllen. Der Kollege Schullmann hat am 1. Mai 1985 abgerechnet, daß 233 Reifen über die persönliche Norm hinaus für die Volkswirtschaft und für den Export durch die Arbeit seiner Maschinenbesatzung realisiert wurden. Und mit gleichem Ergebnis könnte ich über viele Werktätige unseres Betriebskollektivs berichten.

Noch eine Bemerkung: Vor über zehn Jahren hat der Kollege Karl-Heinz Hübner das erste Mal „Notizen zum Plan" geschrieben. Diese Anforderung, „Notizen zum Plan" zu schreiben, ist aus der Sicht des Kampfes um die tagtägliche Planerfüllung der übernommenen Verpflichtungen aktueller denn je. Sie werden in eigener Sache geschrieben. Darüber, wie täglich die eigene Verpflichtung erfüllt oder warum sie nicht realisiert werden konnte. Bei den mindestens monatlich einmal vom verantwortlichen staatlichen Leiter durchzuführenden „Notizen-Rapporten" sind diese Notizen mit dem gesamten Kollektiv auszuwerten und es sind Maßnahmen und Aufgaben zu beraten und zu realisieren, die künftig die Kontinuität der Arbeit gewährleisten.

Auf jeden Vorschlag, jeden Gedanken und jeden Hinweis der Werktätigen wird damit in jedem Monat eine Antwort gegeben. Es werden aber auch die Werktätigen gefordert, die es mit ihrer Verpflichtung nicht so genau nehmen.

Die Arbeit mit persönlichen Verpflichtungen und Planangeboten führt zu einer großen Breite und zu einer höheren Qualität der Wettbewerbsführung. In den Kollektiven, wo auf der Grundlage der persönlich erreichten Bestwerte der Erfahrungsaustausch darüber geführt wird, wie man mit welchen Mitteln und Methoden zu ihnen gekommen ist, werden nicht nur Leistungen mit einer hohen Arbeitsproduktivität abgerechnet, sondern wie die Vergangenheit unseres Betriebskollektivs unter Beweis stellt, auch freiwillige Normenrückgaben angeboten.

Abschließend zu unseren Aufgaben, Anforderungen und Initiativen in Auswertung der 10. Tagung des ZK und in Vorbereitung des XI. Parteitages der SED noch folgende Bemerkung.

Der Inhalt und die Qualität unserer Verpflichtungsbewegung wird wesentlich dadurch bestimmt, wie von den Leitern Aufgaben für die Kollegen des Verantwortungsbereiches vorgegeben und angeboten werden. Ausgehend von den Schwerpunkten unserer zentralen Aufgabenstellung ist für jedes Arbeitskollektiv bzw. für jeden einzelnen des Kollektivs dadurch die Voraussetzung gegeben, durch sein persönliches Planangebot zur Erschließung neuer Leistungsreserven, zur Steigerung der Arbeitsproduktivität, zur bestmöglichen Veredlung der Rohstoffe und Materialien, zur spürbaren Verringerung des Produktionsverbrauchs und einem hohen Grad der Erneuerung der Produktion beizutragen.

Die 10. Tagung des ZK der SED, das Ernst-Thälmann-Aufgebot der FDJ und die 10. Tagung des Bundesvorstandes gaben Anregung für jeden Reifenwerker, persönliche und für das Kollektiv notwendige Schlußfolgerungen abzuleiten, um das Programm unserer Partei und die Beschlüsse des X. Parteitages der SED weiter erfüllen zu helfen.

In unserer Verpflichtungsbewegung sind gegenwärtig 4234 Werktätige einschließlich Lehrlinge einbezogen. Das sind 95,1 % aller Werktätigen unseres Kollektivs, die sich den höheren Anforderungen gestellt haben. Verstanden wird das Wort der Partei der Arbeiterklasse, daß es nunmehr noch stärker darauf ankommt, die Republik allseitig zu stärken und den Frieden zu sichern.

Wir stellen uns weiterhin den Anforderungen des Jahres 1985 und damit den Vorbereitungen für das Jahr 1986 und sind der festen Überzeugung, daß unser ganzes Betriebskollektiv weiter den Kampf darum führt, zuverlässiger Partner der Volkswirtschaft zu sein.

Unser Wort und unsere Tat zum XI. Parteitag der SED wird auch bei der Vorbereitung der persönlichen Verpflichtungen und Planangebote für den Wettbewerb im Jahre des XI. Parteitages der SED Motiv des Handelns sein.

Die im Herbst 1985 beginnenden Parteiwahlen werden für uns Anlaß sein, die gesammelten guten Erfahrungen mit persönlichen Verpflichtungen und Planangeboten zu nutzen, um hohe Leistungen zur Stärkung der Republik und zur Sicherung des Friedens zu erreichen.

Dieter Weger

Zur politischen Führung der schöpferischen Masseninitiative im sozialistischen Wettbewerb durch die Bezirksleitung der SED Frankfurt (Oder)

Erich Honecker hat in seiner Rede auf dem XII. Parlament der Freien Deutschen Jugend und der 10. Tagung des ZK der SED die Steigerung der Arbeitsproduktivität als grundlegendes Erfordernis für die erfolgreiche Fortführung der Politik des Friedens und der Hauptaufgabe dargestellt. Das stellt neue Anforderungen an den sozialistischen Wettbewerb.

Die im Referat und in den Thesen für diese Beratung aufgezeigten Zusammenhänge sind auch im Oderbezirk charakteristische Merkmale der Wettbewerbsaktivitäten unter der Losung „Alles für das Wohl des Volkes und den Frieden – Vorwärts zum XI. Parteitag der SED".

Nachhaltig hat die Abrechnung der Ergebnisse im sozialistischen Wettbewerb zum 40. Jahrestag des Sieges über den Hitlerfaschismus und der Befreiung des deutschen Volkes verdeutlicht, daß die Werktätigen auch unseres Bezirkes zu Ehren des XI. Parteitages der SED einen hohen Leistungs- und Effektivitätszuwachs erzielen wollen. Bei einem Wachstum um 20,9 % wurde in der Industrie des Bezirkes die geplante Arbeitsproduktivität um 2,7 % überboten. Bei der industriellen Warenproduktion stehen 1,3 Tagesproduktionen über den Plan hinaus zu Buche. Bei einer Wachstumsrate um 20 % wurden die Exportaufgaben erfüllt.

Über 1 100 Werktätige wurden im Rahmen der Initiative „Weniger produzieren mehr" in den ersten vier Monaten dieses Jahres über die Einsparung ihres Arbeitsplatzes für die Lösung anderer Intensivierungsaufgaben, vorwiegend im eigenen Betrieb, gewonnen.

Dieser Wille der Betriebskollektive, aus der umfassenden und dauerhaften Intensivierung auf lange Sicht ein hohes ökonomisches Wachstum zu erreichen, zeigt sich u. a. auch darin, daß längerfristig betrachtet,

- die Nettoproduktion dreimal schneller wuchs als die industrielle Warenproduktion;
- die Produktion mit dem Gütezeichen „Q" mit 19,6 % wesentlich schneller als die gesamte industrielle Warenproduktion stieg;
- in der Industrie gegenüber 1980 die Arbeitsproduktivität auf Basis Nettoproduktion achtmal schneller wuchs als die Gesamtausgaben für Wissenschaft und Technik;
- die Orientierung der Bezirksleitung der SED zur Erreichung eines Anteils der Neuproduktion am NSW-Export von 40 % mit 56,6 % erfüllt wurde;
- das Ergebnis bei der Erneuerung des Erzeugnissortiments mit 31 % die Zielstellungen überstieg und
- sich die Entwicklung des Anteils von Spitzenleistungen bei den Einführungsaufgaben und Pflichtenheften seit 1981 mehr als verdoppelte.

Gemeinsame Basis dieser an Breite stetig angewachsenen, derzeitig durch 178 000 persönliche Verpflichtungen „Mein Wort und meine Tat zum XI. Parteitag" untersetzten Aktivitäten ist die Kampfposition, alles für die Fortführung des Kampfes um den Frieden und der Politik der Hauptaufgabe zu tun. Mehr denn je bestätigte sich, daß die konsequente Friedenspolitik sowie die gewährleistete soziale Sicherheit und Geborgenheit als starke Motive für hohe Leistungen in der täglichen Arbeit wirken.

Vier wichtige Grundpositionen stehen für vielen Kollektive:

1. Wir tragen aktiv dazu bei, den Kurs der umfassenen Intensivierung zu vertiefen, um die Politik der Hauptaufgabe in ihrer Einheit von Wirtschafts- und Sozialpolitik auch weiterhin fortführen zu können.
2. Wir stellen uns konsequent darauf ein, daß immer neue Technologien und Verfahren wirksam werden, deren Verbreitungsgeschwindigkeit sich dynamisch erhöhen wird.
3. Wir leiten weitere Schlußfolgerungen daraus ab, daß wir es mit einer permanenten Erneuerung von Erzeugnissen, Erzeugnisstrukturen und Technologien zu tun haben und, daß die daraus hervorgehende Veredlungsprodukte darüber entscheiden, welche hohen Erlöse wir auf den Binnen- und Außenmärkten erzielen.
4. Wir wollen eine wesentliche Steigerung der ökonomischen Effektivität durch die noch breitere Anwendung der Mikroelektronik und Industrierobotertechnik erzielen.

Das sind gute Kampfpositionen, um die Intensivierungsfaktoren in ihrer Komplexität auszuschöpfen.

An solche Positionen anknüpfend richten die Bezirksleitung der SED und der Bezirksvorstand des FDGB Frankfurt (Oder) ihr Augenmerk in der politischen Führung des sozialistischen Wettbewerbs in Vorbereitung auf den XI. Parteitag der SED verstärkt darauf, die Erfüllung und Überbietung unserer wirtschaftspolitischen Ziele im sozialistischen Wetteifern zum unmittelbar wichtigsten und interessantesten Anliegen jedes Werktätigen werden zu lassen. Dabei geht es um das Umsetzen der vielen Vorschläge und Gedanken, wie die Initiativen der Werktätigen als Ausdruck ihrer bewußten Aktivität noch wirksamer mit der Wirtschaftsstrategie der SED und den Schwerpunkten ihrer Verwirklichung verbunden werden können. Die Kollektive haben ihre Ergebnisse anläßlich des 40. Jahrestages des Sieges über den Hitlerfaschismus und der Befreiung abgerechnet und übernehmen jetzt weitere Verpflichtungen, um das erreichte Tempo über die bisherigen Verpflichtungen hinauszuführen. So beraten die Genossen des VEB

Eisengießerei „Hans Ammon" Britz in den APO und Parteigruppen darüber, wie die Aufgaben des Planes Wissenschaft und Technik noch wirkungsvoller realisiert werden können. Dabei stehen die weitere Einsparung von importiertem Schmelzkoks und arbeitskräftesparende Automatisierungsmaßnahmen im Zentrum. Verfahren zur Automatisierung am Kupolofen, die Spitzenleistungen darstellen, wurden selbst entwickelt und übergeleitet.

Alle 1985 abzuschließenden Pflichtenheftverteidigungen will dieses 700 Werktätige umfassende Betriebskollektiv als den Welthöchststand bestimmend bzw. mitbestimmend abschließen. Seit Jahren erreicht dieser Betrieb hohe Ergebnisse bei der Steigerung der Arbeitsproduktivität und absoluten Senkung des Produktionsverbrauchs bei zugleich steigender Leistung.

Indem das Sekretariat der Bezirksleitung der SED solche Spitzenleistungen verallgemeinert, wird an die Erfahrungen der Werktätigen angeknüpft, die in der Wirtschaftsstrategie eine bewußte Nutzung der Möglichkeiten und Vorzüge der sozialistischen Planwirtschaft darstellen. Die Bezirksleitung der SED läßt sich bei der Entfaltung von Wettbewerbsinitiativen davon leiten, daß konkrete Masseninitiativen ein gewichtiger qualitativer Faktor wirtschaftlichen Wachstums sind. Damit wird eine schöpferische Atmosphäre des Suchens nach Wegen gefördert, wie aus dem Vorhandenen mehr zu machen ist.

Seit dem X. Parteitag der SED richtet die Bezirksleitung die Positionen der Kommunisten und Werktätigen in den Kombinaten und Betrieben noch stärker darauf, die Faktoren der intensiv erweiterten Reproduktion und ihre Möglichkeiten wesentlich umfassender auszuschöpfen. Ergebnis dieser Suche und klar orientierten Arbeit sind solche aus dem sozialistischen Wettbewerb hervorgegangenen Initiativen, die heute zu seinem festen Bestandteil geworden sind und maßgeblich seinen inhaltlichen Reichtum ausmachen, wie:

- „Klarer Standpunkt – hohe Leistung" – mit der sozialistische Verhaltensweisen und Arbeitshaltungen entsprechend den Maßstäben des Planes zu seiner gezielten Überbietung führen.
- „Ideen – Lösung – Patente" – verbreitert den Kampf um Spitzenleistungen bei Erzeugnissen und Technologien, um Exportfähigkeit und Exportrentabilität sowie um die Senkung des Produktionsverbrauchs durch konsequente Verwertung der Ergebnisse der wissenschaftlich-technischen Arbeit.
- „Weniger produzieren mehr" – hat die Steigerung der Arbeitsproduktivität in neuen Dimensionen zum Gegenstand.
- „Bauernpraxis + Wissenschaft = Höchsterträge" – ist auf die weitere Ausprägung der Ergebnisse aus der Arbeit an und mit den Höchstertragskonzeptionen in der Pflanzenproduktion und mit den Höchstleistungskonzeptionen in der Tierproduktion gerichtet.

Keine dieser Initiativen besteht neben dem Wettbewerb. Sie alle bewähren sich, das Wissen, die Talente und schöpferischen Fähigkeiten der Werktätigen herauszufordern. Solche Initiativen bewähren sich als erfolgreicher Weg, dem persönlichen Beitrag der Werktätigen im sozialistischen Wettbewerb größeres Gewicht zu verleihen und so weitere Leistungs- und Effektivitätsreserven zu erschließen.

Diese Initiativen weiter auszuprägen, ökonomisch noch wirksamer werden zu lassen, das bestimmt gegenwärtig sehr stark die Volksaussprache, die mit der Plandiskussion 1986 in eine neue, anspruchsvolle Etappe eingetreten ist. Alle diese Initiativen führen vor allem dadurch zu hohen Ergebnissen, weil sie

1. organischer Bestandteil des sozialistischen Wettbewerbs unter der Losung „Alles für das Wohl des Volkes und den Frieden – Vorwärts zum XI. Parteitag der SED" in den Betriebskollektiven sind,
2. mit ihrer inhaltlichen Grundlage über längere Zeit geführt, aber stetig auf ein höheres Niveau gehoben werden;
3. langfristig in ihrer konzeptionellen Grundlinie orientiert sind und als jährlich zu lösende Aufgaben in den Wettbewerbsbeschlüssen Verankerung finden;
4. umfassend durch kollektive und persönliche Verpflichtungen untersetzt sind, so daß auf diese Weise die Leistungsbereitschaft und Aktivität aller auf ein hohes Wirtschaftswachstum gerichtet wird;
5. als Führungsbeispiele entwickelt, erprobt und dann systematisch verallgemeinert wurden, wobei der Initiative immer Neues zufließt, das wieder zum Verallgemeinerungswürdigem wird.

Jede der Initiativen zeichnet sich durch einen konkreten Inhalt aus, der davon bestimmt ist, Schwerpunkte der Wirtschaftsstrategie konkret zum Feld massenhaften Schöpfertums werden zu lassen. Zugleich existieren die Initiativen nicht isoliert voneinander, sondern zeichnen sich durch enge Wechselbeziehungen untereinander aus. Worin besteht das wesentliche der einzelnen Initiativen, auf welchen Grundlagen werden sie geführt und wie werden sie im sozialistischen Wettbewerb wirksam?

Die Initiative „Klarer Standpunkt – hohe Leistung" geht inhaltlich davon aus, daß bei aller Unterschiedlichkeit der Aufgabenstellungen zwischen einzelnen Betrieben doch für alle zutrifft: Hohe Leistung und Effektivität erfordern eine klare Position der Arbeitskollektive. Dabei geht es um jeden einzelnen und im ganzen Betriebskollektiv entfalten sich sozialistische Verhaltensweisen und Arbeitshaltungen auf hohem Niveau.

Da sozialistische Verhaltensweisen und Arbeitshaltungen an konkreten Aufgabenstellungen sichtbar werden, beschließen die Vertrauensleute jeweils im Ergebnis der Plandiskussion die gesamtbetriebliche Kampfposition „Klarer Standpunkt – hohe Leistung" für ein starkes Wirtschaftswachstum. Die dementsprechenden Verhaltensansprüche sind in den jeweiligen Schwerpunkten der gesamtbetrieblichen Kampfpositionen für alle faßbar und abrechenbar gestellt. Sie messen sich am spürbaren Beitrag der Belegschaft und u. a. auch an der

- Senkung des Material- und Energieverbrauchs, die den Leistungszuwachs mit dem zur Verfügung gestellten Material bei weiteren Fondsrückgaben sichern und überbieten helfen;
- besten gebrauchswerterhöhenden Qualitätsarbeit von der Forschung und Konstruktion über die Produktion bis zum Absatz;
- termingetreuen und qualitätsgerechten Erfüllung der wesentlich größeren Exportaufgaben;

- bestmöglichen Nutzung der zur Verfügung stehenden Arbeitszeit und der hochproduktiven Grundfonds;
- Sicherung der wachsenden Konsumgüterproduktion in der täglichen Arbeit und
- höheren Qualität gemeinschaftlicher und auf das Produkt bezogener Arbeit, wobei sich jeder davon leiten läßt, so zu arbeiten, daß auch der Nachfolgende beste Qualität erzeugen kann.

Diese Maßstäbe werden von den Kollektiven dort zum täglich Anliegen gemacht, wo sie zugleich konkret mit beeinflußbaren Zielaussagen oder Orientierungen für die Arbeitskollektive untersetzt werden. So werden im Prozeß der Planrealisierung aus ökonomischen Erfordernissen Bewertungskriterien für das weitere wirtschaftliche Voranschreiten unserer Republik abgeleitet. Auf der Grundlage dieser gesamtbetrieblichen Kampfposition stellten sich die Kollektive und Werktätigen auch auf den Plan 1985 ein und arbeiteten bereits im IV. Quartal 1984 – ausgehend von den Friedensschichten – nach den 85er Ansprüchen. Erkenntnisse daraus prägten dann die Wettbewerbsbeschlüsse in Vorbereitung auf den XI. Parteitag der SED. Im Ergebnis gründlicher Diskussionen um vorhandene Reserven entstanden so zugleich anspruchsvolle kollektive Wettbewerbsverpflichtungen zum Plan 1985. Diese Erfahrungen übertragen die Betriebskollektive schon jetzt auf die anläßlich des Weltfriedenstages 1985 vorgesehenen Friedensschichten. Zu unterstützen ist die Absicht, sie als Höchstleistungsschichten durchzuführen. Daraus wollen die Kollektive neue Erkenntnisse für stabilen höheren Leistungs- und Effektivitätszuwachs erzielen. Die Leitungen unserer Partei und der Gewerkschaften nehmen auf die Vorbereitung, Durchführung, gründliche Auswertung dieser Friedensschichten Einfluß.

Diese Friedensschichten werden allen bewährten Wettbewerbsinitiativen neue Impulse geben, die dazu beitragen werden, die Parteitagsvorhaben in Ehren zu erfüllen.

In Vorbereitung des XI. Parteitages der SED hat dabei die von Parteikollektiv des Stammbetriebes des Reifenkombinates Fürstenwalde ausgelöste Aktivität mit den persönlichen Verpflichtungen „Mein Wort und meine Tat zum XI. Parteitag“ im ganzen Bezirk an Breite gewonnen. Sie ging aus der bewährten Arbeit mit den „Notizen zum Plan“ hervor und aus der Absicht, aufgedeckte Reserven zum Bestandteil ihrer eigenen persönlichen Wettbewerbsverpflichtung zu machen. Damit wird die Position zum eigenen ergebniswirksamen Verändern in den Vordergrund gerückt. Die zielstrebige und konkrete politische Führungstätigkeit der Parteileitung hat dabei im Stammbetrieb des Reifenkombinates Fürstenwalde dazu geführt, daß auf diese Weise heute 90 % aller Werktätigen persönliche Verpflichtungen übernahmen, die zusätzliche Leistungen gegenüber dem Plan zum Inhalt haben. Dieses Beispiel hat bezirksweit ein großes Echo erhalten. Es wurde, gefördert durch die Leitungen der SED und der Gewerkschaften, zur breiten Massenbewegung, um den XI. Parteitag der SED mit konkreten Taten vorzubereiten. Zugleich kommt darin die gewachsene Fähigkeit der Werktätigen zum Ausdruck, den täglichen Arbeitsprozeß produktiver zu beherrschen.

Es ist zu unterstreichen, wenn in den Thesen für die heutige Beratung betont wird, daß Wissenschaft und Technik ein entscheidendes Wirkungs- und Bewährungsfeld von Wettbewerbsinitiativen sein müssen und diese nicht auf bestimmte ausgewählte Bereiche, wie z. B. Forschung, Entwicklung oder Technologie, eingegrenzt werden dürfen. In unserem Bezirk hat sich die Initiative „Ideen – Lösungen – Patente“ bewährt.

Sie wird auf der Grundlage einer langfristig angelegten Konzeption, welche von ganzen Betriebskollektiv getragen wird, geführt und auf den betrieblichen Intensivierungskonferenzen nach kollektiver Erarbeitung und Beratung im Betriebskollektiv bestätigt. Entscheidend ist die Verständigung über die Konzentration, auf wissenschaftlich-technische Aufgabenkomplexe und wie diese mit einem über den Plan hinausgehenden Tempo und hoher ökonomischer Effektivität gemeistert werden sollen.

Das heißt, diese Initiative orientiert auf die Meisterung entscheidender Schwerpunktaufgaben, von denen die jeweils größten Einflüsse auf das Wirtschaftswachstum des Betriebes oder Kombinates ausgehen, d. h. die betriebliche Gesamtkonzeption orientiert Initiative und Schöpfertum eines breiten Kreises von Werktätigen auf die entscheidenden Schwerpunkte der Ausnutzung von Wissenschaft und Technik bei der Intensivierung des gesamtbetrieblichen Reproduktionsprozesses. Dieses aufgabenorientierte Vorgehen bezieht sich m. E. auf drei grundlegende Arbeitsrichtungen:

Erstens: Sicherung eines soliden wissenschaftlich-technischen Vorlaufs, der mit seiner Überleitung auch in den nächsten Jahren zu hohen Effekten und Ergebnissen in der Volkswirtschaft sowie auf den Weltmärkten beiträgt:

Zweitens: Einfügung des wissenschaftlich-technischen Fortschritts in das Vorhandene, um es spürbar leistungsfähiger zu machen und daraus unmittelbar wirksamen Nutzen zu erzielen;

Drittens: Sicherung einer wesentlich höheren Eigenproduktion von Rationalisierungsmitteln einschließlich der Fertigung von Industrierobotern und dazu notwendiger Peripherie. Die in den Betrieben zur Lösung dieser Aufgaben gebildeten Realisierungskollektive geben mit ihrer Arbeit Antwort darauf, wie die Kettenglieder des wissenschaftlich-technischen Fortschritts durch die bewußte Arbeit großer Kollektive schneller, besser und effektiver als bisher geplant und gepackt werden können. Ausgangspunkt der Arbeit eines solchen Kollektivs, wie auch die Spitzenleistung „Neue Krangeneration“ im Kranbau Eberswalde beweist, ist die Erarbeitung und Verteidigung des Pflichtenheftes bzw. die Ableitung sich aus dem Pflichtenheft ergebender Arbeitsaufgaben zur Erreichung und Überbietung der gesetzten Ziele.

Es zeigt sich immer wieder, daß wir in den Betriebskollektiven dann eine große Breite und Tiefe in der Initiative „Ideen–Lösungen–Patente“ und damit ein höheres Niveau in der wissenschaftlich-technischen Arbeit erreichen, wenn eine schöpferische Arbeitsatmosphäre geschaffen und gepflegt wird, in der die großen Potenzen sozialistischer Gemeinschaftsarbeit wirksam werden können. Das belegen auch 279 Patentanmeldungen im Jahre 1984. Die Patentergiebigkeit erhöhte sich damit um 1,6 auf 8,9 Patente je 100 Hoch- und Fachschulkader in Forschung und Entwicklung. Eine sachliche, aber kritische Einschätzung zeigt zugleich, daß die Ergebnisse noch differenziert sind.

Fest eingeordnet in den sozialistischen Wettbewerb ist nach wie vor die Schwedter Initiative „Weniger produzieren mehr". Grundlegende Erfahrungen aus siebenjähriger Arbeit mit dieser Initiative bestätigen, daß ihre Potenzen bei weitem noch nicht ausgeschöpft sind. Die seit 1981 im Bezirk erreichten Ergebnisse widerspiegeln sich in solchen Intensivierungseffekten, wie

- dem erreichten Leistungswachstum auf der Grundlage absolut gesunkenem Produktionsverbrauchs, resultierend aus umfangreichen materialökonomischen Initiativen und der vollzogenen Energieträgerumstellung durch weitere Nutzung einheimischer Rohstoffe;
- der annähernden Verdopplung der Eigenfertigung von Rationalisierungsmitteln, insbesondere von Industrierobotertechnik, und der Realisierung der Zielstellung, 1985 mindestens 11 Arbeitskräfte je eine Million Mark eingesetzte Rationalisierungsmittel aus der eigenen Fertigung für andere Aufgaben zu gewinnen;
- dem Wachstum des Anteils mehrschichtig arbeitender Werktätiger in der Industrie um 1 %;
- dem Anstieg des Produktionspersonals in Industrie und Bauwesen an den Gesamtbeschäftigten seit 1981 um 1800 Werktätige auf 64 %.

Von den in dieser Zeit gewonnenen 20150 Arbeitskräften wurden 90 % im eigenen Betrieb wieder eingesetzt, davon

für die höhere Grundfondsauslastung	20,5 %
für den eigenen Rationalisierungs-mittelbau	12,5 %
für die Konsumgüterproduktion	4,3 %
für neugeschaffene Arbeitsplätze	33,5 %

Es konnten Erfahrungen gesammelt werden, die auch für die zukünftige Arbeit bedeutsam sind:

1. Das Wesentliche der Initiative „Weniger produzieren mehr" und der Arbeit mit ihr besteht darin, daß hier unter Führung der Parteiorganisationen und von den Leitern gemeinsam mit den Werktätigen organisiert, eine langfristige Strategie erarbeitet und konsequent verwirklicht wird, durch Ausschöpfung aller Rationalisierungsmöglichkeiten den Aufwand an lebendiger und vergegenständlichter Arbeit zu senken.

2. Mit der Initiative „Weniger produzieren mehr" wird die Erhöhung des Wirkungsgrades der lebendigen Arbeit immer enger mit einer hohen zeitlichen Auslastung der Grundfonds durch eine konsequente wissenschaftliche Arbeitsorganisation und zielstrebige wissenschaftlich-technische Arbeit verbunden. Die Einheit von Gewinnung der Arbeitskräfte aus der Arbeitsplatzeinsparung, Befähigung und Qualifizierung für die neuen Aufgaben und Wiedereinsatz darf dabei weder zeitlich noch inhaltlich verletzt werden. Darauf muß, wie uns einige Probleme zeigen, allergrößter Wert gelegt werden.

3. Die sozialistische Rationalisierung und die Initiative „Weniger poroduzieren mehr" sind ein politisch einheitlich geführter, exakt geplanter und straff organisierter Prozeß. Nach wie vor bestätigen die Erfahrungen des PCK Schwedt in der zweiten Etappe dieser Initiative, daß die untrennbare Verbindung von Rationalisierungsstrategie, Plan und Wettbewerb sowie die Einbeziehung aller Bereiche des Betriebes in diese Arbeit, wesentliche Voraussetzung für hohe Ergebnisse ist.

4. Immer größeres Gewicht erhält mit der weiteren Vertiefung des Rationalisierungsprozesses und den daraus resultierenden höheren Ansprüchen die Einsicht des einzelnen Werktätigen und der Arbeitskollektive in die Notwendigkeit, neue Aufgaben zu übernehmen, sich zu umfangreichen Qualifizierungsmaßnahmen bereit zu erklären und sich neuen Bedingungen zu stellen.

Mittels Istzustandsanalysen und Sollprojekten erfolgt die bereichsweise konzeptionelle Arbeit. Mit diesen Analysen des gesamten betrieblichen Prozesses nach Ansatzpunkten für die Arbeitsplatzeinsparung und deren Verankerung in den Sollprojekten, einschließlich der erforderlichen Arbeitsaktivitäten zur Realisierung des Sollprojektes in Maßnahmeplänen, wird aus der Rationalisierungsstrategie eigentlich erst die echte Initiative „Weniger produzieren mehr". So treten immer neue Arbeitskollektive an die Öffentlichkeit und bringen ihre Position zur Einsparung von Arbeitsplätzen als ein Grundanliegen ihrer Wettbewerbsverpflichtungen zum Ausdruck.

In diesem massenhaften Voranbringen der sozialistischen Rationalisierung durch die Arbeitskollektive und damit ganzer Betriebskollektive liegt der Kern der Schwedter Initiative als einer von der Arbeiterklasse getragenen Bewegung.

An diese Erfahrungen anknüpfend, werden gegenwärtig in allen 180 Betrieben, die nach dieser Initiative arbeiten, bis Ende Juli 1985 die Konzeptionen erarbeitet, um im Zeitraum 1986 bis 1990 – abgeleitet aus der Entwicklung der Standortverteilung der Produktivkräfte und der Entwicklung des gesellschaftlichen Arbeitsvermögens im Bezirk – 1500 Arbeitskräfte für die weitere Arbeit mit der Schwedter Initiative „Weniger produzieren mehr" für die Intensivierung zu gewinnen.

Zusammengefaßt bestätigen die Ergebnisse und Erfahrungen in den Kombinaten und Betrieben, daß die konsequente Arbeit mit diesen Initiativen zu einer deutlichen Hebung der ökonomischen Wirksamkeit des sozialistischen Wettbewerbs beigetragen hat. Auf diese Weise erfolgt eine ganz konkrete Mobilisierung der Intensivierungsfaktoren durch die Werktätigen. Die vielfältigen Initiativen bedingen eine zielklare politische Führung, straffe Leitung und klare Standpunkte zu ihrer Verallgemeinerung. Keine Initiative gedeiht im Selbstlauf. Jede bedarf einer aufmerksamen Förderung vor Ort, wo sie entstanden ist, und weiterer Aktivitäten zu ihrer Verbreiterung. Wesentlich ist für eine wirksame politische Führung der Grundsatz, daß sich Initiativen immer als fester Bestandteil und im Rahmen des sozialistischen Wettbewerbs entfalten und verbreitern. Mit jeder neuen Initiative werden der Wettbewerb und sozialistisches Wetteifern um die Erfüllung der Planziele weiter bereichert und auf ein höheres Niveau gehoben. Führende Rolle der Partei der Arbeiterklasse auf diesem Gebiet heißt dabei im Leninschen Sinne, die Keime des Neuen zu entdecken, sie nicht nur zu studieren, sondern zugleich auch alle Bedingungen dafür zu schaffen, daß sie sich ausprägen und vervollkommnen können.

Bedeutsam für das massenwirksame Verallgemeinern

von Initiativen – diese Erfahrung hat sich immer wieder bestätigt – ist ihre politische Motivierung.

Alle Initiativen werden auf der Grundlage langfristiger Orientierungen und Maßnahmen des Sekretariats der Bezirksleitung der SED geführt. Es werden inhaltliche Orientierungen und erforderliche Leitungsmaßnahmen für die Bezirksleitung, die Kreisleitungen und die Parteikollektive herausgearbeitet.

Die Bezirksparteiorganisation der SED setzt zur Vorbereitung des jeweiligen Planjahres die bewährte Praxis fort, mit den Kampfprogrammen der Grundorganisationen die Führungsaufgaben unserer Partei in den Betrieben wirksam wahrzunehmen und die Kommunisten zu befähigen, an der Spitze ihrer Kollektive das Beste zu leisten. Jährlich stattfindende Konferenzen der Initiatoren, Bestarbeiter und Neuerer des Bezirkes sind eine besonders wirksame Tribüne des Erfahrungsaustausches, indem dort die Schrittmacher und progressivsten Arbeiter zu Wort kommen und wo sichtbar wird, wie wirksam Initiativen sind, wie die Idee der notwendigen Steigerung der volkswirtschaftlichen Leistungskraft und Effektivität der Produktion immer tiefer ins Bewußtsein der Menschen dringt.

Die von diesen Konferenzen ausgehenden Ideen und Anregungen werden zum Anlaß genommen, den Erfahrungsaustausch in den Kreisen, Betrieben und Arbeitskollektiven fortzusetzen und zu vertiefen. Die regelmäßig stattfindenden bezirklichen und kreislichen Anwenderseminare zu jeder der bewährten wirtschaftspolitischen Initiativen sind dabei wirksame Formen des Erfahrungsaustausches. Immer wieder wird in diesen Beratungen ein Aspekt für die politische Führung sozialistischer Masseninitiativen deutlich: Sozialistischen Verhaltensweisen und Arbeitshaltungen kommt im Wettbewerbsgeschehen eine ganz besondere Bedeutung zu. Sie sind durch nichts zu ersetzen. Einsatz des einzelnen für die Mehrung und den Schutz des gesellschaftlichen Eigentums sowie Verständnis für den Arbeitsprozeß in seiner Gesamtheit und in seinen einzelnen Seiten, sind wesentliche Voraussetzung dafür, Aufgaben noch produktiver und qualitätsgerechter zu lösen.

Jürgen Hunneshagen

Erfahrungen bei der Führung des sozialistischen Wettbewerbs in den integrierten Fertigungsabschnitten des Stammbetriebes des VEB Werkzeugmaschinenkombinats „7. Oktober“ Berlin-Weißensee

Im Stammbetrieb des VEB Werkzeugmaschinenkombinates „7. Oktober“ Berlin wird seit 1982 die mechanische Bearbeitung der Kleinteile im wesentlichen in 3 integrierten gegenstandsspezialisierten Fertigungsabschnitten durchgeführt, die im Zusammenhang mit der Rekonstruktion der Fertigung in einer echten Verbindung von vorhandener Bausubstanz und Neuinvestition geschaffen wurden.

Ausgehend von den technologischen Anforderungen wird der Geschlossenheitsgrad der Fertigung und der Grad der Automatisierung durch eine Vielzahl von Einzelteilen unterschiedlichster geometrischer Formen und Bearbeitungsschritte bestimmt. Charakteristisch für den Einsatz in unserer Fertigung ist daher die Integration eines rechnergesteuerten Transport- und Lagersystems in die 3 gegenstandsspezialisierten Abschnitte, während die Fertigungsabläufe selbst nur in geringem Maße automatisiert sind.

Im Mittelpunkt der Führung des Wettbewerbes in der Kleinteilefertigung des Betriebes stehen zwei Aufgaben:

1. Die Sicherung einer hohen Qualität jedes Einzelteiles, um die Grundtoleranzen der Hochgenauigkeitsmaschinen zur Feinbearbeitung von Verzahnungen immer weiter einzuengen.

2. Die Sicherung einer hohen produktiven Hauptleistung an jedem Arbeitsplatz durch einen konsequenten Kampf gegen Ausfallzeiten.

Immer besser wird von den Facharbeitern unseres Betriebes verstanden, daß beide Aufgaben einen untrennbaren Zusammenhang bilden. Das zeigt sich in einer ständigen Sicherung eines hohen Anteils von Erzeugnissen mit dem Gütezeichen Q. Alle klassifizierungspflichtigen Zahnradwälzschleifmaschinen tragen dieses Gütesiegel.

Im Jahr 1985, in dem zum sechsten Mal der Titel „Betrieb der ausgezeichneten Qualitätsarbeit“ verteidigt wird, haben sich die persönlichen Verpflichtungen zur Durchsetzung der Nullfehlerproduktion vermehrt. Immer mehr Kollegen ringen darum, an ihren Arbeitsplätzen keinen Ausschuß, keine Nacharbeit zuzulassen, bzw. daß diese im Plan des Betriebsmaßstab von 700M auf 164M/TM Warenproduktion zu senken. Sie werden kontinuierlich unterboten und sind zur Zeit unter 50% in Anspruch genommen.

Mit der Schaffung der integrierten Fertigungsabschnitte wurden auch die materiellen Bedingungen für eine Senkung der Fehlerquote wesentlich verbessert. Transport- und Lagerschäden konnten entscheidend minimiert werden, neue Technik in der Bearbeitung wirkte positiv auf die Reduzierung von Verlusten, die aus der Produktionsorganisation resultieren.

Die neue Arbeitsorganisation in den integrierten Fertigungsabschnitten hat im Bereich der Kleinteilefertigung wichtige Voraussetzungen geschaffen, um auf den einzelnen Arbeitsplatz bezogen die Vorgabe zur Abarbeitung der Hauptleistungen exakt aufzuschlüsseln und auch ihre tägliche Abrechnung zu sichern. Aufgabenstellung, Abrechenbarkeit und Vergleichbarkeit der Leistungen, wichtige Elemente der Wettbewerbsführung, konnten in einer höheren Qualität durchgesetzt werden.

Als Wettbewerbsmethode wurde dazu in unseren mechanischen Bereichen der Leistungspaß entwickelt. Zu Beginn des Jahres erhält jeder Arbeiter seine individuelle Vorgabe, die aus den Aufgaben des Planes abgeleitet wird. Bewährt hat sich, daß die in der Plandiskussion beratenen Zielstellungen bereits im laufenden Jahr „erprobt“ werden, die Bedingungen beraten und geschaffen werden, um die notwendigen Steigerungsraten zu sichern.

Bei der Vorbereitung der Aufgaben, bei der Schaffung der Produktionsvoraussetzungen spielt die immer engere Verflechtung von Materialbereitstellung, Verfügbarkeit der Technik und Fertigungsmittel, Bereitstellung von Technologien und der Fertigung in den integrierten Fertigungsabschnitten eine wesentliche Rolle.

In der Phase der Plandiskussion und der Planvorbereitung werden in gemeinsamen Beratungen mit Vertretern der beteiligten Bereiche in den Arbeitskollektiven wichtige Voraussetzungen geschaffen, um die Hauptleistung zu erhöhen. Mit der Bindung dieser Kennziffer an das Haushaltsbuch und damit an die Jahresendprämie der Kollegen ist ein konstruktives Moment in den Meinungsstreit eingebracht worden. In immer stärkerem Maße setzen sich die Arbeitskollektive mit subjektiven Fehlern auseinander.

Die gemeinsame Arbeit zur Instandhaltung der Technik und Fertigungsmittel mit den Produktionskollektiven hat sich sichtbar verstärkt. Unsere Erfahrungen bestätigen die in den Thesen getroffenen Aussagen. Den Beweis dafür liefert nicht zuletzt die Tatsache, daß die Vorgaben der Hauptleistung je Produktionsgrundarbeiter 1984 und im Jahr 1985 bisher mit annähernd 108% erfüllt worden sind.

In der Phase der Plandiskussion zum Plan 1986 orientieren wir erneut darauf, die Leistungsreserven aus einer hohen Qualität der Arbeit und der intensiven Nutzung des Arbeitsvermögens in Form der Hauptleistung zu erschließen, um die Ziele der Leistungsentwicklung zu untersetzen und mit einer Steigerung der Nettoproduktion von annähernd 20% auch im Jahr 1986 anspruchsvolle Aufgaben zu lösen, um so einen würdigen Beitrag bei der Vorbereitung des XI. Parteitages der SED zu leisten.

Gerhard Patsch

Die neuen Anforderungen an die Verwirklichung der Schwedter Initiative

Die DDR allseitig zu stärken und die Beschlüsse des X. Parteitages der SED über die weitere Gestaltung der entwickelten sozialistischen Gesellschaft erfolgreich zu verwirklichen steht in der gegenwärtigen Phase der gesellschaftlichen Entwicklung bis zum XI. Parteitag der SED und gewiß darüber hinaus im Vordergrund unserer Arbeit. Mit der 7. Tagung des ZK wurde eine neue Etappe der vom X. Parteitag der SED beschlossenen ökonomischen Strategie eingeleitet.

Die zur Erreichung des hohen Leistungszuwachses in allen Bereichen des Reproduktionsprozesses durchzuführende Intensivierung setzt hohe Maßstäbe für alle staatlichen und gesellschaftlichen Leitungen. Es geht vor allem darum, die Arbeitsproduktivität beschleunigt zu steigern. Eine wichtige Zielstellung besteht deshalb darin, in Vorbereitung des neuen Fünfjahrplanzeitraumes die effektivere Nutzung des gesellschaftlichen Arbeitsvermögens in einer neuen Qualität zu erreichen. Das erfordert die sozialistische Rationalisierung konsequent weiterzuführen und vor allem durch den zielgerichteten und konsequenten Einsatz der Ergebnisse von Wissenschaft und Technik eine höhere Effektivität zu erzielen.

Für uns als Kollektiv des Stammbetriebes des VEB PCK Schwedt bedeutet das, den 1978 eingeschlagenen Weg der sozialistischen Rationalisierung im Rahmen der nunmehr republikweit bekanntgewordenen – aber nicht überall praktizierten – Schwedter Initiative „Weniger produzieren mehr" konsequent fortzusetzen.

Sie hat sich als der effektivste Weg zur Einsparung von Arbeitsplätzen und zur Gewinnung von Arbeitskräften für weitere Intensivierungsvorhaben erwiesen.

Als Ergebnis der Schwedter Initiative konnten bisher in der ersten Etappe im Stammbetrieb 2400 Arbeitskräfte für neue Aufgaben gewonnen werden. Bis Ende 1985 werden es in der 2. Etappe weitere 820 sein.

Damit war es möglich, mit dem vorhandenen Arbeitskräftepotential des Stammbetriebes die Inbetriebnahme der Neuanlagen zu sichern. Mit diesem Ergebnis war es gelungen, den Forderungen unserer Partei- und Staatsführung nach neuen Dimensionen bei der sozialistischen Rationalisierung und der effektivsten Nutzung des gesellschaftlichen Arbeitsvermögens zu entsprechen.

Dabei ist zu beachten, daß:

1. bereits vor Beginn der Schwedter Initiative beachtliche Rationalisierungsergebnisse erreicht wurden und
2. im Zeitraum 1978–1982 das Grundfondsvolumen unseres Betriebes auf 226 % anwuchs.

Unsere Konzeption zur Weiterführung der sozialistischen Rationalisierung für den Zeitraum 1986–1990 im Stammbetrieb des VEB PCK Schwedt auf der Grundlage der Schwedter Initiative geht davon aus, unser betriebliches Arbeitsvermögen künftig noch rationeller und effektiver zu nutzen. Kernstück dieser Konzeption ist die Zielstellung, 900 Arbeitskräfte in dem vorgetragenen Zeitraum für neue Aufgaben zu gewinnen.

Diese Größenordnung ist eine zwingende Notwendigkeit, abgeleitet aus dem Arbeitskräftebedarf des kommenden Fünfjahrplanzeitraumes.

Die Erschließung neuer Rationalisierungsquellen und die volle Nutzung der noch zur Verfügung stehenden Reserven wird charakteristisch sein für die Weiterführung der sozialistischen Rationalisierung in den nächsten Jahren.

Die Weiterführung der sozialistischen Rationalisierung basiert auf den Erfahrungen, die wir mit der Schwedter Initiative in den vergangenen Jahren gesammelt haben. Sie ist aber keinesfalls einfach gleichzusetzen mit einer weiteren Etappe unserer Initiative, sondern ist eine qualitative neue Aufgabe.

Ich möchte das erklären.

In der ersten Etappe nutzten wir für die Freisetzung der notwendigen Arbeitskräfte für die neuen Anlagenkomplexe vorzugsweise arbeitsorganisatorische Lösungen und nur ca. 20 % der Arbeitskräfte wurden durch technische Lösungen gewonnen.

In der zweiten Etappe, die 1985 abgeschlossen wird, werden von den freigesetzten Arbeitskräften ca. 40 % durch wissenschaftlich-technische Maßnahmen für andere Arbeiten frei werden.

Unser neues Konzept für die Rationalisierung 1986–1990 geht davon aus, daß 600 Arbeitskräfte durch wissenschaftlich-technische Maßnahmen gewonnen werden. 80 Arbeitskräfte durch Maßnahmen des Rationalisierungsmittelbaues und 200 Arbeitskräfte vorrangig aus dem Verwaltungs- und Leitungsbereich durch Verbesserung der Arbeitsorganisation.

Dabei haben wir folgende Hauptarbeitsrichtungen abgegrenzt.

1. Einführung verbesserter Technologien, neuartige Verfahren und neuer Automatisierungslösungen.
2. Zielgerichtete Weiterführung der EDV-Anwendung und des Bürocomputereinsatzes.
3. Die spezielle und gezielte Grundfondsentwicklung und Grundfondsreproduktion.
4. Optimierung aller TUL-Prozesse im Stammbetrieb.
5. Erhöhung der Wirksamkeit des Rationalisierungsmittelbaus.
6. Rationalisierung organisatorischer Maßnahmen zur Vervollkommnung und Weiterentwicklung der Leitungs-, Betriebs- und Arbeitsorganisation.

Daran ist bereits ablesbar, daß sich der Charakter der Rationalisierungsstrategie wesentlich verändert hat, da die Schaffung wissenschaftlich-technischer Voraussetzungen den Schwerpunkt bilden.

Nicht immer gelang es uns bisher im konzipierten Umfang, die wissenschaftlich-technischen Grundlagen für die Rationalisierung zu schaffen. Das wird auch künftig nicht einfach sein und enorme Anstrengungen zur Schaffung des erforderlichen wissenschaftlich-technischen Vorlaufs notwendig machen. Dennoch darf es hierbei keine Abstriche geben. Sozialistische Rationalisierung erfordert Schöpfertum und einen klaren politischen Standpunkt, hohe Bereitschaft unserer Werktätigen. Sie darf aber nicht zu Lasten der Arbeits- und Lebensbedingungen, der Sicherheit und des Arbeitsschutzes sowie des geistig-kulturellen Lebensbereiches unserer Werktätigen gehen.

Je mehr die Gewißheit und das Vertrauen in die Realisierbarkeit wissenschaftlich-technischer Maßnahmen für den kommenden Rationalisierungszeitraum 1986–1990 in den Kollektiven unseres Betriebes vertieft wird, um so mehr wächst die Bereitschaft zur Lösung dieser komplizierten Aufgaben. Deshalb wird gegenwärtig unter verstärkter Mitwirkung der Gewerkschaftsleitungen, unter Führung unserer Partei, insbesondere in den produktionsdurchführenden Bereichen, hartnäckig darum gerungen, noch nicht gelöste technische Maßnahmen aus der zweiten Etappe schnellstens zu realisieren.

Das ist eine der wichtigsten Voraussetzungen für die Weiterführung der Schwedter Initiative. Arbeitsorganisatorische Ersatzlösungen zur Erreichung der konzipierten Arbeitsplatzeinsparung können in diesen Bereichen zu keinem Ergebnis mehr führen. Hohe Rationalisierungseffekte sind dort nur noch mit Einsatz modernster Technik möglich. Der Einsatz moderner Technik, die Erhöhung der Verantwortlichkeit jedes Werktätigen für die ihm anvertrauten Grundmittel stellt aber gleichermaßen auch höhere Anforderungen an die Qualifizierung.

Deshalb werden sich im Inhalt, in der Qualität und in der gesellschaftlichen Stellung des Facharbeiterberufes Veränderungen vollziehen. Das stellt auch hohe Anforderungen an die Gestaltung der anlagenbezogenen Qualifikation bzw. Arbeitsplatzqualifikation und an die Ausbildung unserer Lehrlinge. Die Ausbildung der Lehrlinge endet nicht in der Berufsschule. Wesentlich ist die Arbeit der Lehrfacharbeiter und die Vorbildwirkung der Arbeitskollektive. Deshalb ist es bedeutsam, daß die auslernenden Lehrlinge in die besten Arbeitskollektive, möglichst in Jugendbrigaden eingegliedert werden.

Es wächst der Anspruch an die schöpferische Mitarbeit der Werktätigen. Dazu ist nach wie vor eine umfassende politisch-ideologische Arbeit zu leisten, die auch durch unsere Gewerkschaftsleitungen in der täglichen Gewerkschaftsarbeit im Mittelpunkt steht, denn die Herausbildung der erforderlichen Kampfposition ist die wichtigste Voraussetzung für die Realisierung der Aufgaben.

In den gewerkschaftlichen Mitgliederversammlungen, Schulen der sozialisitischen Arbeit usw. komt es uns insbesondere darauf an, die Werktätigen wiederum zu überzeugen, daß auch die neuen Zielstellungen realisierbar sind. Diese neuen Zielstellungen müssen zum festen Bestandteil des sozialistischen Wettbewerbs, des Neuererwesens und der MMM-Bewegung werden und keine Möglichkeit, kein Vorschlag und Hinweis darf außer acht gelassen werden, die den Rationalisierungsprozeß wirksam untersetzen.

Ging es bisher darum, Arbeitskräfte für die entstehenden Neuanlagen zu gewinnen, so ist die Rationalisierungszielstellung der Zukunft vor allem damit zu begründen, eine hohe Steigerung der Arbeitsproduktivität zu sichern und damit Grundlagen für die weitere Profilierung der Produktion in Richtung höherer Ausbeute aus dem Erdöl für bestimmte Produktgrupppen, speziell auch für die Konsumgüterproduktion, zu schaffen.

Das sind Rationalisierungsgründe, die bereits ein tieferes Verständnis für die ökonomischen Zusammenhänge im Rahmen der Volkswirtschaft voraussetzen. Deshalb ist eine ständige Information der Werktätigen über ökonomische und politische Zusammenhänge ein wichtiges Aufgabenfeld gewerkschaftlicher Tätigkeit, um notwendige politische Einsichten und bewußtes Handeln zu gewährleisten.

Die neuen und komplizierten Aufgaben sind lösbar, denn wir verfügen in unserem Kombinat über erhebliche geistige und materielle Kapazitäten, die der Parteiorganisation und der Gewerkschaft zur Verfügung stehen. Gepaart mit der Schöpferkraft der Werktätigen, die über den sozialistischen Wettbewerb zum entscheidenden Kraftquell wird, werden wir durch Anwendung von Wissenschaft und Technik neue Reserven erschließen und eine neue Qualität der Schwedter Initiative zu Ehren des XI. Parteitages der SED erreichen.

Gunnar Winkler

Soziale Aspekte des sozialistischen Wettbewerbs[1]

In den vorliegenden Thesen sowie im einleitenden Referat wird zu Recht davon ausgegangen, daß mit dem Übergang zur umfassenden Intensivierung neue Anforderungen an die inhaltliche Orientierung sowie die Organisation des sozialistischen Wettbewerbs gestellt werden.

Bereits auf anderen Tagungen des Wissenschaftlichen Rates für die wirtschaftswissenschaftliche Forschung wurde die Feststellung getroffen und begründet, daß die soziale Entwicklung in zunehmendem Maße nicht nur Ergebnis, sondern zugleich Bedingung weiteren ökonomischen Wachstums ist.

Der allgemeine Zusammenhang von ökonomischer und sozialer Entwicklung erfährt durch die Teilnahme am sozialistischen Wettbewerb, durch seine Führung und Organisation, eine für den einzelnen unmittelbare Umsetzung, wird für ihn spürbar, erlebbar. Die im und durch den sozialistischen Wettbewerb organische und verwirklichte Verbindung von ökonomischer und sozialer Entwicklung kommt vor allem darin zum Ausdruck, daß

- über steigende Leistungsfähigkeit der Wirtschaft ein materielles Endprodukt geschaffen wird, das sowohl der bedarfs- und qualitätsgerechten Befriedigung der Bedürfnisse der Menschen dient und gleichzeitig auf die Entwicklung einer solchen materiell-technischen Basis der Produktion sowie der nichtproduzierenden Bereiche gerichtet ist, die langfristig eine stetig steigende Befriedigung der Bedürfnisse sichern und damit die Zukunfts- und Tagesinteressen der Arbeiterklasse und ihrer Verbündeten verknüpfen;
- mit dem wissenschaftlich-technischen Fortschritt solche Arbeitsbedingungen und -inhalte gestaltet werden, die zur Minderung körperlich schwerer Arbeit, zur Beseitigung von Gesundheitsgefährdungen sowie nervlicher Belastungen, zur Reduzierung von niedrigqualifizierten Tätigkeiten führen, die das vorhandene Bildungs- und Qualifikationspotential immer effektiver nutzen;
- solche Arbeitsbedingungen geschaffen werden, die Initiative, Leistungsbereitschaft und das Leistungsverhalten der Werktätigen so fördern, daß die dem Sozialismus wesenseigenen Triebkräfte verstärkt entwickelt und zu weiterem volkswirtschaftlichen Leistungsanstieg beigetragen wird.

Die Realisierung dieser sozialen Zielstellungen unserer ökonomischen Politik erfolgt – ob das dem einzelnen bewußt ist oder nicht – vor allem im und durch den sozialistischen Wettbewerb. Der Zusammenhang von sozialer Entwicklung und sozialistischem Wettbewerb stellt sich für den einzelnen vor allem in der Gestaltung erforderlicher Leistungsbedingungen dar. Die Veränderung von Arbeitsbedingungen und Arbeitsinhalten ist – im Zusammenhang mit dem wissenschaftlich-technischen Fortschritt – eine wichtige Erfahrung, die Verhalten, soziale Aktivität und Wettbewerbsinitiative stimuliert.

Die Zielstellungen des sozialistischen Wettbewerbs in Forschungs- und Entwicklungsbereichen wie in allen produktionsvorbereitenden Bereichen entscheiden in zunehmendem Maße über die Gestaltung persönlichkeits- und leistungsfördernder Arbeitsbedingungen und Arbeitsinhalte der an den Maschinen und Anlagen tätigen Produktionsarbeiter.

Die Gestaltung derartiger Arbeitsbedingungen, die durch ökonomische und soziale Effektivität charakterisiert sind, ist immer weniger nachträglich über eine gesonderte Planung im Planteil Arbeits- und Lebensbedingungen erreichbar, sondern sie ist in zunehmendem Maße als Bestandteil der Forschung und Entwicklung, der Projektierung und Konstruktion zu lösen. Die Gestaltung der Arbeitsbedingungen und Arbeitsinhalte ist eine gleichzeitig und gleichwertig mit dem wissenschaftlich-technischen Fortschritt zu lösende Aufgabe. Sie ist damit gleichermaßen Gegenstand der Wettbewerbsführung wie das Erreichen entsprechender technischer Parameter und ökonomischer Leistungskennziffern.

Dafür sind vor allem zwei Aspekte bestimmende:

Erstens wird über Anforderungen, Entwicklung und Nutzung des Bildungs- und Qualifikationspotentials der Arbeiterklasse bereits in der Phase der Produktionsvorbereitung entschieden.

Wir haben in den vergangenen Jahrzehnten eine enorme Qualifikationsentwicklung erreicht. Gegenwärtig besitzen von 100 Werktätigen in der sozialistischen Wirtschaft 20 einen Hoch- und Fachschulabschluß, 4 einen Meister- und 56 einen Facharbeiterabschluß. 20 Werktätige hben eine Teilberufsausbildung bzw. sind ohne abgeschlossene Berufsausbildung. (Dabei wirken immer noch die älteren Jahrgänge mit einem hohen Anteil der An- und Ungelernten auf den Durchschnitt.)

Gehen wir von der gegenwärtigen Struktur der Schulabgänger aus, so ist – nach Ergebnissen des Zentralinstituts für Berufsbildung – im Jahr 2000 eine Bildungsstruktur von

10–11 % Hochschulkadern
14–15 % Hoch- und Fachschulkadern
63–65 % Meistern und Facharbeitern
10–12 % Un- und Angelernten

zu erwarten.

Dabei ist hervorzuheben, daß von den Werktätigen in der DDR die Verwirklichung des Rechts auf Arbeit nicht als Anspruch an irgendeinen Arbeitsplatz, sondern als Anspruch auf einen ihrer Qualifikation entsprechenden Arbeitsplatz verstanden wird, der sie befähigt, vorhandenes Wissen, Erkenntnisse und Erfahrungen voll für sich und die Gesellschaft zur Wirkung zu bringen. Die der sozialistischen Entwicklung entsprechende Bildungsentwicklung voll zu nutzen, ist nicht nur eine Anforderung an die Wettbewerbsführung in den produzierenden, sondern auch Aufgabenstellung für die Werktätigen in den produktionsvorbereitenden Bereichen, insbesondere auch in der Forschung und Entwicklung.

Die „aufgabenerweiternde" und „qualifikationsbereichernde" Technik ist auch unter sozialistischen Bedingungen kein automatisches Ergebnis sozialistischer Produktionsverhältnisse, sondern bedarf entsprechender Zielvorgaben und der konsequenten Orientierung auf soziale Kriterien. In diesem Zusammenhang sind vor allem Verbesserungen in den Pflichtenheften, als Instrumente der gezielten Initiativ- und Aktivitätsentwicklung, notwendig, insbesondere deshalb, weil soziale Zielstellungen in den Pflichtenheften noch nicht immer in ausreichendem Maße bzw. nicht in erforderlicher Detailliertheit enthalten sind. Nur wenn die entsprechenden sozialen Kriterien beginnend in den Pflichtenheften sich über alle Etappen des wissenschaftlich-technischen Leistungsprozesses fortsetzen und so zur echten Grundlage für den sozialistischen Wettbewerb auch von Kollektiv zu Kollektiv werden können, sind die gewünschten Effekte zu gewährleisten.

Zweitens: In den vergangenen Jahren wurde eine Vielzahl von Arbeitsplätzen neu- bzw. umgestaltet, es konnten an vielen Arbeitsplätzen Arbeitserschwernisse reduziert werden. Durch Maßnahmen der wissenschaftlichen Arbeitsorganisation sind seit 1981 rund 900000 Arbeitsplätze in Industrie, Bauwesen und Verkehrswesen neu- und umgestaltet und damit für 1,5 Millionen Werktätige Arbeitsbedingungen und -inhalte verändert worden.[2]

Trotzdem stellt die Forderung von SED und Gewerkschaften nach Minderung von Arbeitserschwernissen und Gestaltung persönlichkeitsfördernder Arbeitsinhalte nach wie vor hohe Anforderungen auch an die Wettbewerbsführung. Körperlich schwere und gesundheitsgefährdende ebenso wie monotone Arbeit stellen in allen Bereichen der Volkswirtschaft leistungsmindernde Faktoren dar, die einer vollen Persönlichkeitsentwicklung entgegenstehen. Untersuchungen von Arbeitssoziologen, -ökonomen und -psychologen weisen darauf hin, daß allein durch Lärmbelästigung die Arbeitsfähigkeit um durchschnittlich 10% gemindert wird. Ähnliches gilt für andere Erschwernisse.

Die Beachtung sozialer Zielstellungen in den der Produktion vorgelagerten Bereichen ist eine Anforderung an den einzelnen Hoch- und Fachschulkader ebenso wie an die verantwortlichen Leiter.

Es geht gegenwärtig nicht um generelle administrative Festlegungen auf zentraler Ebene, sondern darum, vor allem die vorhandenen WAO-Potentiale so zu nutzen, daß diese sowie auch die künftigen Nutzer von vornherein in die Projektierung und Konstruktion einbezogen werden.

Hierin liegen auch wesentliche Potenzen des sozialistischen Wettbewerbs. Insbesondere die planmäßige Neuerertätigkeit, ehrenamtliche WAO-Kollektive, die Mitarbeit in Überführungskollektiven und Komplexwettbewerb sind geeignete Formen. Große Aufmerksamkeit ist kollektiven Formen der Arbeit und entsprechenden Leitungs- und Aufgabenstrukturen zu widmen. Dadurch werden die Arbeitskollektive in die Lage versetzt, selbst Möglichkeiten der Arbeitsorganisation an neuer Technik belastungsoptimierend, leistungs- und persönlichkeitsfördernd auszuschöpfen.

Das erfordert, daß

- die politisch-ideologische Arbeit in den Bereichen der Forschung und Entwicklung im Zusammenwirken von Parteiorganisation, staatlichen Leitern, Gewerkschaftsleitungen systematisch auf die Entwicklung solcher Einstellungen, Grundhaltungen, Motive gerichtet wird, die die Einheit von ökonomischen, politischen und sozialen Aspekten der wissenschaftlich-technischen Aufgaben der Kollektive beinhalten;
- die Arbeitskollektivleiter und Themenleiter für die Bildung jedes Themenkollektivs die Bestimmung des Informationsbedarfs (und die Sicherung seiner Abdeckung) unter Beachtung der Einheit der genannten Aspekte vornehmen.

Ein spezielles Problem besteht in diesem Zusammenhang darin, daß in der Pflichtheftarbeit den Arbeitsbedingungen der Anwender der neuen Erzeugnisse/Verfahren/Technologien ebenso Rechnung zu tragen ist wie den Arbeitsbedingungen in den Bereichen der Forschung und Entwicklung selbst.

Daraus macht sich notwendig,

- bei der Konzipierung der Pflichtenhefte eine exakte Einschätzung des bisher erreichten Standes (z.B. in bezug auf die bisherigen Arbeitsbedingungen mit den vorhandenen Erzeugnissen/Verfahren/Technologien) zugrunde zu legen und
- für die Verteidigung der erbrachten Pflichtheftleistungen prinzipiell eine Aussage über die erzielten sozialen Verbesserungen (z.B. die Arbeitsbedingungen mit den neuentwickelten Erzeugnis/Verfahren/Technologie) vorzuschreiben.

Das ist zugleich ein Anspruch an die Ausarbeitung wirksamer Kennziffern und Indikatoren zur Bestimmung der sozialen Wirksamkeit des sozialistischen Wettbewerbs in wissenschaftlich-technischem Fortschritt nahen Bereichen bzw. im wissenschaftlich-technischen Leistungsprozeß.

Die neue Qualität des sozialistischen Wettbewerbs stellt jedoch nicht allein höhere Anforderungen an soziale Zielstellungen des Wettbewerbs, sondern gleichermaßen an Haltungen und Verhaltensweisen.

Die ökonomische Strategie wurde nie als ein eng begrenztes Programm zur Senkung von Aufwands- und Erhöhung von Nutzenskennziffern verstanden, sondern als eine gesellschaftspolitische Konzeption, die die gesamte wirtschaftliche Tätigkeit an den künftigen und gegenwärtigen Erfordernissen sozialen Fortschritts orientiert. Die Verwirklichung der ökonomischen Strategie schafft jedoch nicht nur bessere Bedingungen der weiteren Ausprägung sozialistischer Lebensweise, sondern verlangt zugleich Verhaltensweisen, Aktivität und Einstellungen jedes einzelnen, die es ermöglichen, die Intensivierung in allen Bereichen der Gesellschaft, in der Industrie, im Bauwesen, im Handel, im Gesundheitswesen usw. durchzusetzen, die es auch ermöglichen, neue wissenschaftliche Erkenntnisse rasch und wirkungsvoll in der Volkswirtschaft einzusetzen. Das heißt, der subjektive Faktor erhält objektiv zunehmendes Gewicht für die Verwirklichung der Wirtschafts- und Sozialpolitik.

Es hat sich in großer Breite eine aktive, auf die Verwirklichung der Hauptaufgabe und die Friedenssicherung gerichtete Lebenshaltung formiert. Sie zeigt sich in vielfältigen Initiativen zur Steigerung der ökonomischen Effektivität, in neuen Qualitäten der Neuerertätigkeit, im Kampf um Spitzenleistung bei der Entwicklung und Anwendung von Innovationen, in hohem Einsatz erfordernden persönlichen Planvorhaben, im Engagement für die Durchsetzung einer produktiv-kritischen Atmosphäre in den Kollektiven.

Der Übergang zur umfassenden Intensivierung bedeutet, daß ökonomisches Wachstum wie nie zuvor von moralisch-politischen Verhaltensqualitäten, von Diszipliniertheit und Schöpfertum, von Leistungswillen und Ideenreichtum jedes einzelnen an jedem Platz abhängig ist.

Dies erfordert in höherem Maße, das persönliche Leben an den konkreten Notwendigkeiten der wirtschaftlichen Entwicklung zu orientieren. Dabei geht es um berufliche Weiterbildung ebenso wie um den Übergang zur Schichtarbeit, erhöhte Mobilitätsbereitschaft und spezifische Aktivität, die für verschiedene Berufs- und Werktätigengruppen und in den verschiedenen Wirtschaftsbereichen und Territorien im unterschiedlichen Maße wirksam werden.

Eine sich an den Erfordernissen der sozialistischen Intensivierung orientierende Aktivität des einzelnen sowie der Arbeitskollektive bedingt in zunehmendem Maße die Bereitschaft und die Fähigkeit, sich beschleunigenden Veränderungen der Erzeugnisprogramme, der Technologien und der damit verbundenen Organisation der Arbeit zu stellen: Disponibilität und Mobilität der Werktätigen erhalten einen in unserer geschichtlichen Entwicklung noch nicht bekannten Stellenwert.

Die daraus erforderliche Mitwirkung beim Setzen anspruchsvoller Aufgaben, Anforderungen und Bewertungsmaßstäbe sowie die Durchsetzung entsprechender kollektiver Normen bedingt ein über Kollektiv- und Kombinatsinteressen hinaus wirksames Handeln, ein kritisch-konstruktives Verhältnis zu Mängeln in der Organisation der Arbeit und der Produktion.

Mit der Intensivierung erschließen sich des weiteren für immer mehr Werktätige neue Erfahrungsfelder, in denen sich wertvolle Persönlichkeitseigenschaften sowie bisher zum Teil unerschlossene Fähigkeiten entfalten können. Neue Formen solidarischen Kooperierens, Risikoverhalten, Willensstärke, Flexibilität finden ihre Bewährung.

Es ist vielfach belegt, daß damit die Bedürfnisse in bezug auf die Arbeit reicher werden und daß sich produktive Zufriedenheit mit der Arbeit und mit dem Leben insgesamt positiv entwickelt.

Die prinzipiell positive Grundhaltung zur eigenen Leistung, wie sie sich in den Wertorientierungen widerspiegelt, drückt sich auch in der Motivation für das Streben nach höheren Leistungen im sozialistischen Wettbewerb aus. Zunächst scheint hier die Feststellung wesentlich, daß der überwiegende Teil der Werktätigen die Bereitschaft erklärt, ohne jede Bedingung größere Anstrengungen zu entwickeln, wenn es von ihnen erwartet wird. Das gilt relativ unabhängig davon, ob diese Werktätigen ihr Leistungsvermögen gegenwärtig als weitgehend ausgeschöpft einschätzen oder ob sie noch Reserven sehen.

Als wichtigster Grund nach hohen Leistungen zu streben, tritt durchgängig der Wunsch in Erscheinung, die erworbenen Kenntnisse anzuwenden und zu erweitern. Nahezu gleichrangig bedeutsam ist der Grund, daß die Arbeit interessant ist und Freude macht. An den Ergebnissen ist weiter erkennbar, daß die Verbindung gesellschaftlicher und persönlicher Interessen eine große Rolle in der Leistungsmotivation spielt. So erweisen sich als bedeutsame Beweggründe mit etwa gleichem Gewicht und weitgehend gleichmäßiger Ausprägung in allen Funktionsgruppen der eigene Beitrag zur Gewährleistung sozialer Sicherheit und eines besseren Lebens für alle sowie die Einsicht, daß von der eigenen Arbeit auch die Arbeit des Kollektivs abhängt.

Eine echte Wettbewerbsatmosphäre zu erzeugen schließt ein:

- Teilnahme an der Ausarbeitung der Wettbewerbsziele;
- offene Leistungseinschätzung und Leistungsbewertung vor dem und durch das Kollektiv;
- eine der Leistungseinschätzung entsprechende materielle- und moralische Anerkennung.

Das sind bekanntermaßen wichtige Aspekte einer öffentlichen Wettbewerbsführung.

Zusammenfassend ist festzustellen:

Nach unseren derzeitigen Erkenntnissen aus Untersuchungen bestimmen vor allem folgende Faktoren die Wirksamkeit des sozialistischen Wettbewerbs wesentlich:

1. Die persönliche Identifikation jedes einzelnen mit den eingegangenen Verpflichtungen, insbesondere durch kontinuierliche und zielgerichtete Einbeziehung aller Werktätigen in die Aufgabenformulierung.

2. Eine reale Bewertung und offene Abrechnung der Leistungen und darauf aufbauend, in wesentlich stärkerem Maße ein direkter Leistungsvergleich in und zwischen den Kollektiven.

3. Die Führung des sozialistischen Wettbewerbs muß sichern, daß der Nutzen der erfüllten Verpflichtungen für jeden Werktätigen unmittelbar erlebbar wird, beginnend über materielle und moralische Anerkennung bis zur Gestaltung der Arbeitsbedingungen.

Insgesamt wird deutlich, daß es weniger darum geht, den gegenwärtig praktizierten Formen und Methoden der Wettbewerbsführung neue hinzuzufügen, sondern vielmehr darum, die bereits vorhandenen auf vielfältigste Weise entsprechend den objektiven Bedingungen differenziert anzuwenden und entsprechend den Leninschen Prinzipien mit Leben zu erfüllen.

Anmerkungen

[1] Für den Diskussionsbeitrag wurden Ausarbeitungen von Prof. Dr. T. Hahn, Dr. A. Naumann, Dr. R. Welskopf sowie Dr. K. Lüders mitverwendet.

[2] W. Beyreuther, Referat auf der 9. Tagung Arbeitsschutz, Dresden, 19. 3. 1985.

Karin Schießl

Gemeinschaftsarbeit und Gewerkschaftsarbeit im Neuerungsprozeß

Die Sicht auf das hier zu behandelnde Thema ist durch meine Stellung als politischer Funktionär, Lehrer und Philosoph an der Gewerkschaftshochschule geprägt.

Die Hauptaufgabe dieser Bildungsstätte ist die Ausbildung und Erziehung leitender Gewerkschaftsfunktionäre. Deshalb dient unsere gesamte Forschungsarbeit gleichermaßen der Vorbereitung von Entscheidungen der Organisation wie der stetigen Verbesserung der Qualität der Lehre.

Es gehört zur Spezifik der Philosophieausbildung an der Gewerkschaftshochschule, Kenntnisse über Wesen und Erfordernisse der umfassenden Interessenvertretung und der Interessenübereinstimmung zu vermitteln. Wenn unsere Lehrarbeit auf diesem Gebiet den Anforderungen der 90er Jahre genügen soll, müssen jene Prozesse, die die Entwicklung der Interessen auf den unterschiedlichen Interessenebenen bewirken, theoretisch tiefer erfaßt werden. In den Thesen und im Referat wird auf die besondere Bedeutung des permanenten Neuerungsprozesses für die Weiterentwicklung der Interessenvertretung hingewiesen.

Bei der Untersuchung von Neuerungsprozessen zeigte sich, daß die kollektiven und kooperativen Formen und Inhalte der Arbeit weiter an Bedeutung zunehmen.

Dadurch verstärkt sich die Tendenz der Interessenentwicklung und -verflechtung im Prozeß der umfassenden Intensivierung.

Die gewerkschaftliche Einflußnahme auf die Entwicklung der sozialistischen Gemeinschaftsarbeit im Neuerungsprozeß ist deshalb wichtiger Gegenstand unserer Forschungsarbeit.

Auf drei Ergebnisse soll hier verwiesen werden:

1. *Die weitere Beschleunigung des Neuerungszyklusses erfordert und ermöglicht eine Weiterentwicklung der Inhalte, Formen und Funktionen der sozialistischen Gemeinschaftsarbeit.*

Bei der Realisierung einer permanenten Erneuerung der Produktion entwickelt sich notwendigerweise – wie das Untersuchungen in den Staatsplanvorhaben zur flexiblen Automatisierung zeigen – die sozialistische Gemeinschaftsarbeit weiter. Sie wird aus einem allgemeinen, der sozialistischen Produktionsweise innewohnenden Prinzip der Arbeit zu einem unerläßlichen Mittel und einer Organisationsform der Beschleunigung des Zyklus Wissenschaft–Technik–Produktion–Absatz. Die Widersprüche zwischen Arbeitsteilung und Kooperation, zwischen Wissenschaft und Produktion und nicht zuletzt Widersprüche in der sozialstrukturellen Entwicklung werden durch Gemeinschaftsarbeit gelöst und neu gesetzt.

Besondere Aufmerksamkeit ist dabei jenen Kollektiven innerhalb der Kombinate zu widmen, die alle Phasen der Neuerungszyklen für ein Produkt realisieren. Solche Kollektive sind technisch-technologische und arbeitsfunktionell bedingte Organisationsformen kooperativer Tätigkeit. Sie werden als Überleitungs-, Themen- bzw. Entwicklungskollektive bezeichnet.

Der Wirkungsgrad, die Art und Weise der Zusammenarbeit und die wechselseitige Abhängigkeit der Werktätigen in diesen Kollektiven unterscheidet sich wesentlich von üblichen Arbeits- und Forschungsgemeinschaften.

2. *Im Prozeß der Weiterentwicklung der sozialistischen Gemeinschaftsarbeit entstehen qualitativ neue kollektive Interessen.*

Die Überleitungskollektive, die unter den o.g. Bedingungen Neuerungsprozesse realisieren, unterscheiden sich von herkömmlichen Arbeitskollektiven durch folgende Besonderheiten:

- sie entstehen in der Regel im Prozeß der Pflichtenhefterarbeitung durch Auswahl von Kadern aus vorhandenen Arbeitskollektiven nach den für die Bewältigung einer Aufgabe erforderlichen Fähigkeiten, Qualifikationen und Persönlichkeitsmerkmalen;
- sie umfassen die für den Zyklus Wissenschaft–Technik–Produktion–Absatz notwendigen arbeitsfunktionellen Gruppen entsprechend konkreter Aufgabenstellung, d. h. sie tragen interstrukturellen und interdisziplinären Charakter;
- die Größe des Kollektivs ist durch die für die Lösung der kollektiven Aufgaben erforderlichen arbeitsfunktionellen Gruppen bestimmt;
- die Dauer des Bestehens der Kollektive ist von vornherein an die Lösung zeitlich begrenzter Aufgaben gebunden;
- die Kollektive haben in der Regel zeitweilige Leiter und die beteiligten Werktätigen gehören organisatorisch auch ihrem Ursprungskollektiv noch an.

Diese Kollektive sind durch eine einheitliche kollektive Zielstellung verknüpft, zu deren Realisierung jede arbeitsfunktionelle Gruppe ihren besonderen, berufs- und phasenspezifischen Anteil leistet. Das sind wichtige Bedingungen für die Herausbildung spezifischer einheitlicher kollektiver Interessen, kollektiver Verhaltensweisen, insbesondere einer neuen Qualität kollektiven Leistungsverhaltens.

Das kollektive Leistungsverhalten tritt zutage als:

- wachsendes Kooperationsvermögen und erhöhte Kooperationsbereitschaft, Streben nach interdisziplinärer Arbeit;
- steigende Disponibilität und Flexibilität, Risikobereitschaft;
- wachsende Verantwortung für das Ganze, höhere Zuverlässigkeit und Disziplin;
- wachsendes Vertrauen in die eigene und die kollektive Leistungsfähigkeit;
- bewußtere Integration in den Gesamtprozeß und stärkere Identifikation mit gesellschaftlichen Erfordernissen;
- wachsende Bereitschaft zu kameradschaftlicher Hilfe und zur Übernahme bzw. Weitergabe kollektiver Erfahrungen;
- stärkere Orientierung an kollektiven Normen und Werten u. a. m.

Hier wird deutlich, daß und wie sich die soziale und politische Funktion der Gemeinschaftsarbeit vervollkommnet. Sind die sich in allen beteiligten arbeitsfunktionellen Gruppen gleichermaßen und zugleich differenziert herausbildenden Denk- und Verhaltensweisen nicht jene Kriterien und Werte der Persönlichkeitsentwicklung, die für die Durchsetzung der umfassenden Intensivierung massenhaft zu entwickeln sind?

Ökonomisch werden sie in den untersuchten Kollektiven z. B. sichtbar in:
- hoher Parallelität und Integrität der Leistungen der beteiligten arbeitsfunktionellen Gruppen, was sich z. B. in einer Verkürzung der Überleitungszeiten um 2–12 Monate ausdrückte;
- hohen Innovationsraten, wie z.B. 3–10 Patente je Neuerungsvorhaben zeigen;
- kurzfristigem Reagieren auf Kundenwünsche, Erschließen von (Welt)-Marktlücken, hohe Devisenrentabilität;
- hohen Steigerungsraten der Arbeitsproduktivität (auf 300–400 %);
- Einsparung von Arbeitskräften;
- Erhöhung des schöpferischen Anteils der Arbeit u. a. m.

Die genannten Ergebnisse verdeutlichen, daß sich der Wirkungsgrad der kollektiven Interessen, die Intensität und Komplexität ihrer Verflechtung und Wechselwirkung mit den gesellschaftlichen und persönlichen Interessen erhöht und damit ihre vermittelnde Rolle verstärkt wird.

Kennzeichnend für die Kollektive ist außerdem, daß sich bedingt durch die besonderen arbeitsfunktionellen und sozialstrukturellen Unterschiede auch unterschiedliche Interessen reproduzieren, die ebenfalls in Wechselwirkung mit den genannten kollektiven Interessen stehen. Das bedeutet, daß mit der Beschleunigung des Zyklus Wissenschaft–Technik–Produktion–Absatz notwendigerweise die Entwicklung der Interesseninhalte sowie der Verknüpfung der verschiedenen Interessenebenen verbunden ist. Oder anders ausgedrückt, die wachsende Komplexität, Kompliziertheit, Intensität und Dynamik volkswirtschaftlicher Prozesse spiegelt sich in der Entwicklung der Interessen wider und wird durch die Interessenentwicklung gefördert.

3. Die Gewerkschaften nehmen verstärkt politisch-ideologisch und politisch-organisatorisch auf die Vervollkommnung der Gemeinschaftsarbeit bei der Erneuerung der Produktion Einfluß.

In der gewerkschaftlichen Einflußnahme gehen wir zunächst davon aus, daß die genannten Prozesse durch eine noch bessere Nutzung der in den Betriebs- und Arbeitskollektiven gegebenen Möglichkeiten gefördert werden können. Besonders über die Plandiskussion, die Mitgliederversammlungen, die Schulen der sozialistischen Arbeit und die Teilnahme am sozialistischen Wettbewerb werden die unter Punkt 2. genannten Denk- und Verhaltensweisen gefestigt und weiter ausgeprägt.

Gewerkschaftsarbeit wird nach dem Produktionsprinzip organisiert. Die besten Ergebnisse werden dort erreicht, wo sie dem technologischen Prozeß entspricht. Die zu realisierende permanente Erneuerung der Produktion zur Umwälzung der gesamten materiell-technischen Basis wird, wie in Ansätzen gezeigt, massenhaft zur Herausbildung eines neuen Grundtyps der sozialstrukturellen und kollektiven Entwicklung in unserem Land führen. Inhalte, Methoden und Organisationsformen der Gewerkschaftsarbeit sind demgemäß zu vervollkommnen, um Beweglichkeit und Flexibilität der Einflußnahme zu sichern. Das heißt, solche Fragen zu stellen und zu lösen:

- Wie kann entsprechend der Spezifik der Zusammensetzung und der Aufgaben dieser Kollektive das gewerkschaftliche Mitgliederleben vervollkommnet werden?
- Was ist unter diesen Bedingungen kollektive Leistung und kollektives Leistungsverhalten, nach welchen Kriterien muß der Wettbewerb und die Leistungsbewertung vorbereitet, organisiert und durchgeführt werden?
- Durch welche Formen der materiellen und moralischen Stimulierung können kollektive und persönliche Interessen und Initiative enger verknüpft werden?
- Wie kann in der politisch-ideologischen Arbeit noch besser der Einheitlichkeit und Differenziertheit der Interessen dieser Kollektive Rechnung getragen werden? u. a. m.

Diese Fragen sind jeweils konkret, erzeugnis- und prozeßbezogen zu beantworten. Wichtige Grundlage ihrer Beantwortung wird die Verstärkung der Zusammenarbeit der Gewerkschaftsleitungen mit den staatlichen Leitern und Parteifunktionären der jeweiligen Kollektive sowie die weitere Verbesserung der analytischen und konzeptionellen Arbeit der Gewerkschaftsfunktionäre sein.

Diese vor allem als Anspruch formulierten Aufgaben der Gewerkschaften bei der Erneuerung der Produktion zeigen, daß umfassende Intensivierung auch von einer Weiterentwicklung der politischen Organisation der Gesellschaft begleitet wird.

Diese Erkenntnisse sind wichtige Grundlagen der weiteren Entwicklung unserer Lehr- und Erziehungsarbeit, die im Prozeß der umfassenden Intensivierung die Funktion der Gewerkschaften als Schulen des Sozialismus und Motor des sozialistischen Wettbewerbs zu realisieren haben.

Ein solches Herangehen an die Fragen der Interessenvertretung im 40. Jahr des FDGB betrachte ich als einen wichtigen Ausgangspunkt zur Vorbereitung auf den XI. Parteitag der SED.

Jürgen Wahse

Zu einigen aktuellen Problemen der effektiven Nutzung des gesellschaftlichen Arbeitsvermögens

Auf dem Gebiet des gesellschaftlichen Arbeitsvermögens ergeben sich für die achtziger und die neunziger Jahre eine Reihe neuer Fragen, Probleme und Aufgaben, bei denen die verstärkte und effektivste Nutzung des verfügbaren Arbeitskräftepotentials im allgemeinen und seiner Qualifikation im besonderen eine zentrale Rolle einnimmt. Diese Fragen stehen in engem Zusammenhang mit der weiteren Entwicklung und rationellen Gestaltung des sozialistischen Wettbewerbs.

Veränderte Reproduktionsbedingungen ergeben sich sowohl aus der bisherigen Entwicklung des gesellschaftlichen Arbeitsvermögens als auch aus den veränderten Anforderungen, die der wissenschaftlich-technische Fortschritt stellt.

Unter historischem Blickwinkel könnte man drei Etappen bei der Entwicklung des gesellschaftlichen Arbeitsvermögens in der DDR unterscheiden:

Die *erste Etappe* reicht von der Gründung der DDR bis Anfang bzw. Mitte der sechziger Jahre. Sie ist insbesondere durch einen starken Anstieg der Zahl der Berufstätigen bei absolut sinkender Bevölkerungszahl im arbeitsfähigen Alter charakterisiert. Während zwischen 1950 und 1965 die Zahl der Berufstätigen um 480000 zunahm, ging die der Bevölkerung im arbeitsfähigen Alter um 1866000 zurück. Eine entscheidende Quelle dür die Erhöhung der Berufstätigenzahl war die zusätzliche Gewinnung von Arbeitskräften. Dabei ging es vor allem um die Gewinnung nichtberufstätiger Frauen, wodurch der Beschäftigungsgrad der Frauen in dieser Etappe stark anstieg. Gleichzeitig wurden viele Altersrentner für die Fortsetzung der Berufstätigkeit gewonnen. Mit planmäßigen umfangreichen Strukturveränderungen zwischen den Bereichen der Volkswirtschaft wurden beispielsweise ungefähr 1 Million Arbeitskräfte aus der Landwirtschaft, vor allem für die Industrie, gewonnen. In dieser Zeit wurden auch Veränderungen im Qualifikationsniveau und in der Qualifikationsstruktur vollzogen, jedoch noch nicht mit den Steigerungsraten der späteren Jahre.

Die *zweite Etappe* reicht von Anfang bzw. Mitte der sechziger bis zum Ende der siebziger Jahre. Sie ist durch einen steilen Anstieg der Qualifikation, durch die Entwicklung der Qualifikation in die „Breite" charakterisiert. Ab 1961 stieg der Anteil der Hoch- und Fachschulkader an der Gesamtzahl der Beschäftigten auf etwa das Doppelte, der Anteil der Facharbeiter auf das Anderthalbfache. Die Bildungsfonds in der Volkswirtschaft erhöhten sich von rund 90 Mrd. Mark im Jahr 1965 auf rund 200 Mrd. Mark Ende der siebziger Jahre.[1] Die Zahl der Berufstätigen erhöhte sich in etwa wie in der ersten Etappe, doch war diese Erhöhung vorwiegend auf die Zunahme der Bevölkerungszahl im arbeitsfähigen Alter zurückzuführen.

Die *dritte Etappe*, die vom Ende der siebziger Jahre bis weit in die Zukunft reichen wird, ist vorrangig durch Erhöhung und rationelle Nutzung des Qualifikationsniveaus innerhalb der bereits vorhandenen entwickelten Qualifikationsstruktur charakterisiert, durch die Entwicklung der Qualifikation in die „Tiefe".

Im Zusammenhang mit diesen Entwicklungsetappen ergeben sich auch entsprechende Erfordernisse an Inhalt und Führung des sozialistischen Wettbewerbs. Immer stärker treten qualitative Aspekte und Faktoren der intensiv erweiterten Reproduktion in den Mittelpunkt der schöpferischen Masseninitiative der Werktätigen. Das betrifft auch in vollem Maße die effektive Nutzung des gesellschaftlichen Arbeitsvermögens, insbesondere des Bildungspotentials und des Qualifikationsniveaus für den wissenschaftlich-technischen Fortschritt.

Auf dem X. Parteitag der SED wurde verstärkt auf die Notwendigkeit der rationellen Nutzung und der Erschließung von Reserven auf dem Gebiet des gesellschaftlichen Arbeitsvermögens hingewiesen. „Als eine vorrangige Aufgabe betrachten wir, das zunehmende Bildungspotential für den wissenschaftlich-technischen Fortschritt, für die Leistungssteigerung in allen Bereichen der Volkswirtschaft... zu nutzen."[2]

Selbstverständlich wird auch in dieser Etappe eine Entwicklung der Qualifikationsstruktur stattfinden, wobei die zielgerichtete Erhöhung des Qualifikationsniveaus innerhalb aller Qualifikationsstufen mit den entsprechenden Anforderungen an das Bildungswesen ein Schwerpunkt ist. Gleichzeitig geht es um die immer bessere Ausschöpfung der vorhandenen Ressourcen der lebendigen Arbeit, der effektiven Nutzung von Arbeitszeit und Arbeitskräften.

Bei der Aufdeckung und Nutzbarmachung dieser Reserven handelt es sich nicht nur um Veränderungen volkswirtschaftlicher Strukturen, um technische und technologische Entwicklung und um ökonomische Bewertungskriterien, sondern auch um Veränderungen im Denken und Handeln der Produzenten. Das trifft vor allem auf solche Verhaltensweisen zu, wie Leistungsbereitschaft, Leistungswillen und Leistungsverhalten. Gleichermaßen betrifft dies Fragen einer erhöhten Disponibilität der Werktätigen – Disponibilität hier nicht nur im berufs- und fachrichtungsspezifischen Sinne, sondern vielmehr im Sinne einer Disponibilität, die durch Verantwortungsbewußtsein, Kreativität, Bereitschaft zur beruflichen, betrieblichen und überbetrieblichen Mobilität gekennzeichnet ist.

Im sozialistischen Wettbewerb spielen deshalb Fragen der rationellen Gestaltung und Nutzung des gesellschaftlichen und persönlichen Zeitfonds eine immer bedeutendere Rolle. Eng im Zusammenhang damit steht die Bewegung „Arbeitszeit ist Leistungszeit“ in Vorbereitung des XI. Parteitages der SED. Hinter diesem Motto verbergen sich solche wichtigen Fragen wie Kontinuität der Produktion, qualifikations- und berufsgerechter Einsatz der Arbeitskräfte, effektive Nutzung der gesetzlichen Arbeitszeit, durchgängige Erreichung der gesellschaftlich vorgegebenen Arbeitsnormen. „Arbeitszeit ist Leistungszeit“ heißt aber nicht zuletzt auch eine Arbeitsintensität einzuhalten, die den veränderten technologischen Anforderungen und unseren gesellschaftlichen Bedingungen entspricht.

Warum war der Übergang in diese dritte Etappe der Entwicklung des gesellschaftlichen Arbeitsvermögens notwendig?

1. Die DDR hat eine Qualifikationsstruktur erreicht, die nicht mehr mit den gleichen Steigerungsraten wie in der zweiten Etappe zu erhöhen ist. Zu beachten ist auch, daß die technologischen Anforderungen an die Arbeitskräfte in jeder Etappe vom Entwicklungsstand der Produktivkräfte abhängig sind. Die Automatisierung und die breite Einführung der Mikroelektronik sind im allgemeinen mit einer Erhöhung der Anforderungen an die Beschäftigten und damit einer notwendigen hohen Qualifikation verbunden, wobei es darauf ankommt, das Tempo dieser Entwicklung richtig einzuschätzen. Der Schwerpunkt muß auf inhaltliche Veränderungen im Qualifikationsniveau gelegt werden, weniger auf generelle Veränderungen der Qualifikationsstruktur. Es gilt, den höheren Anforderungen an die Arbeitsinhalte gerecht zu werden und die Aus- und Weiterbildung entsprechend zielgerichtet zu gestalten.

2. Im Jahre 2000 werden wir, insbesondere auf Grund der demographischen Entwicklung, etwa die gleiche Beschäftigtenzahl haben wie 1985. Erstmals 1982/83 hatten wir in der DDR eine ausgeglichene Arbeitskräftebilanz. Bei Sicherung der Vollbeschäftigung kommt es jetzt auf die Herausbildung effektiver Arbeitskräftestrukturen und damit auf neue umfangreiche Strukturveränderungen sowohl beim quantitativen als auch qualitativen Arbeitspotential an.

3. Bis zum Jahr 2000 ist mit weiteren Schritten zur Verkürzung der gesetzlichen Arbeitszeit zu rechnen. Entsprechend dem auf dem IX. Parteitag der SED beschlossenen Programm wird „in Abhängigkeit vom Entwicklungstempo der Arbeitsproduktivität die weitere differenzierte Verlängerung des Erholungsurlaubs sowie der schrittweise Übergang zur 40-Stunden-Woche durch die Verkürzung der täglichen Arbeitszeit bei Beibehaltung der 5-Tage-Woche“[3] angestrebt. Bereits in der Vergangenheit wurden im Rahmen der sozialpolitischen Maßnahmen umfangreiche Arbeitszeitverkürzungen verwirklicht. Im Ergebnis dessen arbeitet heute jeder Beschäftigte in der DDR im Durchschnitt 33 Arbeitstage pro Jahr weniger als 1960. Auf Grund der genannten Faktoren kommt der rationellen Nutzung der vorhandenen Ressourcen beim gesellschaftlichen Arbeitspotential eine immer größere Bedeutung zu.

Im Rahmen der umfassenden Intensivierung wird die Art und Weise, in welcher der assoziierte Produzent die Arbeitszeit nutzt und sich mit den Zielen der sozialistischen Gesellschaft identifiziert, immer entscheidender für die gesellschaftliche Entwicklung, die volkswirtschaftliche Effektivität und damit für den sozialistischen Wettbewerb.

Der Mensch in seiner Identität als Eigentümer der Produktionsmittel und als Produzent wird in zunehmendem Maße zum Träger des Intensivierungsprozesses. Die Fragen der sozialistischen Rationalisierung, der Gewinnung von Arbeitskräften, der effektiven Anwendung der wissenschaftlichen Arbeitsorganisation werden nicht gegen den Menschen, sondern durch den Menschen bewußt gestaltet. Damit erhält auch der sozialistische Wettbewerb zunehmend einen Charakter, durch den die Werktätigen und Kollektive in ihrer Entwicklung immer stärker geprägt werden.

Die rationelle Nutzung des gesellschaftlichen Arbeitsvermögens und damit verbunden die Aufdeckung von Reserven ist ohne Zweifel eine wichtige Aufgabe. Gleichzeitig ist es aber mindestens ebenso wichtig, die mit dem wissenschaftlich-technischen Fortschritt verbundene weitere Vergesellschaftung der Arbeit und seine Auswirkungen auf Arbeitseinstellung, Arbeitszufriedenheit, Arbeitsmotivation bis hin zu seinem Einfluß auf die Arbeitsintensität zu analysieren. Es geht darum, den wissenschaftlich-technischen Fortschritt von vornherein in seiner Komplexität als technische, ökonomische und soziale Erscheinung aufzufassen, entsprechend zu gestalten und zur Wirkung zu bringen.

Bei der Forderung nach rationeller Nutzung der vorhandenen Ressourcen, insbesondere des vorhandenen Qualifikationspotentials, geht es politökonomisch um folgendes: „Die Arbeit, die als höhere, kompliziertere Arbeit gegenüber der gesellschaftlichen Durchschnittsarbeit gilt, ist die Äußerung einer Arbeitskraft, worin höhere Bildungskosten eingehn, deren Produktion mehr Arbeitszeit kostet und die daher einen höheren Wert hat als die einfache Arbeitskraft. Ist der Wert dieser Kraft höher, so äußert sie sich daher auch in höherer Arbeit und vergegenständlicht sich daher, in denselben Zeiträumen, in verhältnismäßig höheren Werten.“[4] Eine qualifizierte Arbeitskraft leistet aber nur dann komplizierte und damit höherwertige Arbeit, wenn sie tatsächlich Arbeit eines entsprechenden Kompliziertheitsgrades ausführt. Der Erwerb der Qualifikation bildet nur die Voraussetzung dafür. Erst der qualifikationsgerechte Einsatz der Arbeitskraft führt dazu, daß das in ihr liegende Effektivitätspotential erschlossen wird, daß die höhere gebrauchswert- und wertschaffende Potenz der qualifizierten lebendigen Arbeit von einer möglichen zu einer tatsächlichen Quelle der Leistungssteigerung wird.

Entsprechend der erwähnten Feststellung von Marx ist davon auszugehen, daß sich ein unterschiedlich hoher Stand im Qualifikationsniveau – im Zusammenhang mit entsprechend moderner Arbeitsmittelausstattung und modernen Technologien – in der jeweiligen produktiven Einheit über ein in der Regel unterschiedliches Gebrauchswertniveau in unterschiedlichen Ergebnisgrößen und damit auch in unterschiedlicher Effektivität niederschlagen muß. Daraus kann gefolgert werden: Je höher unter vergleichbaren Bedingungen die eingesetzte Qualifikation und damit der Bildungsfonds einer produktiven Einheit, desto höher müssen die entsprechenden Ergebnisgrößen sein — Verfügbarkeit der erforderlichen Ressourcen vorausgesetzt. Die Konzentration von qualifizierter lebendiger Arbeit sollte damit in der Regel zu höherer Effektivität führen.

Mit dem erreichten hohen Qualifikationspotential der Beschäftigten sind die Voraussetzungen gegeben, die intensiv erweiterte Reproduktion auf einer qualitativ höheren Stufe zu verwirklichen. Dabei ist eine Schlüsselfrage, wie es gelingt, die qualifizierte Arbeit in ihrer ökonomischen Potenz im Wertbildungsprozeß wirksam zu machen. Hierbei stehen zwei entscheidende Wege offen, die nicht alternativ beschritten werden können, sondern sich gegenseitig ergänzen müssen:

Der *erste Weg* besteht in der effektiven Nutzung und Gestaltung des gesellschaftlichen Arbeitsvermögens durch die Erhöhung des Veredlungsgrads der Produktion. Die Veredlung ist „der Hauptweg, um mit dem vorhandenen Rohstoffaufkommen durch konsequente Anwendung effektivster wissenschaftlich-technischer Lösungen ein wachsendes gesellschaftliches Produkt für die DDR zu sichern... Überall geht es darum, im Produktionsprozeß die eingesetzte vergegenständlichte Arbeit mit soviel wie möglich lebendiger Arbeit anzureichern, um auf diese Weise den Produktionswert zu erhöhen und das Leistungswachstum zu sichern"[5]. Dabei besteht für die sozialistische Reproduktionstheorie eine wesentliche Aufgabe, dann die ökonomischen Beziehungen zwischen qualifizierter Arbeit und Veredlungsgrad der Produktion zu untersuchen, um Schlußfolgerungen für volkswirtschaftliche Effektivitätswirkungen durch Nutzung der Qualifikation bei Veredlungsprozessen abzuleiten. Unter anderen sind folgende Fragen zu lösen:

- Entwicklung optimaler Arbeitskräftestrukturen entsprechend den durch Veredlungsprozesse bewirkten volkswirtschaftlichen Strukturveränderungen. Hierbei geht es sowohl um strukturelle Veränderungen zwischen den Wirtschaftsbereichen und -zweigen als auch um Veränderungen zwischen den Arbeitsbereichen, vor allem zwischen produktionsvorbereitenden, produktionsdurchführenden und Produktionshilfsbereichen. Insbesondere die Mikroelektronik als entscheidendes Mittel zur Durchsetzung von Veredlungsprozessen beeinflußt diese Strukturen wesentlich;
- Substitutionsprozesse zwischen vergegenständlichter und lebendiger Arbeit. Die entscheidende Substitutionsbeziehung der Vergangenheit, der Ersatz von lebendiger durch vergegenständlichte Arbeit, von menschlicher Arbeit durch Maschinen, wird auch in Zukunft seine dominierende Stellung behalten. Aber gleichzeitig entwickeln sich neue Substitutionsbeziehungen in umgekehrter Richtung, bei denen vergegenständlichte durch lebendige Arbeit ersetzt wird. Im Rahmen von Veredlungsprozessen der Produktion werden Material, Energie und Rohstoffe durch qualifizierte lebendige Arbeit substituiert.

Der *zweite Weg* ist die effektive Nutzung und Gestaltung des gesellschaftlichen Arbeitsvermögens durch wissenschaftliche Arbeitsorganisation. Diese Forderung enthält im Rahmen der verstärkten Ökonomisierung des Reproduktionsprozesses bei Gewährleistung der Vollbeschäftigung solche Aufgaben, wie die Senkung der beeinflußbaren Ausfallzeiten, den struktur- und niveaugerechten Einsatz der qualifizierten Hoch- und Fachschulkader, die Herabsetzung der Fluktuationsraten, die optimale Verteilung der qualifizierten Arbeit im Rahmen der Wirtschaftsbereichs-, Zweig- und Tätigkeitsstrukturen. Letztlich geht es auch auf dem Gebiet des gesellschaftlichen Arbeitsvermögens um die dichtere „Ausfüllung der Poren der Arbeitszeit"[6].

Viele der angesprochenen Elemente lassen sich im weiteren Sinne in die politökonomische Kategorie der Arbeitsintensität einordnen. Sie drückt das Ausmaß einer bestimmten Menge verausgabter körperlicher und geistiger Arbeit in einer bestimmten Zeiteinheit aus und schließt sowohl den Anspannungsgrad im Prozeß der Arbeit selbst als auch die verschiedensten Formen der beeinflußbaren Ausfallzeiten ein. Die Arbeitsintensität wird im Sozialismus nicht allein technisch, sondern vor allem sozial bestimmt und bildet sich entsprechend den sozialistischen Produktionsverhältnissen als ein gesellschaftliches Verhältnis heraus. Die technologischen und sozialen Komponenten bestimmen das gesellschaftliche Normalmaß der Arbeitsintensität. Dieses Normalmaß ist ein Richtwert für den Grad der Verausgabung von Arbeit durch die assoziierten Produzenten und muß von ihnen durchgängig gewährleistet werden. Wenn Abweichungen zwischen gesellschaftlichem Normalmaß und dem tatsächlichen Durchschnittsgrad der Arbeitsintensität auftreten, dann sind sie konsequent aufzudecken und zu beseitigen. Ebenso, wie in der sozialistischen Gesellschaft das Recht auf Arbeit von der Pflicht zur Arbeit nicht zu trennen ist, bilden auch gesetzliche Arbeitszeit, ihre rationelle Nutzung und eine gesellschaftlich normale Arbeitsintensität eine Einheit. „Die Pflicht zur Arbeit (schließt dabei) die volle Nutzung des individuellen Leistungspotentials ebenso ein wie dessen zielgerichtete Entwicklung."[7] Vollbeschäftigung beinhaltet nicht nur das Recht auf Eingliederung der arbeitsfähigen Bürger in den Arbeitsprozeß, sondern auch deren effektive, persönlichkeitsfördernde Tätigkeit entsprechend den gesellschaftlichen Erfordernissen und persönlichen Fähigkeiten, Fertigkeiten und Kenntnissen.[8]

Die Steigerung der Arbeitsintensität auf das gesellschaftliche Normalmaß ist dort, wo dieses Maß noch nicht eingehalten wird, sowohl aus Effektivitätsgründen als auch auf Grund des sozialistischen Charakters der Arbeit anzustreben. Die Arbeitsintensität wirkt hier als intensiver Faktor des Reproduktionsprozesses, sie führt zur Steigerung der Arbeitsproduktivität und ist immanenter Bestandteil der umfassenden Intensivierung. Kurzfristig liegen in diesem Prozeß die größten Reserven im realen Produktionsprozeß der DDR.

Eine Steigerung des gesellschaftlichen Normalmaßes selbst muß immer in Verbindung mit der Entwicklung der Arbeitszeit betrachtet werden. Bei entsprechender Verkürzung der Arbeitszeit (in welcher Form auch immer) ist die Frage zu klären, ob sich damit eine Erhöhung des gesellschaftlichen Normalmaßes der Arbeitsintensität vollzieht. Dabei muß aber die gesamte verausgabte Arbeit pro Arbeitstag unter Berücksichtigung von Arbeitsintensität und Länge der Arbeitszeit eine sinkende Tendenz aufweisen.

Ausgehend von einem gesellschaftlichen Normalmaß der Arbeitsintensität, müssen Voraussetzungen für die

durchgängige Erreichung dieses Normalmaßes in drei Richtungen geschaffen werden:
- Im Arbeitsprozeß sind die Bedingungen für einen effektiven Arbeitsablauf zu schaffen.

Das beinhaltet die Fragen der Kontinuität des Produktionsprozesses, des berufs- und qualifikationsgerechten Einsatzes der Arbeitskräfte, die Beseitigung von beeinflußbaren Ausfallzeiten aller Art genauso wie die Gestaltung der konkreten Arbeitsbedingungen und Arbeitsinhalte (Einschränkung der Arbeitsplätze mit erschwerten und gesundheitsgefährdenden Bedingungen) und die zeitlichen Arbeitsbedingungen (bei Schichtarbeit, Berufstätigkeit von Frauen und Müttern mit mehreren Kindern). Dabei ist durchgängig die ökonomische und soziale Wirksamkeit des wissenschaftlich-technischen Fortschritts im Prozeß der umfassenden Intensivierung zu sichern. Über die vielfältigen Maßnahmen der wissenschaftlichen Arbeitsorganisation sind für die optimale Gestaltung des Arbeitsprozesses die entsprechenden Voraussetzungen zu schaffen.
- Die Reproduktionszeit zur einfachen und erweiterten Reproduktion der Arbeitskräfte und der Persönlichkeit ist voll zu nutzen.

Ausgehend von der sozialen Sicherheit und der Vollbeschäftigung für alle Bürger des Landes, ist schrittweise die arbeitsfreie Zeit immer mehr zur Freizeit in Marxschem Sinne zu entwickeln. Voraussetzung dafür ist die optimale Gestaltung, Nutzung und Organisation solcher Bedürfniskomplexe wie Wohnen, gesundheitliche und soziale Betreuung, Ernähren, Kleiden, Dienstleistungen, Verkehr, Bildung usw. Die erweitert reproduzierbaren Bedürfnisse des Lebensniveaus wirken als Triebkräfte des Leistungsverhaltens der Werktätigen. Die objektiv stärkere Leistungsorientierung bringt auch in entsprechender Qualität das Bedürfnis nach Reproduktion der Arbeitskraft in Freizeit, Urlaub und Erholung hervor. „Wachsende Disponibilität, Fähigkeit und Bereitschaft zum Wechsel der Arbeit strahlt auch auf das Verhalten außerhalb der Arbeit aus – es wächst die Fähigkeit und das Bedürfnis nach aktiver und anspruchsvoller Reproduktion der Arbeitskraft... Das stärkere Hervortreten des Wertes ‚interessante Freizeit' ist keine Alternative, sondern notwendige Ergänzung der sich reicher gestaltenden Erwartungen an die Arbeit."[9]
- Den Problemen der Bewertung und Stimulierung der lebendigen Arbeit als Triebkraft hoher Arbeitsleistungen im Reproduktionsprozeß ist noch mehr Aufmerksamkeit zu schenken und im sozialistischen Wettbewerb Rechnung zu tragen.

Die Fragen der Stimulierung sind im umfassenderen Sinne unter dem Gesichtspunkt der bewußten Entwicklung und planmäßigen Nutzung der sozialen Bedingungen und Triebkräfte hoher Arbeitsleistungen zu betrachten. Es geht nicht allein um die Vervollkommnung des Mechanismus der ökonomischen Stimulierung, sondern gleichermaßen um die stärkere Aktivierung und Nutzung solcher Kategorien, wie Bewußtsein, Disziplin, Verantwortung, Kontrolle, Ordnung und Sicherheit, Leistungsverhalten schlechthin. Gesellschaftlich Normales darf nicht überdurchschnittlich bewertet oder anerkannt werden. Diesem Grundsatz entspricht das Gesetz der Verteilung nach der Arbeitsleistung.

Mit dem Übergang zur umfassenden Intensivierung ergeben sich hierbei vor allem für die Kombinate und Betriebe höhere Anforderungen. „Im Kern geht es um einen funktionstüchtigen gesellschaftlichen Mechanismus, in dem die gesellschaftlichen mit den persönlichen Interessen dadurch in Übereinstimmung gebracht werden, daß die Realisierung gesellschaftlicher Interessen eine immer stärkere Berücksichtigung der an Vielfalt zunehmenden persönlichen Interessen voraussetzt wie umgekehrt, die Realisierung persönlicher Interessen unabdingbar an die stärkere Berücksichtigung gesellschaftlicher Interessen gebunden ist."[10] Beide Wege der effektiven Nutzung und Gestaltung des gesellschaftlichen Arbeitsvermögens – durch Erhöhung des Veredlungsgrads der Produktion und durch wissenschaftliche Arbeitsorganisation – behalten ihre Bedeutung.

Der rationellen Nutzung des gesellschaftlichen Arbeitsvermögens im Rahmen der wissenschaftlichen Arbeitsorganisation kommt weiterhin ein hoher Rang zu und wirkt sich damit auch bei der Durchführung des sozialistischen Wettbewerbs aus. Die angesprochenen Fragen der Arbeitsintensität, des qualifikationsgerechten Einsatzes, der Senkung der Ausfallzeiten, der rationelleren Nutzung der Arbeitszeit, der Verringerung der Fluktuation usw. können sehr häufig mit arbeitsorganisatorischen Maßnahmen, das heißt weitgehend ohne Investitionen gelöst werden, woraus eine wesentliche Reserve zur Steigerung des Nationaleinkommens resultiert. Besonders in den letzten Jahren konnten auf diesem Gebiet gute Erfolge erzielt werden. Qualifiziertere langfristige Einschätzungen über die Entwicklung des gesellschaftlichen Arbeitsvermögens, gesetzliche Regelungen über die Bewertung der qualifizierten lebendigen Arbeit und verantwortungsvolle Kaderarbeit in den Kombinaten und Betrieben trugen dazu bei, wesentliche Elemente dieser Reserven zu erschließen. Verantwortungsvolles ökonomisches Denken und Handeln, höhere Einsatzbereitschaft, steigende Bewußtheit und Flexibilität der Werktätigen im Zusammenhang mit Freisetzungs- und Widereinsatzprozessen, verantwortungsvolle und sachkundige Lenkung und Vermittlung von Absolventen und Berufstätigen zeitigten Erfolge bei der rationellen Nutzung des Arbeitspotentials. Dieser Weg wird auch in Zukunft seine Bedeutung behalten und eine Quelle sein, die anspruchsvollen Wachstumsziele zu erreichen.

Anmerkungen

1 Bildungsfonds sind die in der Qualifikation der Werktätigen akkumulierten gesellschaftlichen Aufwendungen. Hierzu gehören alle Aufwendungen, die zur Ausbildung in der Vorschulerziehung, in der allgemeinbildenden Schule sowie zur Erreichung einer bestimmten Qualifikation in der Berufsbildung sowie an Hoch- und Fachschulen erforderlich sind.

2 Programm der Sozialistischen Einheitspartei Deutschlands, Berlin 1976, S. 27 f.

3 Ebenda, S. 25.
4 Karl Marx, Das Kapital, Erster Band, in: MEW, Bd. 23, Berlin 1975, S. 211 f.
5 Ökonomische Strategie der Partei – klares Konzept für weiteres Wachstum, Berlin 1983, S. 92 f.
6 Karl Marx, Das Kapital, Erster Band, a. a. O., S. 432.
7 Gunnar Winkler, Die Einheit von Wirtschafts- und Sozialpolitik – Triebkraft ökonomischen und sozialen Fortschritts, in: Deutsche Zeitschrift für Philosophie, 1/1985, S. 13.
8 Vgl. ebenda.
9 Albrecht Kretschmar, Sozialistische Persönlichkeit und intensiv erweiterte Reproduktion, in: Deutsche Zeitschrift für Philosophie, 1/1985, S. 25/26.
10 Wolfgang Heinrichs, Umfassende Intensivierung – eine qualitative neue Etappe in der Verwirklichung der ökonomischen Strategie, in: Jahrbuch des ZIW der AdW, 1985, Manuskript, S. 6/7.

Wilma Podewin

Den sozialistischen Wettbewerb und die wissenschaftliche Arbeitsorganisation eng miteinander verbinden

Die heutige gemeinsame Tagung hat die Aufgabe, ausgehend von den Thesen „Sozialistischer Wettbewerb und umfassende Intensivierung“ Grundlagen zur weiteren Verbesserung der Arbeit in Wissenschaft und Praxis auf diesem entscheidenden Gebiet zu beraten.

In den Thesen werden die wachsenden Anforderungen an den sozialistischen Wettbewerb als wichtige Triebkraft unserer gesellschaftlichen und ökonomischen Entwicklung, die sich aus dem erforderlichen Übergang zur umfassenden Intensivierung ergeben, deutlich herausgearbeitet.

Eine Seite dieser Anforderungen an den sozialistischen Wettbewerb, die zugleich auf ihn selbst aktivierend zurückwirkt, möchte ich in Ergänzung der Thesen hervorheben.

Es ist dies das Erfordernis, den sozialistischen Wettbewerb mit der wissenschaftlichen Arbeitsorganisation bewußt und vielfältig eng zu verbinden. Hierbei sollte zugleich ausdrücklich sowohl auf ein Fortsetzen der Nutzung der bewährten herkömmlichen Arbeitsrichtungen und Instrumentarien der WAO als auch auf das breite Kennenlernen und Anwenden neuer Richtungen und Möglichkeiten der WAO orientiert werden.

Nun könnte darauf verwiesen werden, daß die Verbindung des sozialistischen Wettbewerbs mit der WAO bereits seit Jahrzehnten realisiert wird, daß sie deshalb schon selbstverständlicher Teil der Zusammenarbeit von Gewerkschaft und staatlicher Leitung ist. Ergänzend könnte die Gültigkeit der Richtlinie über die Anwendung der WAO aus dem Jahre 1975[1] zitiert werden wie auch die des Beschlusses des Präsidiums des Bundesvorstandes des FDGB[2] aus dem gleichen Jahr, in dem es u. a. heißt: „Verstärkte Orientierung des sozialistischen Wettbewerbs auf die Anwendung der WAO für die rationelle Nutzung und den effektiven Einsatz des gesellschaftlichen Arbeitsvermögens, der Grundfonds, der Arbeitszeit, der Erhöhung der Materialökonomie und die weitere Verbesserung der Arbeits- und Lebensbedingungen der Werktätigen.“ Und weiter wird gefordert, daß alle bewährten und sich ständig neu entwickelnden Formen und Methoden der Masseninitiative zu fördern sind und dafür zu sorgen ist, daß gezielte, abrechenbare Aufgaben zur Verwirklichung der WAO übernommen werden.

Zweifellos spricht es für die Weitsicht der damaligen und die Kontinuität der zwischenzeitlichen Arbeit, daß die Aussagen dieser Dokumente noch heute gültig sind. In Vorbereitung des XI. Parteitages der SED Bilanz zu ziehen und weitere Aufgaben vorzubereiten bedeutet, daß Neue der gesellschaftlichen Erfordernisse und Möglichkeiten auch bei insgesamt Bewährtem zu prüfen und in die Gesamtthematik „Sozialistischer Wettbewerb und umfassende Intensivierung“ entsprechend den heutigen Proportionen einzubringen. Unsere Erkenntnisse zum Erforderlichen und Möglichen bei und mit der WAO haben sich zwischenzeitlich bedeutend erweitert. Hervorheben könnte man – bezogen auf die letzten Jahre – mindestens drei für die wissenschaftliche Arbeitsorganisation besonders auszuwertende Höhepunkte[3]:

- Die 1982 durchgeführte Tagung „Aufgaben und Probleme zur weiteren Vervollkommnung der wissenschaftlichen Arbeiterorganisation bei der Erhöhung der Effektivität und Qualität der Arbeit – die weitere Entfaltung der schöpferischen Masseninitiative“ des Wissenschaftlichen Rates für die wirtschaftswissenschaftliche Forschung bei der AdW der DDR. Die hierzu erarbeiteten Thesen sowie die Ergebnisse ihrer Diskussion[4] weisen Hauptrichtungen der weiteren Vervollkommnung der WAO aus.
- Die Wirtschaftswissenschaftliche Konferenz der DDR im Karl-Marx-Jahr 1983.
  In seinem Referat führt dort Günter Mittag zur WAO u. a. folgendes aus: „Man kann über den Kampf zur Steigerung der Arbeitsproduktivität nicht sprechen, ohne zugleich auf die wissenschaftliche Arbeitsorganisation als Hauptfeld der aktiven Mitwirkung der Werktätigen an der sozialistischen Rationalisierung zum Wohle des Menschen einzugehen. Auf diesem Wege werden die Ziele der Produktions-, Leistungs- und Effektivitätssteigerung unmittelbar mit der Verbesserung der Arbeits- und Lebensbedingungen sowie der Entwicklung der schöpferischen Fähigkeiten der werktätigen Menschen verbunden. Die Anwendung der wissenschaftlichen Arbeiterorganisation ist ein wichtiger Bestandteil der weiteren Ausprägung des sozialistischen Charakters der Arbeit und damit eine Aufgabe von hohem gesellschaftlichem Rang. Es ist selbstverständlich, daß in der sozialistischen DDR alle Maßnahmen der wissenschaftlichen Arbeitsorganisation im engsten Zusammenwirken mit den Werktätigen durchgeführt werden.“[5]
- Das 9. Plenum des ZK der SED (November 1984), welches die Erfordernisse und Möglichkeiten der neuen Etappe der umfassenden Intensivierung in Vorbereitung auf den XI. Parteitag der SED darlegte. Harry Tisch hob auf der 9. Tagung des Bundesvorstandes des FDGB (November 1984) hervor, „daß für die Gewerkschaften die sozialistische Rationalisierung und Automatisierung – darin eingeschlossen die wissenschaftliche Arbeitsorganisation – ein umfassendes Tätigkeitsfeld der Entfaltung des Ideenreichtums und der Schöpferkraft der Werktätigen ist.“[6]

Im Ergebnis der Auswertung dieser gesellschaftlichen Höhepunkte zu grundsätzlichen Aufgabenstellungen mit engem Bezug zur Wissenschaftlichen Arbeitsorganisation bzw. zur WAO-Arbeit selbst können in Anlehnung an Hanspach[7] die Richtungen der weiteren Entwicklung und Anwendung der WAO auf die umfassende sozialistische Intensivierung wie folgt benannt werden:
Die Anwendung der Wissenschaftlichen Arbeitsorganisation

- als untrennbaren Bestandteil der wissenschaftlich-technischen Revolution und ihres Kernstückes, der Hochtechnologien;
- in allen Phasen des Reproduktionsprozesses, beginnend in F/E, Konstruktion und Technologie;
- zur gezielten Senkung des Aufwandes für die Produktion, insbesondere des Produktionsverbrauchs je Gebrauchswerteinheit;
- zur wesentlich besseren qualitativen und quantitativen Nutzung des Arbeitsvermögens unserer insgesamt hochqualifizierten und erfahrenen Werktätigen;
- zur Beschleunigung des Kreislaufes der intensiv erweiterten Reproduktion in den Kombinaten, Betrieben und -zunehmend – auch den wissenschaftichen Einrichtungen;
- zur Erarbeitung qualitativ höherer Arbeitsergebnisse, beginnend bei der Arbeit in F/E und Konstruktion, und damit – in Verbindung mit vorgenannten Zielen und Aufgaben – zur Höherveredlung unserer Erzeugnisse;
- zur Gestaltung anspruchsvoller Arbeitsinhalte;
- zur weiteren Vervollkommnung der Leistungsbewertung und konsequenten Anwendung des Leistungsprinzips;
- und insgesamt zur weiteren Ausprägung des sozialistischen Charakters der Arbeit.

Diese umfangreichen und anspruchsvollen Ziel- und Aufgabenstellungen der WAO sind nur lösbar.

- bei prozeßbezogener Anwendung der WAO. Hierunter ist nicht nur die Anwendung auf Basisarbeitsprozesse, sondern auch – zunehmend – die Erschließung größerer, die Abteilung, den Betrieb, das Institut, das Kombinat umfassender Rationalisierungsfelder und -räume zu verstehen;
- bei Erarbeitung und Nutzung neuer arbeitswissenschaftlicher Erkenntnisse, und zwar sowohl der sich als sozialistische Arbeitswissenschaft insgesamt konstituierenden Disziplin als auch der speziellen arbeitswissenschaftlichen Disziplinen;
- bei voller Nutzung der Erkenntnisse anderer Wissenschaftsdisziplinen, insbesondere der Sozialistischen Betriebswirtschaft, der Leitungswissenschaft, der Informatik;
- bei verbindlicher und kurz-, mittel- sowie langfristiger Aufnahmen in die Pläne;
- bei weitestgehender Übereinstimmung mit den Maßnahmen zur Rationalisierung im Territorium.

Insgesamt- und diese Lösungsvoraussetzung muß gesondert hervorgehoben werden – sind diese Aufgaben der Wissenschaftlichen Arbeitsorganisation als ein Kernstück der umfassenden sozialistischen Intensivierung bei voller, aktiver Mitwirkung der Werktätigen und als ein Schwerpunkt des sozialistischen Wettbewerbs lösbar. Die Vielfalt der Wettbewerbsformen – Objektwettbewerb, innerbetrieblicher Komplexwettbewerb, überbetrieblicher Wettbewerb unter Einbeziehung von Zulieferern oder Forschungseinrichtungen – ist eine wertvolle Hilfe, bis hin zur Klärung unterschiedlicher, z. B. tarifbedingter Entlohnungs- und Stimulierungsbedingungen.

Der sozialistische Wettbewerb ist in seiner Gesamtheit als Wettbewerbsprogramm sowie Kultur- und Bildungsplan zusätzlich eine unerläßliche Hilfe bei der rechtzeitigen und aktiven Vorbereitung der Werktätigen auf neue oder veränderte Arbeitsaufgaben. Skeptiker könnten die Frage stellen, ob diese hohen und komplexen Aufgabenstellungen der Wissenschaftlichen Arbeitsorgansation nicht unreal sind.

So zu diskutieren und sich so zu verhalten hieße, die wissenschaftlich-technische Revolutin, die Dialektik von Produktivkräften und Produktionsverhältnissen, die umfassende sozialistische Intensivierung nicht als dauerhaften, langfristigen, gesetzmäßigen Prozeß zu verstehen.

Gerade von diesem Sachverhalt ausgehend, sollen hier abschließend repräsentative Beispiele für eine komplexe und erfolgreiche WAO-Arbeit in F/E und Konstruktion genannt werden. In den Abteilungen der Betriebe des VEB Werkzeugmaschinenkombinates „Fritz Heckert“ Karl-Marx-Stadt wurden Mitte des vergangenen Jahres WAO-Studien durchgeführt und die Ergebnisse genutzt. Der Generaldirektor des Kombinates, Dr. Rudi Winter, sagte dazu: „Von Anfang an haben wir darauf geachtet, daß die wissenschaftliche Arbeitsorganisation in voller Übereinstimmung mit den Konstrukteuren selbst durchgeführt wird. Nach der ideologischen Vorbereitung der Arbeitsstudien in den Konstruktionskollektiven wurden WAO-Kollektive gebildet, für deren Arbeit die zuständigen staatlichen Leiter die volle Verantwortung tragen. Mitglieder dieser Kollektive sind Vertreter der zu untersuchenden Abteilungen, Vertreter aus den Bereichen der Organisation und Datenverarbeitung sowie der gesellschaftlichen Organisationen. Alle Kollektive arbeiten nach einer einheitlichen Methode und einem abgestimmten Terminplan.

Die Zeitaufnahmen werden durch die Konstrukteure selbst vorgenommen, wobei die unterschiedliche Tätigkeit von Konstrukteuren, Themenverantwortlichen, Teilkonstrukteuren, technischen Zeichnern und Leitern sorgfältig berücksichtigt wird.“[8]

Zwischenzeitlich gibt es auch im Forschungszentrum des Werkzeugmaschinenbaues Karl-Marx-Stadt, das zum gleichen Kombinat gehört, eine „Konzeption zur Anwendung der Schwedter Initiative“. Danach wird diese in Einheit mit der weiteren Durchsetzung der Wissenschaftlichen Arbeitsorganisation angewandt für folgende Schwerpunkte:

- Arbeiten bei der Entwicklung, Projektierung, Realisierung und Inbetriebnahme der Automatisierungsvorhaben;
- Erweiterung der Softwarekapazitäten;
- Erhöhung der Schichtarbeit an hochproduktiven Maschinen, Ausrüstungen und EDVA;
- Ausbau der Kapazitäten des eigenen Ratiomittelbaues, der Versuchsmeßtechnik und Hauptmechanik.

Auf der Grundlage dieser Konzeption wurde ein Arbeitsplan für 1985 erarbeitet und auf Bereiche aufgeschlüsselt. Er ist sowohl Gegenstand der staatlichen Leitungstätigkeit als auch des sozialistischen Wettbewerbs. Erste Arbeitsergebnisse liegen auch hier bereits vor und werden genutzt.

Auch die Erfahrungen, welche im VEB Kombinat Umformtechnik „Herbert Warnke" mit der Einführung von CAD/CAM-Lösungen[9] gesammelt sowie die Ergebnisse, die dabei erreicht wurden, beweisen: In Bereichen mit hohen Anteilen an lebendiger Arbeit – und das sind die produktionsvorbereitenden Bereiche z. Z. noch und darunter die F/E-Abteilungen in besonderem Maße – ist auch die Möglichkeit besonders hoch, durch gute und langfristige WAO-Arbeit sowie gestützt auf den sozialistischen Wettbewerb, zu großen und auf andere Weise nicht erzielbaren Resultaten zu kommen.

Es wird deshalb von mir der vorliegenden These voll zugestimmt, die sich mit dem wachsenden Gewicht des sozialistischen Wettbewerbs in den produktionsvorbereitenden Abteilungen beschäftigt.

Den sozialistischen Wettbewerb, der unter Führung der SED und im immer engeren Zusammenwirken mit den staatlichen Leitungen durch die Gewerkschaften mit gewachsener Aktivität und Autorität organisiert wird, auch und wesentlich auf die Anwendung und Weiterentwicklung der WAO zu richten, dient der vollen Erfüllung der gemeinsamen Aufgabe, die gesamtgesellschaftliche Entwicklung durch komplexe Erfüllung politischer, ökonomischer und sozialer Ziele im Sinne der umfassenden sozialistischen Intensivierung zu beschleunigen.

Anmerkungen

1 Vgl. Richtlinie über die Anwendung der wissenschaftlichen Arbeitsorganisation, Gesetzblatt Teil I 1975 vom 17.4.1975.

2 Vgl. Beschluß über die Verantwortung und Aufgaben der Vorstände und Leitungen der Gewerkschaften zur Entwicklung der schöpferischen Teilnahme der Werktätigen bei der weiteren Verwirklichung der wissenschaftlichen Arbeitsorganisation, Beschluß des Präsidiums des Bundesvorstandes des FDGB vom 27.6.1975.

3 Die Auswahl dieser für die wissenschaftliche Arbeitsorganisation besonders auszuwertenden Höhepunkte ist kompliziert wegen der unterschiedlich hohen Allgemeingültigkeit sowie der diffenrenzierten Wissenschafts- oder Praxisbetonung wichtiger gesellschaftlicher Höhepunkte sowie wegen der Komplexität der Ziele und Mittel der WAO selbst.
In diesem Zusammenhang müssen die Gesellschaftswissenschaftliche Konferenz des ZK der SED (Dez. 1983), der 4. Soziologiekongreß der DDR (März 1985) sowie die Seminare des ZK der SED mit den Generaldirektoren der Kombinate und den Parteiorganisationen des ZK zumindest als für die WAO-Arbeit spezifisch auszuwertende Höhepunkte besonders benannt werden.

4 Vgl. Zur weiteren Vervollkommnung der wissenschaftlichen Arbeitsorganisation, Abhandlungen der ADW der DDR, Veröffentlichungen der Wiss. Räte Jahrgang 1982, Nr. W6, Berlin 1983.

5 Günter Mittag, Ökonomische Strategie der Partei – klares Konzept für weiteres Wachstum, Aus der Rede auf der Wirtschaftswissenschaftlichen Konferenz, in: Einheit 11–83, S. 1018.

6 Harry Tisch, Die Einberufung des XI. Parteitages der SED und die Aufgaben der Gewerkschaften, 9. Tagung des Bundesvorstandes des FDGB vom 26.11.1984, in: Tribüne vom 27.11.1984, S. 3–7.

7 Vgl. Heinz Hanspach, Der Beitrag der WAO zur weiteren Steigerung der Produktivität und Effektivität der Arbeit, in: Sozialistische Arbeitswissenschaft, Heft 2/85, S. 81–87.

8 Rudolf Winter, Rationalisierung der Forschungsarbeit, in: Einheit 6/84, S. 518/519.

9 Vgl. Kurt Weichold, Leistungswachstum durch CAD/CAM, in: Einheit 6/85, S. 497–500.

Dietmar Ketzel

Sozialistischer Wettbewerb im VEB Pflanzenproduktion Schwaneberg und Anforderungen an die sozialistische Arbeitsorganisation

Im innerbetrieblichen sozialistischen Wettbewerb richten die 455 Angehörigen unseres VEB Pflanzenproduktion Schwaneberg ihre Initiativen darauf, durch umfassende Intensivierung das Leistungspotenzial unseres Bodens, unserer Pflanzen und Tiere immer effektiver auszunutzen und damit das erforderliche Wachstumstempo der agrarischen Produktion zu erreichen, die Pläne sicher zu erfüllen und gezielt überzuerfüllen.

In Vorbereitung des XI. Parteitages der SED haben wir uns anspruchsvolle Ziele gestellt. Unter Führung der Grundorganisation der SED organisiert die BGL in engem Zusammenwirken mit anderen gesellschaftlichen Organisationen und den Leitern den Kampf um deren Realisierung. Es gehört zu den wichtigsten Aufgaben jedes Leiters in unserem Betrieb, unabhängig von der Leitungsebene, ständig den Leistungsvergleich als bewährte wissenschaftliche Methode und unentbehrliches Hilfsmittel sozialistischer Wirtschaftsführung zu pflegen.

Wir wollen die geplante pflanzliche Bruttoproduktion in GE/ha landwirtschaftlicher Nutzfläche um 0,8 dt GE/ha im sozialistischen Wettbewerb gegenüber dem Plan überbieten, beim Getreide z. B. um 2 dt/ha. Mobilisierend auf unsere Arbeit wirken sich die Beschlüsse der 10. Tagung des ZK der SED und des X. FDGB-Kongresses aus. Den volkseigenen Gütern wurden auf der VEG-Konferenz 1983 weitreichende Aufgaben gestellt.

Die volkseigenen Güter tragen als Zentren der Arbeiterklasse auf dem Lande eine hohe politische und ökonomische Verantwortung. Durch weitere Fortschritte in der Pflanzenzüchtung und der Züchtung gesunder und leistungsstarker Tiere und deren Bereitstellung für die LPG wollen wir hohe Erträge und Leistungen in der Landwirtschaft unserer Republik sichern helfen. Dazu ist notwendig, die volle Ausschöpfung des nutzbaren Ertragspotentials, neuer Technologien und die effektive Nutzung aller Fonds in unserem VEG zu sichern. Damit unterstützen wir die LPG und VEG unserer Republik bei der Erfüllung der gemeinsamen und wichtigsten Aufgabe, der stabilen Versorgung unserer Bevölkerung mit Nahrungsmitteln und der Industrie mit landwirtschaftlichen Rohstoffen. Darin eingeschlossen ist die Versorgung der Tierbestände des Kooperationspartners und der eigenen Tierbestände mit tierartengerechtem Futter.

In allen Positionen führen wir einen energischen Kampf, um die guten Ergebnisse des Jahres 1984 weiter auszubauen und zu stabilisieren, wie es in der These 9 des vorliegenden Diskussionsmaterials zum Ausdruck kommt.

Alle verfügbaren Mittel und Möglichkeiten sind zu erschließen, um den von uns erwarteten Beitrag zur weiteren Entwicklung der Landwirtschaft unserer Republik zu leisten. Die Erfahrung lehrt, daß zur Realisierung der anspruchsvollen Planaufgaben der sozialistische Wettbewerb die geeignetste Form ist, die schöpferischen Initiativen aller Werktätigen unseres Betriebes auf die Schwerpunktaufgaben zu lenken.

In der Landwirtschaft wird in hohem Maße die Ökonomie der lebendigen Arbeit vom Umfang und der Struktur der eingesetzten Produktionsmittel und ihrem Vermögen bestimmt, die Naturbedingungen der landwirtschaftlichen Produktion zu nutzen, sowie der Besonderheit der landwirtschaftlichen Produktion, dem Auseinanderfallen von Produktionsprozeß und Arbeitsprozeß Rechnung zu tragen. Weitere Leistungssteigerung hängt davon ab, wie wir es verstehen, neue wissenschaftlich-technische Erkenntnisse in der Produktion umzusetzen. Als umfassendste Maßnahme des wissenschaftlich-technischen Fortschritts hat sich in unserem Betrieb die Durchsetzung der schlagbezogenen Höchstertragskonzeption im Verlauf der Vegetation und ihre jährliche Präzisierung erwiesen. Die immer bessere Beherrschung der Einflußfaktoren, die auf die Entwicklung der Pflanzen wirken, stellen eine wesentliche Ertragsreserve dar. Die schlagbezogenen Höchstertragskonzeptionen für die einzelnen Fruchtarten beinhalten die wissenschaftlichen Erkenntnisse, die unter den Bedingungen des Betriebes angewendet werden können.

Der Mensch als Hauptproduktivkraft spielt bei der Umsetzung der in den schlagbezogenen Höchstertragskonzeptionen verankerten Maßnahmen die entscheidende Rolle. Deshalb sind wir dazu übergegangen, bereits bei der Erarbeitung der Konzeptionen Vorschläge zu unterbreiten, welcher Werktätige welche Arbeiten durchführen soll. Hierbei werden neben langjährigen Erfahrungen auch besondere Kenntnisse sowie persönliche Neigungen berücksichtigt. Damit erreichen wir auf diese Weise eine stärkere Bindung der Werktätigen an die erfolgreiche Produktion der Fruchtart und ein stärkeres Engagement bei der Arbeitsdurchführung. Gleichzeitig erhöht sich die persönliche Verantwortung für das Resultat der Arbeit.

Die schlagbezogenen Höchstertragskonzeptionen, die umfassend den anwendungsbereiten wissenschaftlich-technischen Fortschritt für die jeweilige Fruchtart verkörpern, enthalten Ertragsziele, die Spitzenwerte für den jeweiligen Standort darstellen. Im Ringen um Höchstleistungen werden dadurch im Ist mehrjährig hohe Erträge erreicht, die auf eine kontinuierliche jährliche Plansteigerung Einfluß haben. Mit der Steigerung der Pflanzenproduktion muß der Stabilität der Produktion immer mehr Aufmerksamkeit geschenkt werden, da das Risiko der Ertragsausfälle durch Krankheiten, Schädlinge und Witterungseinflüsse zunimmt. Die strikte Einhaltung der Qualitätsparameter bei allen Abschnitten des Arbeitsprozesses ist für eine hohe und stabile landwirtschaftliche Produktion Voraussetzung. Deshalb widmen wir diesem Prozeß in der Führung des sozialistischen Wettbewerbs unsere besondere Aufmerksamkeit.

Das Sichtbarmachen der Aufgaben für den einzelnen zur Planerfüllung realisieren wir unter den Bedingungen der Spezifik der landwirtschaftlichen Produktion dadurch, daß auf der Grundlage der im Dezember vor dem Direktor durch die Fruchtartenverantwortlichen verteidigten Höchstertragskonzeptionen im Januar die Planung der Arbeiten für das ganze Jahr erfolgt. Dadurch kennt jeder einzelne seine Arbeitsaufgaben im Jahresverlauf genau, kann sich darauf einstellen, sorgt selbst durch sein Engagement für eine hohe Plantreue, auch bei wechselnden Bedingungen. Störungen und Unplanmäßigkeiten im Produktionsablauf werden deutlich reduziert.

Auf der Grundlage des Jahresarbeitsablaufplanes werden mit jedem in der Produktion tätigen Werktätigen persönliche Vereinbarungen abgeschlossen, in denen er sich verpflichtet, die darin aufgeführten Schwerpunktaufgaben zur Realisierung der geplanten Erträge in hoher Qualität termingerecht zu erfüllen, die ihm in persönliche Verantwortung übergebenen Maschinen pfleglich zu behandeln, innerhalb der agrotechnischen Zeitspannen unabhängig vom Kalendertag zur Einhaltung der agrotechnischen Termine höchstmöglich auszulasten und die Kraftstoffvorgaben einzuhalten.

Werden diese Verpflichtungen erfüllt, dann können die ebenfalls in der Vereinbarung verankerten materiellen Stimuli zur Anwendung kommen. Dabei hat sich die Gewährleistung ertragsbezogener Lohnprämien positiv auf die Mobilisierung der Initiativen ausgewirkt, indem sie die Ausschöpfung des Ertragspotentials über den Planertrag hinaus, auf der Grundlage der ertragsbeeinflussenden Arbeiten stimuliert. Auch die Leiter werden ertragsbezogen stimuliert.

In der Aufschlüsselung der Planaufgaben bis auf die Brigaden und bis zum Arbeitsplatz sehen wir eine wesentliche Bedeutung für die Verwirklichung des sozialistischen Leistungsprinzips, für die Durchsetzung des WTF und sozialistischen Wirtschaftens im Sinne umfassender Intensivierung.

Voraussetzung dafür sind stabile Arbeitskollektive mit hohen Produktionsergebnissen. Sie sind eine gute Basis für die Weiterentwicklung des Schöpfertums unserer Werktätigen. Wir gehen davon aus, daß das Schöpfertum unserer Menschen bei richtiger Handhabung ähnlich wie die Fruchtbarkeit unserer Böden unerschöpflich ist.

Große Bedeutung messen wir der Herausstellung guter Leistungen bei. In der täglichen Arbeitsorganisation wird beachtet, daß die Leistungen des einzelnen sichtbar werden. Das ist besonders dort wichtig, wo es auf eine hohe Qualität ankommt und das Ergebnis der Arbeitsdurchführung erst nach längerer Zeit nach Beendigung der Arbeit sichtbar wird, wie beim Drillen und beim Pflanzenschutz.

Beim Sichtbarmachen der Leistung des einzelnen haben wir eine enge Bindung zur innerbetrieblichen Wettbewerbsführung hergestellt. In allen Brigaden der Pflanzenproduktion werden die erbrachten Leistungen jedes Kollektivmitgliedes öffentlich sichtbar gemacht und der verbrauchte Kraftstoff ausgewiesen. Dadurch ist es möglich, in den Brigaden täglich den Besten zu ermitteln. Dieses System hat sich auch bei der Verallgemeinerung guter Ergebnisse beim Umgang mit den Kraftstoffonds bewährt, weil eine monatliche Auswertung hierbei von geringer Wirksamkeit ist, da die Arbeiten in kurzen Zeiträumen auf Grund der Anforderungen, die die Pflanzen stellen, wechseln. Bei der täglichen Nachweisführung können Unterschiede im Verbrauch bei gleicher Arbeitsdurchführung sofort erkannt und in vielen Fällen noch während des Zeitraumes, in dem die Arbeit durchzuführen ist, die Ursachen beseitigt werden.

Wöchentlich ermitteln wir in den Abteilungen die Besten anhand der erbrachten Wochenleistungen. Der sozialistische Wettbewerb in unserem Betrieb hat seine Basis im Wettbewerb der Kollektive und einzelnen Werktätigen untereinander.

Dieses Wetteifern ist nach zwei Seiten organisiert. Die erste Seite ist die Ermittlung der Besten in jedem Kollektiv, in jeder Abteilung und im Gesamtbetrieb, die vergleichbare Arbeiten ausführen. Innerhalb der Kollektive, z.B. der Traktorenbrigaden werden die direkt vergleichbaren Arbeitsergebnisse verglichen. Der unter den jeweiligen konkreten Bedingungen erzielte Bestwert ist der Maßstab. Die Wege und Methoden des Erreichens der Spitzenwerte werden täglich verglichen, bewertet und ausgewertet. Gute Resultate werden kurzfristig auf alle übertragen, ungerechtfertigte Leistungsunterschiede werden sofort sichtbar und die Ursachen einschließlich aller notwendigen Maßnahmen beseitigt.

Die andere Seite ist die monatliche Ermittlung der besten Brigade, unabhängig von ihrer unterschiedlichen Aufgabenstellung, z.B. Pflanzenproduktion, Tierproduktion, Ratiomittelbau oder Versorgung.

Mit dieser Form des Wettbewerbs wird das einheitliche Handeln aller Kollektive und Leiter im Betrieb mit unterschiedlichen Aufgaben über die monatliche Wertung zusammengeführt. In den Gewerkschaftsgruppen werden die erreichten Ergebnisse im sozialistischen Wettbewerb monatlich ausgewertet. Bei der Wettbewerbsauswertung wird gewertet, wie jedes Kollektiv, wie jeder einzelne und sein vergleichbarer Partner bei der termin- und qualitätsgerechten Erfüllung der Ziele und persönlichen Verpflichtungen steht. Jede Brigade erarbeitet ein eigenes Wettbewerbsprogramm, daß die brigadespezifischen Aufgabenstellungen und die zu lösenden Schwerpunkte enthält. Dieses bildet zusammen mit dem Kultur- und Bildungsplan die Grundlage für den Kampf zur Erringung bzw. zur Verteidigung des Titels „Kollektiv der sozialistischen Arbeit". Zur Erreichung guter Arbeitsergebnisse, besonders während einzelner Kampagnen, werden Leistungsvergleiche durchgeführt.

Alle Werktätigen kämpfen um den Titel „Bester Mechanisator der Pflanzenproduktion" und „Bester Mechanisator der Tierproduktion" bzw. „Bester Viehpfleger". Diesem Wettbewerb zur Ermittlung des Besten der jeweiligen Berufsgruppe messen wir zunehmende Bedeutung bei. Die Würdigung vorbildlicher Leistungen einzelner und von Kollektiven erfolgt an den Tafeln der Besten. Die moralische Anerkennung von Tages- und Wochenbesten erfolgt an der Wettbewerbstafel der Brigaden und durch öffentliche Bekanntgabe in den wöchentlichen Kurzversammlungen sowie die materielle Anerkennung in Form von Prämien.

Zu den gesellschaftlichen Höhepunkten werden für besondere Leistungen der Angehörigen unseres Betriebes staatliche Auszeichnungen und Auslandsreisen vergeben.

Wir betrachten es als unsere Ehre, unter Führung der Grundorganisation der SED unser gesamtes Wissen und Können für ein stetiges ökonomisches Wachstum der DDR in Vorbereitung des XI. Parteitages der SED einzusetzen.

4. SCHLUSSWORT

Helmut Koziolek

Mit dieser gemeinsamen Tagung des Rates für die wirtschaftswissenschaftliche Forschung und des Rates für Fragen des sozialistischen Wettbewerbs setzen wir die bewährte Tradition wissenschaftlicher Diskussionen zu wichtigen theoretischen und praktischen Problemen der Wirtschaftspolitik fort.

Diese heutige Ratstagung war die erste gemeinsame mit dem Rat für Fragen des sozialistischen Wettbewerbs, nachdem er im Juni 1984 als Hauptgebietsrat des Wirtschaftswissenschaftlichen Rates eingeordnet wurde.

Wir, d. h. Johanna Töpfer, Stellvertreter des Vorsitzenden des Bundesvorstandes des FDGB, Horst Heintze, Sekretär des Bundesvorstandes des FDGB, und auch ich haben – in Übereinstimmung mit Fritz Brock, Leiter der Abteilung Gewerkschaften und Sozialpolitik des ZK der SED – die Erwartung ausgesprochen, die Wettbewerbsforschung zu verstärken, ihr theoretisches Niveau zu erhöhen und so zu einer höheren politisch-praktischen Wirksamkeit der Wettbewerbsgestaltung in unserer Republik beizutragen.

Wenn man sich unter diesem Gesichtspunkt die Thesen, das einleitende Referat und die Diskussion betrachtet, so kann man mit Recht sagen, daß wir auf dem richtigen Wege sind. Jetzt muß in der weiteren wissenschaftlichen Arbeit von den Maßstäben der 10. Tagung des Zentralkomitees der SED ausgegangen werden.

In seiner strategischen Rede in Vorbereitung auf den XI. Parteitag hat der Generalsekretär des ZK der SED, Erich Honecker, den weiteren Weg auf lange Sicht vorgezeichnet. Diese richtungsweisende Rede machte uns u. a. deutlich,

- daß der Kurs der Hauptaufgabe in seiner Einheit von Wirtschafts- und Sozialpolitik auf lange Sicht konsequent fortgesetzt wird und daß es bei der weiteren Gestaltung der entwickelten sozialistischen Gesellschaft in der DDR insbesondere darauf ankommt, die vorhandenen inneren materiellen und ideellen Potenzen voll in den Dienst der wachsenden Aufgaben des Aufbaus des Sozialismus zu stellen;
- daß es bei der weiteren Entwicklung und Ausgestaltung der Kombinate – im Rahmen des demokratischen Zentralismus – besonders in Durchführung der Maßnahmen zur Leitung, Planung und wirtschaftlichen Rechnungsführung – um eine neue, höhere Stufe der Vergesellschaftung von Produktion und Arbeit, der Entwicklung der Produktivkräfte geht, in der besonders der einheitliche Kreislauf der intensiv erweiterten Reproduktion quantitativ und vor allem qualitativ, also die inneren Proportionen in Richtung der Bewältigung der wissenschaftlich-technischen Revolution weiter auszugestalten sind und in der vor allem die Gesamtarbeit der Kombinate und Betriebe nach ökonomischen Grundsätzen zu realisieren ist;
- daß die entscheidende Frage der Wirtschaftstätigkeit der Kombinate darin liegt, das ökonomische Wachstum durch die umfassende Intensivierung auf Dauer zu gewährleisten. Steigende Qualität und Effektivität, hohe Steigerung der Arbeitsproduktivität und weitere Senkung des spezifischen Materialverbrauchs – alles unter dem Blickwinkel wirtschaftlicher Dynamik und bedeutender Neuerungen, erfordern in dem Abschnitt der Intensivierung, in den die DDR eingetreten ist, die Vorzüge des Sozialismus noch stärker für die Bewältigung der wissenschaftlich-technischen Revolution zu nutzen. Das verlangt vor allem, auf entscheidenden Gebieten um Spitzenpositionen zu kämpfen und besonders Schlüsseltechnologien durchzusetzen, wie Mikroelektronik, die sich auf ihrer Grundlage entwickelnde moderne Rechentechnik, die automatisierte Konstruktion und Produktionsvorbereitung, flexible automatische Fertigungssysteme, neue Bearbeitungstechnologien, neue Werkstoffe und Biotechnologie;
- daß die weitere Vertiefung der sozialistischen ökonomischen Integration zu einer entscheidenden Frage beim schnelleren Voranschreiten der Intensivierung geworden ist. Das ist zugleich eine wesentliche Basis für die erfolgreiche Gestaltung der gesamten außenwirtschaftlichen Beziehungen. Das schließt ein, im vollen Umfang und hoher Qualität die Abkommen und Verträge gegenüber der UdSSR und den anderen sozialistischen Ländern zu erfüllen sowie im Zusammenwirken von Wissenschaft, Produktion und Absatz gefragte Exportware mit hoher Exportrentabilität, auch für das nichtsozialistische Wirtschaftsgebiet, bereitzustellen und günstig abzusetzen;
- daß es um die bestmögliche Nutzung unserer wirtschaftlichen Ressourcen geht. Das schließt ein die Verallgemeinerung guter Erfahrungen der Arbeit der Kombinate, besonders beim Schritthalten mit dem internationalen Entwicklungstempo, bei der ständigen Modernisierung der Produktionsanlagen, der Durchsetzung von Höchsttechnologien bei der Produktion von attraktiven Konsumgütern in bedarfsgerechten Stückzahlen und rationell, bei der dreischichtigen Auslastung der Anlagen, bei der Erzeugniserneuerung, der Qualitätssicherung u. a.

Klar wurde herausgearbeitet, daß der Mensch mit seiner Arbeit, seinen Initiativen, seinen Fähigkeiten, seinen Bedürfnissen, das Entscheidende, das Bestimmende ist und bleibt. Und es steht außer Frage, daß dabei dem sozialistischen Wettbewerb eine dominierende Bedeutung zukommt. Heute ist mehr denn je eine Kernfrage des sozialistischen Wettbewerbs, wie er zum Leistungswachstum der Wirtschaft insgesamt und demzufolge auch in allen seiner Bereiche beiträgt; wie diese wichtige Form der Teilnahme der Arbeiterklasse und aller anderen Werktätigen an der politischen Machtausübung ergebniswirksam ausgerichtet ist auf die konsequente Durchsetzung der umfassenden Intensivierung, als dem Sinn und Inhalt der neuen Etappe der ökonomischen Strategie unserer Partei. Das aber ist nur möglich, wenn

erstens der sozialistische Wettbewerb als wesentlicher Vorzug des Sozialismus konsequent auf die Hauptquellen der Steigerung der Arbeitsproduktivität und Effektivität gerichtet ist, über ihn ein hoher Beitrag zur effektiven Gestaltung des ganzen Zyklus von der Forschung über die Produktion bis zum Absatz geleistet wird und – es ist den Beiträgen von Fritz Brock und Horst Heintze voll zuzustimmen – wenn der objektiv wachsende Einfluß aller Kollektive auf die Durchsetzung des wissenschaftlich-technischen Fortschritts, also auch der der Produktion, vor allem auch über den sozialistischen Wettbewerb nutzbar gemacht wird und wenn

zweitens der sozialistische Wettbewerb konsequent auf der Grundlage des Planes erfolgt und er auf seine allseitige Erfüllung und gezielte Überbietung ausgerichtet ist. Dabei bleiben elementare Bedingungen der politischen Führung des sozialistischen Wettbewerbs – wie der Vorsitzende des Bundesvorstandes des FDGB, Harry Tisch, auf der 11. Tagung des FDGB-Bundesvorstandes betonte – über eine vertrauensvolle und überzeugende politisch-ideologische Arbeit, die Masseninitiative gezielt zu fördern; den Wettbewerb für die Werktätigen überschaubar und einfach zu organisieren; vollbrachte Leistungen zu würdigen und anzuerkennen; gute Erfahrungen auf alle zu übertragen und Spitzenleistungen zu Dauerleistungen zu machen.

Alle diese Grundwahrheiten machen sofort den hohen Stellenwert der Leitung deutlich, über den vor allem gesichert werden muß

– eine solide Planungsarbeit, einschließlich der Bilanzierung und die konkrete beeinflußbare und abrechenbare Aufschlüsselung der Planaufgaben auf die Wettbewerbskollektive und wo möglich auf den einzelnen;
– politisch motivierte Positionen und progressive Haltungen der Werktätigen zur Durchsetzung gestellter Erfordernisse und zu sich verändernden Bedingungen;
– die Schaffung der erforderlichen Wettbewerbsbedingungen, von der Sicherung der materiell-technischen Bedingungen einschließlich eines kontinuierlichen Produktionsablaufes über klare Informationen, eindeutigen Haushaltsbuchführung bis zur aufmerksamen Beachtung der Vorschläge, Hinweise und Kritiken der Werktätigen.

Jetzt stehen wir unmittelbar am Beginn der Ausarbeitung des Volkswirtschaftsplanes 1986 und seiner Diskussion in den Kombinaten, Betrieben und Einrichtungen. Die Beschlüsse der 10. Tagung des ZK der SED, das Seminar des Zentralkomitees der SED mit den Generaldirektoren der Kombinate und den Parteiorganisatoren des ZK Anfang März 1985 und die Gemeinsame Direktive des Zentralkomitees, des Ministerrates und des Bundesvorstandes des FDGB bilden das Fundament, worauf sich auch wieder neue, überarbeitete, den Erfordernissen entsprechende Wettbewerbsverpflichtungen der Werktätigen und ihrer Kollektive gründen. Bestimmend dafür wird sein, wie es Günter Mittag in Leipzig sagte, daß die wichtigste Aufgabe darin besteht, in jedem Kombinat mit aller Konsequenz den Weg der umfassenden Intensivierung zu beschreiten. Günter Mittag führte in diesem Zusammenhang aus: „Wenn wir so an die Arbeit herangehen, sie so organisieren und leiten, wird es gelingen, die Aufgaben des Volkswirtschaftsplanes 1985 kompromißlos zu erfüllen und im sozialistischen Wettbewerb in Vorbereitung auf den XI. Parteitag gezielt zu überbieten."[1]

Dazu haben auch wir, die Wirtschaftswissenschaftler, in engster Zusammenarbeit mit der Praxis – wie dies ja auch hier und heute überzeugend charakterisiert wurde, denken wir nur an die Diskussionsbeiträge von Peter Siewert, Vertrauensmann im VEB Automobilwerke Ludwigsfelde, Dr. Dieter Weger, Sekretär der Bezirksleitung der SED Frankfurt (Oder), Prof. Dr. Gunnar Winkler, Akademie der Wissenschaften der DDR, Prof. Dr. Karl Hartmann, Parteihochschule „Karl Marx" beim ZK der SED, Dr. Eberhard Dörschel, Akademie für Gesellschaftswissenschaften beim ZK der SED, Dr. Klaus Gebauer, Zentralinstitut für sozialistische Wirtschaftsführung beim ZK der SED, Prof. Dr. Joachim Neumann, TU Dresden und an die weiteren wertvollen Diskussionsbeiträge – einen wirkungsvollen Beitrag zu leisten. Dessen, so meine ich, sind wir uns voll bewußt.

Gestattet, daß ich kurz auf einige Fragen und Probleme näher eingehe. Sie ergeben sich direkt bzw. indirekt aus dem Wirken des Gesetzes der Ökonomie der Zeit, das wir auch in der Wettbewerbsführung noch besser beherrschen müssen. Zwischen der Steigerung der Arbeitsproduktivität, der Intensivierung des volkswirtschaftlichen Reproduktionsprozesses sowie den ökonomischen Kreisläufen, aus denen er sich zusammensetzt und dem Zuwachs des Natinaleinkommens, besteht ein unmittelbarer Zusammenhang, der insbesondere durch das Wirken des Gesetzes der Ökonomie der Zeit bedingt ist.

Wenn wir die Frage nach den neuen Anforderungen an den Wettbewerb in der umfassenden Intensivierung stellen, dann ist das insbesondere sein Einfluß auf diese Zusammenhänge und wie durch ihre optimale Gestaltung auch mit Hilfe des sozialistischen Wettbewerbs auf die Größe und den Zuwachs des gesellschaftlichen Reichtums Einfluß genommen werden kann und, was genau so wichtig ist, mit welchem Aufwand wir diesen gesellschaftlichen Reichtum erhalten und vergrößern.

Wirksamer Wettbewerb bedeutet immer Ausprägung von Wesensmerkmalen des sozialistischen Charakters der Arbeit.

Sozialistischer Wettbewerb ist immer an die konkrete Arbeit gebunden und seine Effektivität besteht darin, die Wirkungen der konkreten Arbeit zu verstärken.

An vier Gesichtspunkten möchte ich das verdeutlichen:

– Nur die konkrete Arbeit schafft Gebrauchswerte, das gilt voll für die Produktion im Sozialismus. Nur solche Erzeugnisse werden realisiert, die dem Bedarf der Bevölkerung und der Volkswirtschaft entsprechen und auf den Außenmärkten gefragt sind. Deshalb muß der Wettbewerb auf der Grundlage des Planes so organisiert und geführt werden, daß er die bedarfsgerechte Produktion und ihre gezielte Überbietung nach Qualität, Güte, Menge, Terminen und Kosten garantiert.

- Die konkrete Arbeit hat entscheidenden Einfluß auf die Effektivität des Wirtschaftens durch die Beeinflussung von Aufwand und Ergebnis; bei ihr geht es nach Marx „um das Wie und das Was der Arbeit"; bei der abstrakten Arbeit geht es „um ihr Wieviel, ihre Zeitdauer"[2].

  Der Wettbewerb der Werktätigen zur Durchsetzung der umfassenden Intensivierung muß deshalb darauf gerichtet sein, die qualitativen Faktoren des Wirtschaftswachstums maximal auszuschöpfen, um auf diesem Wege das dynamische quantitative Wachstum der Wirtschaft durch steigende Nettoproduktion und erhöhtes Nationaleinkommen zu bewirken.
- Die weitere Ausgestaltung der Kombinate, ihrer inneren Struktur, die Vervollkommnung der volkswirtschaftlichen Struktur sind unmittelbar mit der gesellschaftlichen Arbeitsteilung, der Teilung der konkreten Arbeit, teilweise mit ihrer qualitativ neuen Zusammenführung durch Kooperation und Kombination auf höherem Niveau verbunden. Das stellt höhere Ansprüche an die sozialistische Wirtschaftsführung und an die Organisierung des sozialistischen Wettbewerbs.

  Schließlich geht es darum, die Initiativen und Verpflichtungen der einzelnen, der Arbeitskollektive wie Brigaden, Meisterbereiche, Abteilungen mit den planmäßigen Erfordernissen des gesellschaftlichen Gesamtarbeiters, sprich mit den Erfordernissen der Kombinate und der Volkswirtschaft, in Übereinstimmung zu bringen.

  Den Wettbewerb wirksamer zu gestalten, ohne daß er für den Werktätigen komplizierter wird, heißt, in der Wettbewerbskette Kombinat–Kombinatsbetrieb–Bereich–Abteilung–Arbeitskollektiv–Werktätiger jeweils die entscheidenden Glieder zu finden, die den gesellschaftlichen Reproduktionsprozeß effektiver machen. Das heißt aber auch, daß mit zunehmender Intensivierung der Wettbewerb noch planbezogener werden muß, daß er eine kontinuierliche Plandurchführung sichert und daß die Verpflichtungen miteinander bilanziert eine hohe inhaltlich-qualitative und zeitliche Verbindlichkeit erhalten.
- Der Nutzeffekt der konkreten Arbeit wird in hohem Maße durch die Qualifikation der Werktätigen bestimmt. Zwar ist die Qualifizierung in der Regel nicht unmittelbar Wettbewerbsgegenstand aber eine unerläßliche Bedingung, damit der Wettbewerb ökonomisch wirksam funktioniert.

  Die sich in hohem Tempo ändernde materiell-technische Basis, gerade durch Modernisierung und Rekonstruktion, die die Automatisierung, Mikroelektronik, Roboter, CAD/CAM-System, Neuerungsprozesse, usw. einschließen, bringen zwingend neue Qualifikationsanforderungen hervor. Dazu müssen die ökonomischen Anstrengungen der Werktätigen mit ihrem Willen und den Möglichkeiten zu ihrer Qualifizierung, vom Berufswettbewerb der Jugend bis zum Kampf um den Ehrentitel „Kollektiv der sozialistischen Arbeit", vereinigt werden, d.h., den Kultur- und Bildungsplänen kommt keine geringere Bedeutung zu wie der ökonomischen Seite der Initiativentwicklung. Das heißt auch: Versäumnisse von heute werden zu Beeinträchtigungen von morgen führen.

  Oder nehmen wir einen weiteren Problemkreis.

  In der DDR haben wir durch die weitsichtige Wirtschaftspolitik unserer Partei ein international beachtlich hohes Niveau des Standes der Produktivkräfte erreicht. Das betrifft sowohl die Hauptproduktivkraft – den Menschen – als auch die materiell-technischen Bedingungen. Wissenschaft und Technik werden immer mehr zu ausschlaggebenden Faktoren. Doch auch für ihre volle Nutzung gilt das Wort unseres Generalsekretärs, daß das Erreichte noch nicht das Erreichbare ist. Zwingender denn je steht mit der umfassenden Intensivierung die Frage nach der vollen Nutzung der vorhandenen politischen, ökonomischen und sozialen Möglichkeiten durch die Tätigkeiten und Fähigkeiten der werktätigen Menschen. Man kann es auch anders sagen: Jeder, ob im Kombinat, Betrieb oder wissenschaftlichen Einrichtungen, muß danach streben, die in der sozialistischen Produktionsweise eingeschlossene Dialektik von Produktivkräften und Produktionsverhältnissen voll für den ökonomischen und sozialen Fortschritt zum Tragen zu bringen, damit die Kombinationseffekte, denen ja auch Triebkräfte des Sozialismus innewohnen, noch enger mit der Triebkraft „Wettbewerb" verbunden werden.

Die Aufgabe ist leicht gestellt, ihre praxiswirksame Beantwortung erfordert jedoch höchsten persönlichen Einsatz und breite interdisziplinäre Zusammenarbeit. Diese Aufgabe sehe ich in enger Verbindung mit der weiteren Vervollkommnung der sozialistischen Wirtschaftsführung, mit Fragen der Leitung, Planung, wirtschaftlichen Rechnungsführung und Wettbewerbsentwicklung, die im Prozeß der Intensivierung noch stärker zusammenrücken. Besonders Philosophen und Soziologen sind bei der wissenschaftlichen Bearbeitung dieser Aufgaben unsere Verbündeten. Die Triebkraft „Wettbewerb", die im Zusammenwirken mit der sozialistischen Planwirtschaft, dem sozialistischen Leistungsprinzip und der sozialistischen Demokratie im Produktions- und Arbeitsprozeß zu den entscheidenden Quellen der Herausbildung und Entfaltung der historisch überlegenen Produktivkraft der gesellschaftlichen Arbeit des Sozialismus-Kommunismus gehört, wirft die Frage nach dem Verhältnis von Arbeit und Wettbewerb als Kernfrage der Theorie des sozialistischen Wettbewerbs erneut auf: Ist der sozialistische Wettbewerb nur eine Leistung über die ökonomisch notwendige Arbeit hinausgehend oder ist er zugleich und in erster Linie soziale Form der Arbeit und ihrer Organisation selbst mit dem Ziel der Erfüllung und gezielten Überbietung des Planes? Knüpft man zur Beantwortung dieser Frage an die Leninsche Wettbewerbstheorie an, so ergibt sich die Frage danach, welche Form die Arbeit annehmen muß, wenn Arbeit und Eigentum, Produktion und Aneignung auf gesellschaftlicher Stufe zusammenfallen und wie sich das in der Organisation des Produktions- und Arbeitsprozesses ausdrücken muß. Nach Lenin ist die Entfaltung des sozialistischen Wettbewerbs – als wesentliches

Moment der neuen Form der Arbeit und ihrer Organisation – der Prozeß der tatsächlichen Inbesitznahme der Produktionsmittel durch die neuen Eigentümer, damit Wesenszug und Triebkraft der Entwicklung sozialistischer Produktionsverhältnisse, die schließlich die höhere Produktivkraft der gesellschaftlichen Arbeit hervorbringen.

Der Wettbewerb wirkt nicht für sich, nicht isoliert von anderen Seiten der Produktionsverhältnisse und des Überbaus als Triebkraft. Grad und Qualität seiner Entfaltung hängen grundlegend ab von seiner organischen Verbindung zur Planmäßigkeit (staatlicher Leitung und Planung), zur materiellen Interessiertheit (Leistungsprinzip), von der Einbeziehung der Werktätigen in die Leitung und Planung (sozialistische Demokratie in der Produktion) und von der politisch-ideologischen Arbeit der Gewerkschaften, die sich vor allem auf das Bewußtmachen dieser grundlegenden Zusammenhänge bezieht.

Von der bewußten Realisierung dieser objektiven Zusammenhänge und der Entwicklung der Beziehungen zwischen Produktivkräften, Produktionsverhältnissen und Überbau hängen – ausgehend von der Leninschen Wettbewerbstheorie – Wesen und Wirkung des sozialistischen Wettbewerbs als Triebkraft sozialistischen Eigentums und sozialistischer Arbeit ab. Jedes Herauslösen des sozialistischen Wettbewerbs aus diesen organischen Zusammenhängen führt zur Abstraktheit im Herangehen, in seiner Organisation und heißt heute Zurückweichen vor seiner tatsächlichen Orientierung auf die Erfordernisse der intensiven Reproduktion.

Es ist eine wissenschaftlich anspruchsvolle, interessante und lohnenswerte Aufgabe, die Leninsche Wettbewerbstheorie unter den heutigen Entwicklungsbedingungen von Wissenschaft, Technik und Produktion schöpferisch zur Anwendung zu bringen.

Dabei möchte ich zwei Gesichtspunkte ganz deutlich hervorheben:

Erstens. Es geht im breitesten Umfang vor allem darum, in allen Betrieben und an jedem Arbeitsplatz den Wettbewerb nach den neuen Maßstäben und Anforderungen intensiven Wirtschaftens wirkungsvoller zu organisieren. Ich betone das, damit wir mit dem notwendigen Blick auf sich neu Entwickelndes nicht die Werktätigen vergessen, die auch in den nächsten Jahren noch an traditioneller, wenn auch modernisierter Technik hohe Leistungen vollbringen werden.

Zweitens. Wir müssen uns in Wissenschaft und Praxis den veränderten Bedingungen stellen, unter denen heute der Wettbewerb organisiert, die Produktion geleitet und geplant werden muß oder werden wird. Es handelt sich um wahrhaft revolutionäre Prozesse der Automatisierung von Arbeitsabläufen, angefangen von der Forschung und Entwicklung, der Fertigungsvorbereitung bis zur komplexen Automatisierung ganzer Fertigungsabschnitte. Ich erwähnte schon CAD/CAM. Erfolgversprechend verläuft gegenwärtig die Initiativentwicklung in Forschungs- und Entwicklungsbereichen, aber zumeist unter Bedingungen, wo noch überwiegend das Reißbrett, der Tischrechner oder das Tabellenbuch das Bild des Arbeitsplatzes des Forschers, Entwicklers, Konstrukteurs und Technologen bestimmen. Welche neuen Erfordernisse und Möglichkeiten für die Entwicklung der Masseninitiative in Forschung und Entwicklung werden sich herausbilden, wenn der dialogfähige Bildschirm mit seinen peripheren Geräten das Erfinden und Konstruieren grundlegend verändert und die technologische Fertigungsvorbereitung in diesen Prozeß einbezogen wird?

Schauen wir auf das Tempo der Automatisierung. Es ist ein Irrtum zu meinen, es sei noch nicht sehr rasant. Der erste Beschluß über zentrale Automatisierungsvorhaben sah 12, der neu gefaßte bereits 54 in der metallverarbeitenden Industrie vor. Aber das ist doch nicht alles, weil das meiste über den eigenen Rationalisierungsmittelbau kommt, der sich immer stärker zu Automatisierungsabteilungen, zu ganzen Automatisierungsbetrieben entwickelt. Die 90er Jahre werden Jahre einer umfassenden Automatisierung sein.

Unsere Aufgabe als Wirtschaftswissenschaftler besteht darin, dieses Neue aufzuspüren, Lösungsvarianten zu erforschen bzw. Vorschläge zu unterbreiten, um den gewerkschaftlichen Vorständen, vom Bundesvorstand des FDG bis in die Betriebsorganisationen hinein Hilfe für die Wettbewerbsführung unter automatisierten und bedienarmen Bedingungen geben zu können.

Wir müssen somit alle Richtungen und Tendenzen der beschleunigten Durchsetzung des wissenschaftlich-technischen Fortschritts im Auge haben, dabei gründlich prüfen, beachten und erforschen, welche Konsequenzen sich daraus für die Initiativentwicklung der Werktätigen ergeben. Es gilt z. B. im Kampf um den Ehrentitel „Kollektiv der sozialistischen Arbeit“ die Bereitschaft zur Qualifikation der Leiter und aller Werktätigen weiter zu entwickeln, die Initiative nach Bildung fördern, damit sie noch besser zur unmittelbaren Mitwirkung befähigt werden, durch Teilnahme am Wettbewerb politische Macht auszuüben und lebendige sozialistische Demokratie zu praktizieren.

Und ich möchte noch eine weitere Überlegung anfügen. Auf der Ratstagung am 14. Mai 1985 haben wir uns mit Fragen der Standortverteilung der Produktivkräfte und umfassender Intensivierung beschäftigt. Wenn es im Wettbewerb um die effektivste Nutzung unseres gesellschaftlichen Arbeitsvermögens geht, und das ist sicher unbestritten, dann gehört es mit zu den grundlegenden Aufgaben zu erforschen, wie durch die Infrastruktur in den Territorien der Wettbewerb unter den Bedingungen von 3 Schichten wirkungsvoll unterstützt werden kann. Hier werden sicher noch viele Überlegungen und weitere Forschungen notwendig sein, um diesen Prozeß noch effektiver zu gestalten.

Zum Schluß möchte ich noch ein Wort zur Öffentlichkeit des Wettbewerbs und zu seiner Verbindlichkeit im Leninschen Sinne sagen. Über unsere Medien werden hervorragende Beispiele täglich zur Kenntnis gebracht und viele Anregungen vermittelt. In den Betrieben gibt es sicher noch viele Reserven. Auswertungstafeln sind z. B. nicht immer auf dem neuesten Stand und EDV-Drucklisten als Wettbewerbsabrechnung nicht gerade attraktiv. Ich bin keineswegs gegen die Nutzung der EDV für die Wettbewerbsführung und Abrechnung, aber das muß massenwirksam umgesetzt werden. Ich vertrete aus praktischen Erfahrungen heraus auch die Auffassung, daß umfassende Intensivierung keinesfalls wachsende Anonymität der Werktätigen im sozialistischen Wettbewerb bedeutet. Im Gegenteil! Der Wettbewerb unter den Bedingungen der umfassenden Intensivierung verlangt klare gesellschaftliche und ökonomische Aufgabenstellungen, erfordert Bereitschaft zur Anpassungsfähigkeit und Flexibilität bei der Plandurchführung, eindeutige, ergänzungsfähige Verpflichtungen für jeden einzelnen und das Kollektiv, öffentliche Führung und Kontrolle. Nur dann wird jeder erreicht, richtig motiviert und stimuliert und auf höchste Leistungen orientiert.

Abschließend möchte ich feststellen: In voller Übereinstimmung mit Fritz Brock und Horst Heintze und allen Teilnehmern haben wir eine Ratstagung mit hohem Niveau und mit großem Gewinn für jeden durchgeführt. Jetzt kommt es darauf an, daß entsprechend den Beschlüssen der 10. Tagung des Zentralkomitees der SED und der 11. Tagung des Bundesvorstandes des FDGB in Vorbereitung auf den XI. Parteitag der SED unsere weitere wissenschaftliche Arbeit noch wirkungsvoller auf die wachsenden Anforderungen an den sozialistischen Wettbewerb als wichtige Triebkraft unserer gesellschaftlichen und ökonomischen Entwicklung ausgerichtet wird. Dazu gab es auf dieser Ratstagung – vom Hauptreferat bis zu den einzelnen Diskussionsbeiträgen – viele Anregungen und Hinweise, die wir gründlich auswerten werden.

Anmerkungen

1 Mit höchsten Leistungen den XI. Parteitag vorbereiten, Berlin 1985, S. 21 f.

2 Vgl. Karl Marx, Das Kapital, Erster Band, in: MEW, Bd. 23, Berlin 1975, S. 60.